Jenseits von Brüssel

Das Buch

Früher war Europa eine große Idee, heute ist die EU ein abstraktes Konstrukt. Nicht zuletzt das Scheitern der Konferenz von Nizza hat gezeigt, dass das Fortschreiten der europäischen Integration nicht zu den »Vereinigten Staaten von Europa« führen wird. Angesichts der Osterweiterung gerät die Europäische Union an die Grenzen ihrer institutionellen Leistungsfähigkeit. Auch ihre wirtschaftliche Abgrenzung ist überholt: In Zeiten der Globalisierung blicken Manager auf die Börsen in New York, Tokio oder Frankfurt, nicht aber in die Amtsstuben von Berlin oder Brüssel. Die europäische Integration muss grundsätzlich neu ausgerichtet werden. Herbert A. Henzler und Lothar Späth, die im Bestseller *Die zweite Wende* bereits einen neuen Weg für Deutschland beschrieben haben, zeigen, welche Dynamik sich jenseits von Regulierungen und Vereinheitlichungen in europäischen Regionen entfalten kann und wie sich künftige Herausforderungen mit grenzüberschreitenden Kooperationen erfolgreicher Unternehmen und innovativen Formen bürgerlichen Engagements meistern lassen. Sie machen deutlich, wie viel Potenzial in einem Europa steckt, das sich auf seine Traditionen besinnt und Stärke aus der Vielfalt seiner Kulturen bezieht, und liefern zahlreiche Anregungen, wie aus der derzeitigen Lethargie eine neue Begeisterung für die europäische Idee entstehen kann.

Die Autoren

Dr. h.c. Lothar Späth, Jahrgang 1937, von 1978 bis 1991 Ministerpräsident von Baden-Württemberg, ist heute Vorstandsvorsitzender der Jenoptik AG. Seit 2001 ist er zudem Honorarprofessor für Medien und Zeitdiagnostik an der Friedrich-Schiller-Universität Jena. Von 1998 bis 2001 moderierte er die wöchentliche Talkshow »Späth am Abend« auf *n-tv*. Er ist ein gefragter Redner und Kolumnist.

Prof. Dr. Herbert A. Henzler, Jahrgang 1941, vierzehn Jahre Chairman des deutschen Büros von McKinsey & Company, übernahm dort 1999 die Position des Chairman Europe. Seit Januar 2002 ist er Vizepräsident des internationalen Beirats der Credit Suisse Group. Seit 1992 lehrt der renommierte Vordenker in Wirtschaftsfragen als Honorarprofessor für Strategie- und Organisationsberatung an der Ludwig-Maximilians-Universität München.

In unserem Hause sind von Lothar Späth und Herbert A. Henzler bereits erschienen:

Die NEW ECONOMY Revolution (Lothar Späth)

Die Stunde der Politik (Lothar Späth)

Die zweite Wende (Lothar Späth/Herbert A. Henzler)

Lothar Späth/Herbert A. Henzler

Jenseits von Brüssel

Warum wir uns für die europäische Idee neu begeistern müssen

Econ Taschenbuch

Besuchen Sie uns im Internet:
www.econ-taschenbuch.de

Umwelthinweis:
Dieses Buch wurde auf chlor- und säurefreiem Papier gedruckt.

Econ Taschenbücher erscheinen im
Ullstein Taschenbuchverlag, einem Unternehmen
der Econ Ullstein List Verlag GmbH & Co. KG, München
Taschenbuchausgabe
1. Auflage November 2002

Redaktionelle Mitarbeit: Kristina Haaf, McKinsey & Company;
Markus Wild, Jenoptik AG
Umschlaggestaltung: Petra Soeltzer, Düsseldorf
Titelabbildung: © Christof R. Sage
Satz: Leingärtner, Nabburg
Druck und Bindearbeiten: Ebner & Spiegel, Ulm
Printed in Germany
ISBN 3-548-70110-8

Inhalt

Prolog

Die Seidl-Alm über Kitzbühel. Ein strahlender Maimorgen im Jahre 2001. An dem Treffpunkt für Wanderer haben sich schon einige Frühaufsteher versammelt. Auszug aus einem Gespräch.

Herbert Henzler:
Der Bauernhof hier oben galt einmal als Modellbetrieb für erfolgreiche und naturgemäße Landwirtschaft auf den Almen. Der Bauer war Unternehmer und Landschaftspfleger zugleich. Jetzt kann er seine Betriebsführung nicht mehr selbst bestimmen, sondern die Agrarbürokraten der Europäischen Union legen mit ihren Milchquoten und Vorschriften fest, was er zu tun und zu lassen hat. Nach deren Logik lohnt sich Landwirtschaft auf der Seidl-Alm nicht. Zu klein, zu beschwerlich. Vielleicht ist es bald vorbei mit den Kühen hier oben.

Lothar Späth:
Das wäre eine Schande. Diese traditionelle Form der Landwirtschaft erbringt eine kulturelle Leistung für die ganze Region. Die Landschaft und die Menschen werden von der Almwirtschaft geprägt. Wenn die Bauern verschwinden, dann geht auch ein Stück kulturelle Vielfalt und Identität verloren.

Herbert Henzler:
Und wegen genau dieser Kultur kommen Wanderer und Touristen aus ganz Europa hierher. Schweden und Holländer, Italiener und Franzosen gleichermaßen. Wenn man es mal ganz losgelöst von hier oben betrachtet, dann stellen die Bauern – und zwar in vielen Teilen Europas – einen gehörigen Teil der touristischen und kulturellen Attraktionen bereit.

Lothar Späth:
Nur werden sie nicht dafür bezahlt. Sollten sie aber, denn ohne Milchvieh und Heuschober, ohne gepflegte Almwiesen und selbst gebrannten Schnaps wäre die Gegend einfach ärmer. Klar, die Alpen wären auch ohne Almbauern eine grandiose Naturkulisse. Aber doch etwas anderes. Wir sind doch beide auf dem Land aufgewachsen, diese Kultur hat uns geprägt und gibt uns heute noch Halt.

Herbert Henzler:
Du meinst also, mal überspitzt gesagt, die Bauern sollen Kühe ausstellen? Und dafür werden sie dann von der Öffentlichkeit bezahlt?

Lothar Späth:
Warum denn nicht? Der Bauer als Landschaftspfleger erbringt eine vielfach nachgefragte Dienstleistung. Und wenn er das noch mit der Produktion naturnaher und gesunder Lebensmittel kombinieren kann, ist das doch wunderbar. Ich denke an moderne »Public Private Partnership«-Konzeptionen. Das private Management der Kulturlandschaft könnte von der regionalen Tourismusförderung mitfinanziert werden. Wer soll denn angesichts der älter werdenden Bevölkerung noch Bauernhöfe in Gebirgsregionen unterhalten?

Herbert Henzler:
Das wird interessant, wenn junge Leute dafür anständig bezahlt werden und obendrein unternehmerische Fantasie entwickeln können. So etwas macht auf alle Fälle mehr Sinn, als Landwirte in eine ruinöse Überproduktion hinein-

zutreiben, bei der letzten Endes die Bauern und die Verbraucher auf der Strecke bleiben.

Lothar Späth:
Ich kann diese Bilder von Tierkadavern im Fernsehen nicht mehr sehn. Das verdirbt mir den Appetit. Dabei mag ich eigentlich eine deftige schwäbische Schlachtplatte und all die anderen regionalen Köstlichkeiten Europas. Es gibt über 1 600 Wurstsorten alleine in Deutschland! Ich bin ein Genussmensch und liebe nichts mehr als die Kulturveranstaltung »Essen und Trinken«.

Herbert Henzler:
Das unterscheidet Europa eben von Amerika. Da hat doch vieles den gleichen Einheitsgeschmack, und das gilt nicht nur für Lebensmittel. Landwirtschaft ist Big Business. Amerika besitzt eine grandiose wilde Natur, besonders in den Nationalparks. Wir in Mitteleuropa haben dagegen sehr viel weniger wilde Natur, dafür aber eine einzigartig vielfältige und lebendige Kulturlandschaft. Wenn ich mit dem Auto von hier nach Südfrankreich fahre, tauche ich alle 200 Kilometer in eine andere Kultur ein. Wenn ich 2 500 Kilometer von Athen nach Oslo oder von Frankfurt nach Minsk zurücklege, dann liegen dazwischen Welten. Wenn ich in den USA 2 500 Kilometer mit dem Camper von Dallas nach San Francisco oder von Miami nach Minneapolis fahre, ändert sich zwar die Landschaft, aber Architektur und Kultur bleiben fast gleich.

Lothar Späth:
Europa heißt kulturelle Vielfalt. Darin liegt die Stärke, auf die sich der Kontinent besinnen muss. Womit wir mitten in der Europadiskussion gelandet sind. Wir müssen anfangen zu differenzieren und dürfen nicht jeden und jedes im europäischen Raum in das gleiche Korsett zwängen. Die Landwirtschaftspolitik stellt wahrscheinlich die zentrale Fehlentwicklung der europäischen Konzeption dar. Das Grundprinzip der Subsidiarität wurde sträflich vernachläs-

sigt. Wenn etwas auf unterer Ebene besser gelöst werden kann, sollte es auch dort passieren.

Herbert Henzler:
Sonst begegnen die Bürger der europäischen Idee mit noch mehr Skepsis und Misstrauen. Dabei sind die Reisefreiheit, der Binnenmarkt, die gemeinsame Währung eine fantastische Erfolgsgeschichte, und erst recht die vielen Freundschaften, die dadurch über die Grenzen hinweg geschlossen wurden. Wir haben uns nur so sehr daran gewöhnt, dass es schon gar keiner mehr merkt.

Lothar Späth:
Europa muss sich neu verorten. Die Politik muss zu einer neuen Konzeption finden. Europa wird nie ein finaler Zustand sein, sondern eher ein Prozess. Der europäische Fortschritt ist stets eine Geschichte von Versuch und Irrtum, er bewegte sich oft im Schneckentempo. Wer meint, es gäbe die idealen Baupläne für ein vollkommenes Europa, muss zwangsläufig enttäuscht werden.

Herbert Henzler:
Die Globalisierung überholt den Binnenmarkt. Die einstige Zielvorstellung ist schon wieder Episode. In der Geschichte der Gemeinschaft hat es immer wieder Phasen gegeben, in denen die Sinn- und Zielfrage gestellt wurde. Offenkundig sind die Europäer wieder an so einem Punkt angelangt. Mit der Einführung des Euro rückt auch eine breite Europadebatte näher.

Lothar Späth:
Wir müssen uns dabei von der Idee eines europäischen Superstaates lösen. Gemeinsame Interessen, aber nicht Einheitlichkeit werden das künftige Europa zusammenhalten und prägen.

Herbert Henzler:
Dann reden wir über Europa jenseits von Brüssel!

1 Europas Platz in der Welt

»Die Europäer haben etwas beschlossen,
was ohnehin passiert.«
György Konrád

Der europäische Binnenmarkt – eine Episode auf dem Weg zum globalen Markt

1969 richteten die Astronauten des Apollo-Programms zum ersten Mal aus dem All eine Farbkamera auf die Erde. Sie funkten die Bilder des Blauen Planeten hinunter zur Bodenstation. Die staunende Menschheit betrachtete verzückt das Antlitz ihres ebenso schönen wie einsamen Heimatplaneten. Das vom Apollo-Programm aufgenommene Bild der Erde veränderte das Bewusstsein der Menschheit und gipfelte später in dem friedensbewegten Slogan »Wir sind eine Welt«. Der Perspektivenwechsel bewirkte ganz allmählich eine völlig neue Sicht der Menschheit auf sich selbst. Völker und Nationen, Landschaften und Regionen hängen vielfältig voneinander ab und sind aufeinander angewiesen. Kein Land und kein Volk kann den Heimatplaneten verlassen oder einfach tun, was es will. Die Notwendigkeit globaler Kooperation fand immer mehr Anhänger. Das Bild aus dem All wurde so möglicherweise zum pädagogisch wertvollsten Fotodokument des vorigen Jahrhunderts. Der amerikanische Futurologe Stewart Brand beschreibt solch umstürzende Effekte als »reframing the problems«. Will sagen: Ein neuer Bezugsrahmen stellt lange verfolgte Ziele und Handlungsweisen plötzlich in Frage und erfordert eine grundsätzliche Neuorientierung. Das gleiche Phänomen ereignete sich zwanzig Jahre später erneut, als die Bilder vom Fall der Berliner Mauer bis in den kleinsten Winkel der Welt übertragen wurden. Der Kalte Krieg nahm mit dem kurz darauf einsetzenden Zerfall der Sowjetunion sein endgültiges Ende und nichts war mehr so wie vorher.

Der Bezugsrahmen der Europäischen Gemeinschaft hat sich seit den Tagen ihrer geistigen Anfänge in der ersten Hälfte des vorigen Jahrhunderts so gründlich gewandelt, wie es die Gründerväter noch nicht einmal im Traum für möglich gehalten hätten. Als Jean Monnet, der Vater und Vordenker des vereinten Europa, sein Bild der Vereinigten Staaten von Europa entwarf und für seine Ideen warb, saß Hitler siegesbewusst auf seinem Berghof und die deutsche Wehrmacht besetzte Europa vom Atlantik bis zum Schwarzen Meer. Als die ersten Schritte zur europäischen Einigung in den fünfziger Jahren eingeleitet wurden, steckte der Krieg noch immer in den Köpfen der Menschen. So wurde der damalige deutsche Botschafter in Großbritannien Oskar Schlitter abberufen, weil seine Frau vor dem Personal ein unglückliche Weihnachtsrede gehalten hatte. Sie vergatterte die etwa hundert Anwesenden, sich in England »ordentlich« zu benehmen, denn: »Wir sind nach zwei Weltkriegen auf gefährlichem Pflaster und sind uns bewusst, dass wir in Feindesland stehen.«

Deutschland ist in die Arme der europäischen Völker zurückgekehrt und hat sich als stabiler Freund mit den Nachbarn versöhnt. Der große Angstgegner Sowjetunion ist implodiert. Monnets Traum von europäischem Frieden und europäischer Völkerfreundschaft ging in Erfüllung. Eines der großen Ziele der ersten Phase der Europäischen Union war die Entwicklung des Binnenmarkts als eine europäische Wirtschaftseinheit mit offenen Grenzen und einer einheitlichen Währung. Es bleibt einer der wichtigsten Marksteine der Geschichte der Europäischen Union, dass am Jahresende 2001 die nationalen Währungen in den meisten EU-Ländern in die gemeinsame Eurowährung eingetauscht wurden. Das gute Stück besteht vor allem aus Kupfer und Nickel, ist aber dennoch Gold wert. Die psychologische Wirkung der gemeinsamen Währung wird das Zusammengehörigkeitsgefühl fördern. Der britische Publizist und Europakenner Timothy Garton Ash verweist auf einen weiteren bereits etablierten Träger gemeinsamer Identität: die europäische Flagge. »Sie kann schon jetzt überall in Europa gesehen werden, vor allem auf Autokennzeichen, auch in englischen Kleinstädten.« Die Europäische Union darf zu Recht als eine überragende politische Erfolgsstory der Nachkriegszeit gelten.

Doch der europäische Binnenmarkt als herausragendes politisches Ziel ist schon wieder Episode. Europa wird von einer Entwicklung, die auf einer noch viel größeren Skala abläuft, überholt: von der Globalisierung. »Die Welt ist zehn Jahre alt«, warb unlängst die amerikanische Investmentgesellschaft Merrill Lynch, gerechnet seit dem Fall der Berliner Mauer. Die Globalisierung der Weltwirtschaft wird durch die modernen Technologien der Information und der Kommunikation vorangetrieben – und der Druck der Welthandelsorganisation (WTO) und des Internationalen Währungsfonds (IWF) hin zu offenem, marktwirtschaftlichem Wettbewerb wird nicht nur die nationalen, sondern auch die europäischen Grenzen sprengen.

Neue regionale Binnenmärkte wie NAFTA (Kanada, Mexiko, USA), ASEAN (Brunei, Indonesien, Kambodscha, Laos, Malaysia, Myanmar, Philippinen, Singapur, Thailand, Vietnam) und MERCOSUR (Argentinien, Bolivien, Brasilien, Chile, Paraguay, Uruguay) sind Puzzlesteine, die sich zu einem großen Bild zusammenfügen werden: dem völlig grenzenlosen und freien Welthandel. Wenn der Vorsitzende der EU-Kommission Romano Prodi im kleinen Kreis versucht, Euro-Skeptiker persönlich zu überzeugen, geschieht dies stets schon vor der Projektionsfläche der Globalisierung: »Als mit der Entdeckung Amerikas durch Kolumbus die erste Globalisierung begann, standen die vielen italienischen Kleinstaaten nicht zusammen – und verschwanden von der Landkarte.«

Als Konsumenten sind die Deutschen und Europäer begeisterte Globalisten. Die Verbraucher profitieren, weil der Markt für alle Beteiligten immer transparenter wird. Der Kunde ist der König der Globalisierung. Er kann nahezu weltweit Qualität und Preise vergleichen. Globalisierte Konsumenten sind heute die Lokomotive der Güternachfrage: 800 Millionen Menschen in Europa, Japan und den USA verfügen über ein Haushaltseinkommen von über 25 000 Dollar im Jahr. Derzeit wird ein Fünftel des »Weltinlandsproduktes« global produziert und konsumiert, in dreißig Jahren werden es Schätzungen zufolge vier Fünftel sein. Die Globalisierung bleibt der übergeordnete Megatrend auch für die kommenden Generationen.

Sie fragen ähnliche Produkte wie Coca-Cola oder Handys nach, sie nutzen ähnliche Medien wie MTV oder Yahoo. Der wachsende Konsum globalisiert zugleich bestimmte Probleme: Die Frage einer umweltverträglichen Energieversorgung stellt sich angesichts steigenden Verbrauchs weltweit. Ölpreisschocks wirken global. Die Amerikaner sind in Rechtfertigungszwang, weil fünf Prozent der Weltbevölkerung 30 Prozent des Weltenergieverbrauchs beanspruchen. Auch die Deutschen stehen etwas merkwürdig da, weil sie zwar viel von einer möglichen Klimaerwärmung reden, aber gleichzeitig in einem Sonderweg aus der kohlendioxidneutralen Atomenergie aussteigen. Nationale Alleingänge und Egoismen werden vor der Folie der Globalisierung zunehmend fragwürdig. Wer auf der Weltbühne agiert, hat eine immer größere Zahl kritischer Zuschauer. Auch Umweltschützer und Menschenrechtler (und paradoxerweise auch Globalisierungsgegner) haben längst effiziente weltweite Netzwerke gesponnen.

Grenzen fallen weltweit in geradezu atemberaubendem Tempo – und dies ganz ohne Zutun des schwerfällig gewordenen politischen Europa. »On Planet Reebok there are no boundaries« – auf dem Planeten Reebok gibt's keine Grenzen – wirbt ein amerikanischer Turnschuhhersteller. MTV, Madonna und McDonald's zeichnen die neue Landkarte – weniger Jacques Chirac, Gerhard Schröder oder die europäische Kommission. Der Globalisierung muss man nicht in einem aufwändigen Procedere beitreten, man »darf« ihr auch nicht beitreten. Nein: Man wird ihr beigetreten (und zwar kurz und mitunter schmerzvoll). Moderne Technologien, richtig benutzt und allen zugänglich gemacht, haben die Macht, sowohl die geographischen als auch die vom Menschen gezogenen Grenzen auszulöschen.

Die vom Internet ausgehende Dezentralisierung ermöglicht es immer mehr Individuen, hier zu leben und dort zu wirtschaften. Nach Untersuchungen des amerikanischen Bureau of Labor Statistics sind in den USA mittlerweile zwei Drittel aller Beschäftigten Informationsanbieter, also Beschäftigte, die Informationen so aufbereiten, dass die daraus folgenden Handlungen zu einer Wertschöpfung führen. Dazu gehören Tätigkeiten wie Lehren und Forschen, Beraten oder Publizieren. Der Wissenschaftler, der Unternehmensberater, der Journalist und der Mitarbeiter im Callcenter – sie alle sind Informationsarbeiter und qualifizierte Dienstleister, gehören also den Berufsgruppen an, bei denen auch in Deutschland der stärkste Zuwachs an Arbeitsplätzen erwartet wird.

Informationen und Gedanken sind so frei, sich nicht an Grenzen zu halten. Die Einheit zwischen Volkswirtschaft und Nationalstaat löst sich auf. Während früher der Kaufmann der Flagge folgte, ist es heute eher so, dass die Flagge dem Kaufmann hinterherhechelt. Deshalb ist oft vom »Verlust des Primats der Politik« oder dem »Ende des Nationalstaats« die Rede. Dies trifft aber nur teilweise zu. Bereiche wie die Gesundheitsvorsorge, die Sozialsysteme, die Bildungspolitik und die Kulturhoheit werden auch weiterhin im nationalen Kontext betrachtet und vielfach autonom gelöst werden müssen. Andererseits muss die Politik dabei zunehmend die globalen Rückmeldungen auf ihre Arbeit berücksichtigen. Die Globalisierung bewertet die Wirtschaftspolitik und die aus ihr resultierenden ökonomischen und sozialen Rahmenbedingungen eines Landes. »Sie erhöht die Kosten schlechter Regierungsarbeit und ist so gesehen der Feind staatlicher Inkompetenz«, schreibt Jürgen Stark, Vizepräsident der Deutschen Bundesbank. Die Globalisierung stellt so überkommene staatliche Machthierarchien in Frage und verlangt nach neuartigen Konzeptionen von Politik. Ein Perspektivenwechsel, der, um noch einmal den Futurologen Stewart Brand zu zitieren, nach einem

»Reframing« der Probleme ruft. Noch nie seit 1945 schien die künftige politische Gestalt Europas so ungewiss wie heute.

Wir können zwei große Entwicklungen in der Weltwirtschaft beobachten. Zum einen die immer enger verflochtenen Finanzmärkte, die von den Zentralbanken mit Unterstützung der Finanzminister und Regierungschefs der großen Industriestaaten über die Zinssteuerung und den IWF gemanagt und vor Krisen bewahrt werden. Kein Politiker kann etwas daran ändern, dass die Kapitalmarktentwicklung in den USA den Ton angibt und die europäischen und asiatischen Märkte fast zwangsläufig folgen. Kräfteverschiebungen werden zwar Korrekturen auslösen, aber diese werden sich an Märkten und Kapitalströmen ausrichten und nicht an politischen Willensbekundungen.

Zum anderen: Egal, wie viele Staatschefs sich auf einem Gipfeltreffen für ein Gruppenfoto zusammenfinden, die Märkte sehen es gelassen. Ganz anders, wenn Alan Greenspan einem Journalisten nur andeutet, er denke über die Zinsen nach: Dann stehen die Finanzmärkte womöglich zwanzig Minuten später Kopf. Wobei Wallstreet und Tokio, London und Frankfurt heute praktisch zeitgleich reagieren. Die verschiedenen Teile der Welt hängen so eng zusammen, dass eine japanische Deflation sofort auch zu wirtschaftlichen Turbulenzen in den USA und Europa führt – und umgekehrt. Auf den Finanzmärkten konkurrieren im Grunde zwei Denkschulen. Die eine sagt schlicht und ergreifend: »Let the market work it out« – der Markt wird es schon richten. Die andere vertritt die Auffassung, dass ein gewisses Eingreifen auch in Zukunft notwendig ist, gerade damit der Markt noch funktioniert. Die entscheidende Aufgabe wird darin liegen, hier zu einem tragfähigen Kompromiss zu kommen und eine Balance zwischen Ordnung und Chaos zu ermöglichen.

Die globalen Kapitalmärkte lassen sich mit einem Flugzeug vergleichen, bei dem Elektronik, Tragflächen, Leitwerk und Triebwerk zusammen- und voneinander abhängen. Kein Einzelaggregat kann einen Sonderweg gehen, ohne dass die ganze Maschine abstürzt. Erfahrene und durch die Praxis abgehärtete Airline-Piloten behaupten mitunter: »An airplane is nothing but a close formation of spareparts.« Zu Deutsch: Ein Flugzeug ist nichts als eine eng zusammen fliegende Formation von Ersatzteilen. Dies beinhaltet zwei tiefere Wahrheiten. Erstens: Keiner weiß ganz genau, wie das System wirklich funktioniert. Und zweitens: Es fliegt trotzdem und Abstürze sind gottlob selten.

Die globale Wirtschaft entwickelt, verkauft und produziert, wo sie die günstigsten Bedingungen findet. Die sieben Schlüsselindustrien der nächsten Dekaden sind die Bereiche Mikroelektronik, Biotechnologie, neue Werkstoffe, Telekommunikation, Roboter und Maschinenbau, Computer und Software sowie die zivile Luftfahrt. »Jede dieser Industrien kann überall auf der Welt angesiedelt sein«, sagt der amerikanische Ökonom Lester Thurow. Es wird sie derjenige Standort anziehen, der die beste »Brainpower«, also Wissen und Qualifikation, bietet.

»Wir müssen kreativ sein, und das können wir hier«, sagen beispielsweise rund 600 Softwareentwickler, die sich in der spektakulären Urlaubslandschaft des »Bali-Camp« angesiedelt haben. Toto Sugiri hat in Aachen Informatik studiert und in seiner indonesischen Heimat die Programmieroase gegründet: Sie liegt zwischen den Touristenorten Kuta und Nusa Dua und tritt in Konkurrenz zum indischen Software-Mekka Bangalore. Die indischen Aufsteiger von gestern sind heute für die Indonesier schon wieder Establishment: »Die Kosten hier sind deutlich niedriger als in Indien, für das Butterbrot von 100 000 Dollar haben wir zwei Hektar Land gekauft.« Über Arbeitsmangel können sich die Bali-Camp-Bewohner nicht beklagen, sie programmieren unter anderem für DaimlerChrysler und gehören inzwischen zur deutsch-indonesischen caatoosee/sigma-Gruppe.

Ein globalisiertes Unternehmen kennt keine territorialen Loyalitäten und es darf auch keine kennen, wenn es im Wettbewerb bestehen will. Und dies ist vielfach auch heute schon so.

Der folgende Dialog ergab sich unlängst bei einer Australienreise: Frage an einen für DaimlerChrysler tätigen Freund: »Wie gehen die Geschäfte?« Antwort: »Gut, die Personenwagen verkaufen sich ein bisschen schleppend wegen der hohen Preise, aber bei den Lastwagen läuft es super.« Frage: »Da werden sie sich aber zu Hause in Stuttgart freuen?« Antwort: »Die freuen sich nicht. Im Moment freuen sich am meisten die Brasilianer, weil sie die Achsen liefern, und die Amerikaner, denn von denen bekommen wir die Motoren. Und da wir in Jakarta wegen der Bürgerkriegssituation im Moment Schwierigkeiten haben, montieren wir in unserem neuen Werk in Ho Chi Minh City, in Vietnam.« Frage: »Über was sollen sich die Stuttgarter denn dann noch freuen?« Antwort: »Die schicken immer das Zertifikat, dass es ein Mercedes ist – auf tschechischem Papier in Ungarn gedruckt.«

Wer sich die Frage stellt, warum sich viele Menschen gerade auch in Deutschland mit der Globalisierung so schwer tun, der stößt schnell auf kulturelle Ursachen. Deutschland und die erfolgreiche Nachkriegsgeneration sind mit »Made in Germany« groß geworden. Die Deutschen waren stolz auf ihre Produkte. Sie waren stolz darauf, dass die Amerikaner Porsche und Mercedes gekauft haben, und das zum dreifachen Preis eines Buick. Heute heißt die Firma DaimlerChrysler und fragt: »Wo auf der Welt bauen wir das nächste Auto?« Keiner spricht mehr von »Made in Germany«, es heißt jetzt »Made by DaimlerChrysler«, egal wo. Große Namen entwickeln sich zusehends zu Markenagenturen, die die Herstellung ihrer Produkte weltweit ausschreiben. Das wirtschaftliche Handeln des Menschen begann auf dem Marktplatz – dann erst folgte der Arbeitsplatz. Und nun dreht sich das Rad weiter wieder in Richtung auf einen großen Marktplatz.

Zwei Drittel der Porsche Boxster werden beispielsweise im finnischen Dorf Uusikaupunki von Valmet Automotive Inc. im Auftrag von Porsche produziert. Einen Unterschied zwischen beiden macht nur noch ein Buchstabe auf der Fahrgestellnummer: »S« steht für Stuttgart und »U« für das

18 000-Seelen-Städtchen Uusikaupunki. Die Finnen glänzen mit hoher Fertigungsqualität und unschlagbarer Flexibilität. Ihre Produktionsplanung kann vierteljährlich angepasst werden, da die Mitarbeiter je nach Auftragslage zwischen vier und sechs Tage die Woche arbeiten. An jedem aus Finnland angelieferten Sportwagen verdient Porsche deutlich mehr als an einem in Stuttgart gefertigten Exemplar, denn Valmet Automotive kann seine Dienste schon alleine wegen der deutlich niedrigeren Löhne günstiger anbieten als Porsche selbst. Sollte die Nachfrage einmal nachlassen, bestellt Porsche einfach weniger Autos. Weitergehende Sorgen über nicht ausgelastete Fabriken oder Personalabbau muss man sich in Stuttgart nicht machen. Die Globalisierung sitzt so im Porsche und wird hartnäckige Bremser notfalls auch rechts überholen.

Aber der Mensch ist nun mal kein Porsche. Auch in einem globalisierten Konzern wie DaimlerChrysler ist der Drang groß, sich abzugrenzen. »Sie baut nicht Grenzen zwischen den Kulturen ab, sondern lässt sie deutlicher hervortreten, gern auch als Klischee«, schreiben Dietmar Hawranek und Dirk Kurbjuweit im *Spiegel* über DaimlerChrysler als »Drei-Welten-AG«. Wer globalisiert wird, nationalisiere sich erst einmal und erzähle in erster Linie von den Unterschieden. Immer wenn das Neue und Unbekannte droht, wird die alte Identität für Menschen wichtiger. Und gerade das Auto ist in den Autonationen Deutschland, Japan und USA immer auch ein Stück Kultur. »Man sieht das an den Spielzeugautos, die nahezu alle Büros der Welt AG schmücken«, haben die *Spiegel*-Autoren auf ihrer Recherchereise zwischen Stuttgart, Tokio und Detroit entdeckt, »es sind oft die großen, alten Wagen der jeweiligen Firma«.

Die meiste Angst macht den Menschen aber die Arbeitslosigkeit. Vielen scheint sie ein Kind der Globalisierung zu sein – zu Unrecht. Weltweit stieg die Zahl der besetzten Arbeitsplätze in den letzten zwanzig Jahren um rund 800 Millionen. Seit 1970 sind auch in den Industrieländern unter dem Strich 110 Millionen zusätzliche Arbeitsplätze geschaffen worden. Die in überholten Branchen wegfallenden Arbeitsplätze werden durch neue Jobs mehr als ersetzt. Doch es sind meist nicht die gleichen Personen, die im Zuge des Strukturwandels eine alte Arbeit verlieren und dafür einen neuen Job finden. Mag das Große und Ganze auch noch so profitieren, die Globalisierung hinterlässt dennoch eine große Zahl individueller Verlierer. Wenn bisherige Formen der Lebensplanung über den Haufen geworfen werden, wenn berufliches Wissen rapide disqualifiziert wird, so besteht auch eine latente Gefahr, dass Schuldige gesucht werden. Bücher wie »Der Terror der Ökonomie« von Viviane Forrester machen einen entfesselten »Turbokapitalismus« für die Verwerfungen verantwortlich. Andere würden gerne Einwanderer und Zuwanderer zum Sündenbock stempeln. »Die Warnung vor dem Fremden und den Fremden ist seit jeher auch eine Botschaft der Jean-Marie Le Pens dieser Welt«, schreibt Ottmar Issing, Chefvolkswirt der Europäischen Zentralbank (EZB). Ausbrüche eines negativ definierten Nationalismus können zum Teil als Folgen des sozialen Modernisierungsschocks interpretiert werden. Einerseits fordern ökonomische Zwänge die Einwanderung von Arbeitskräften aus dem Ausland, andererseits löst der wachsende Druck fremdenfeindliche Reaktionen aus. Dies darf Europa nicht auf die leichte Schulter nehmen.

Für Europa wird es darauf ankommen, seine spezifischen Vorteile im Weltwettbewerb durch Infrastrukturmaßnahmen und sein Bildungs- und Sozialsystem zu erkennen und auszubauen. So wird heute schon sichtbar, dass etwa Irland einen besonderen Wachstumspfad erreicht hat, dass die Niederlande bessere Konzepte haben, um mit der Arbeitslosigkeit und ihren Problemen fertig zu werden, als die Bundesrepublik oder Frankreich. Der Wettbewerb der Standorte ist in vollem Gange und er ist innerhalb und außerhalb Europas ein Wettbewerb um Arbeitsplätze, Infrastrukturen, Qualifikation von Menschen, Steuern und Abgaben, politische Stabilität, mehr und weniger Staatseinfluss, aber auch soziale Stabilität.

Mit anderen Worten ist es auch ein Wettbewerb der einzelnen marktwirtschaftlichen Systeme und ihrer Regierungspolitik, die sich sicher nicht in ihrer nationalen Identität und kulturellen Vielfalt angleichen sollen, sondern in den Bedingungen, unter denen sie international funktionieren und agieren. Dabei werden lokale Rohstoffe und lokales Kapital eine immer geringere Rolle spielen, weil bei einem freien Weltmarkt beides leicht dorthin zu bringen ist, wo es benötigt wird. In diesem Wettbewerb müssen sich alle Nationen und Weltregionen positionieren. Letztlich wird es auf einen weltweiten Wettbewerb um die »ultimate resource« hinauslaufen, wie der amerikanische Ökonom Julian Simon einmal den Menschen bezeichnet hat. Die Konkurrenz um die besten Talente hat bereits begonnen und wird härter. Durchaus treffend beschreibt der Zukunftsforscher Matthias Horx eine neue Welt des »Talentismus«.

Die Wettbewerbsfähigkeit der Zukunft speist sich aus Immateriellem: aus Talenten, Marken, Netzwerken, Patenten und Copyrights. Bei Coca-Cola oder McDonald's macht der Markenname ein Vielfaches der materiellen Vermögenswerte aus. Für Microsoft oder Intel ist es hingegen der (globale) Standard, den sie in ihrer Industrie schaffen konnten. Pharmariesen wie Pfizer und Glaxo Wellcome oder der Mobiltelefongigant Nokia profitieren von ihren Patenten. Der amerikanische Kapitalmarkt spiegelt die Entwicklung heute bereits wider: Während der Börsenwert von Unternehmen noch vor zehn Jahren im Großen und Ganzen dem materiellen Anlagevermögen entsprach, ist der Börsenwert der führenden 500 Unternehmen heute dreimal so hoch wie ihr eigentliches Anlagevermögen. Ähnliches gilt für die europäischen Kapitalgesellschaften. Daraus ergibt sich die Frage: Wie und in welchem kulturellen, ökonomischen und ökologischen Umfeld kann man junge Menschen am besten qualifizieren? Wie sieht das attraktive Angebot aus, das die besten Köpfe der Welt nach Europa zieht?

Europa muss sich zu einem besonders lebenswerten Standort in einer globalen Zivilgesellschaft entwickeln. Dies berührt langfristig sowohl die Stellung und das Verhalten der einzelnen Nationalstaaten als auch die politische Konstruktion Europas. Möglicherweise ist es eine große Chance, dass die verschiedenen Vorstellungen von einem vereinten Europa noch so unfertig sind. Helmut Schmidt warnt zu Recht vor einer Diskussion um die Finalität von Europa. Es wird kein europäisches Wochenende geben, an dem alles getan ist.

Der europäische Traum hatte ursprünglich viel mit dem Vorbild der Vereinigten Staaten zu tun, das nach dem Krieg zunächst Pate stand. Die ebenso eingängige wie verlockende Vorstellung bestand darin, einen europäischen Bundesstaat zu bilden, dessen Länder die europäischen Staaten sein würden. Für die Deutschen war das umso einleuchtender, als sie den Föderalismus verinnerlicht und in der Verfassung verankert haben – ganz im Gegensatz zu den meisten anderen europäischen Staaten. Die Konzeption der Vereinigten Staaten von Europa muss jedoch zu den Akten gelegt werden. Erstens, weil die Bürger einen solchen Superstaat nicht wollen, und zweitens, weil die Globalisierung andere Antworten verlangt.

Stattdessen könnte sich neben dem System der auf einer gemeinsamen Grundlage organisierten Einzelstaaten ein Netzwerk von Beziehungen herausbilden, in dem Regierungen, Bürgerorganisationen, wirtschaftliche Akteure und Individuen koexistieren, streiten und kooperieren. »Seit der industriellen Revolution gibt es eine Arbeitsteilung zwischen dem Privaten und dem Öffentlichen, doch die Globalisierung reißt diese Schranken nieder«, sagt Wolfgang Reinicke, Ökonom bei der Weltbank. Internationale Netze, die bislang eher ad hoc entstanden, sind ein Phänomen, das sich als Vorbote einer anderen Gestalt der Politik erweisen könnte. Karl Kaiser, Direktor des Forschungsinstituts der Deutschen Gesellschaft für Auswärtige Politik in Berlin, glaubt, dass in solchen Netzen »auch die Staatendiplomatie von morgen ein neues Betätigungsfeld finden wird«. Es geht nicht um einen neuen Staat. Es geht darum, die kulturelle Vielfalt und die Selbstbestimmtheit der Völker und Regionen eines Kontinents auf neue Weise zum gegenseitigen Nutzen zu organisieren. Europa hat eine historische Chance. Wir sollten uns in Anlehnung an den Optimismus eines Ronald Reagan sagen: »Es ist wieder Morgen in Europa.«

»Bald gibt es in ganz Europa nur noch zwei Arten von Grenzen: die Schweizer Kantons- und Gemeindegrenzen.«
GERHARD KOCHER

Einbahnstraße Globalisierung

Anfang der vierziger Jahre bastelte der Bauingenieur Konrad Zuse in seiner Berliner Wohnung an einer Rechenmaschine. Das schrankgroße Monstrum bestand aus 2500 Telefonrelais und wurde von seinem Schöpfer »Z3« getauft. Am 12. Mai 1941 lüftete Zuse erstmals vor einer kleinen Gruppe von Besuchern das Geheimnis seiner »ersten vollautomatischen, programmgesteuerten und frei programmierten, in binärer Gleitrechnung arbeitenden Rechenanlage«. Dieser Tag gilt heute als Geburtsstunde des Computers. Die Heimarbeit des genialen deutschen Erfinders Zuse enthielt bereits einen Speicher für 64 Zahlen, eine Rechen- und eine Steuereinheit. Befehle gab Konrad Zuse über Löcher ein, die er in einen 35-Millimeterfilm gestanzt hatte. Als ihn einer der Anwesenden nach dem Motiv für seine Erfindung fragte, gab Zuse lapidar zurück: »Ich bin zu faul zum Rechnen.« Sechzig Jahre später hat das deutsche Nominierungskomitee Zuses Rechner für das UNESCO-Register »Gedächtnis der Menschheit« vorgeschlagen.

Konrad Zuse hat 1941 einen Geist aus der Flasche gelassen, der die Welt auf den Kopf stellen sollte. Der Erfinder erlebte zunächst, wie die Computer so klein wurden, dass sie in jede Tasche passten. Und er registrierte genauso staunend, wie sich die Rechner mit anderen Technologien zu einer Art Weltgehirn verbündeten. Die Liaison von kompakten Rechnern, Transistoren, leistungsfähigen Datenspeichern und weltweitem Telefonnetz brachte das Internet hervor.

Niemand hatte die Idee zum Internet, es entstand vielmehr als unbeabsichtigter Nebeneffekt einer militärischen Überlegung. Das amerikanische Pentagon wollte ein dezentrales Computernetz, das auch nach einem Atomangriff durch die Sowjetunion noch funktionsfähig sein würde. Danach waren es Universitäten und Forschungsinstitute, die sich des Mediums bedienten und es weiterentwickelten. Eine wichtige Rolle spielte dabei auch das europäische Kernforschungszentrum CERN bei Genf. Mit seinem Vordringen in beinahe alle Lebensbereiche wurde das Internet schließlich zum technischen und gesellschaftlichen Zentralobjekt der Moderne. Seine Macht ist wahrscheinlich größer als die der Atombombe – wobei das Beruhigende (je nach Einstellung auch Beunruhigende) am World Wide Web ist, dass niemand einen Schlüssel dazu hat.

Das digitale Netz verändert die Grundlagen der Gesellschaft und wird durch zahlreiche Rückkoppelungen wiederum von der Gesellschaft verändert. Der Philosoph Peter Sloterdijk sieht die globalen Modernisierungsprozesse »allesamt als gestartete, das heißt nach vorne geöffnete Unternehmen, von denen bis auf weiteres unklar ist, wie ihr nichtkatastrophischer Stopp auch nur vorgestellt werden könnte«. Damit ist ein autokatalytischer (»selbstbeschleunigender«) Prozess in Gang gekommen, dessen weitere Entwicklung niemand wirklich voraussagen kann. Die Entwicklung hat durchaus schicksalhafte Züge. Sie ließe sich auch nur von einem totalitären Regime stoppen. Solche Fälle gab es in der Geschichte – sie sind aber allesamt nicht zur Nachahmung empfohlen. Beispielsweise haben die japanischen Machthaber das Land im 17. Jahrhundert für beinahe zwei Jahrhunderte eingefroren. Erfolgt war ein beispielloser Abstieg. Auch in Albanien, dem nach fünfzig Jahren Diktatur endgültig der Ruf des Armenhauses in Europa anhaftete, sind seit dem Sturz des kommunistischen Regimes vor zehn Jahren die positiven Auswirkungen der Öffnung zu spüren. Obwohl das Land noch immer mit Korruption und Kriminalität zu kämpfen hat, wächst die Wirtschaft seit Jahren überdurchschnittlich. So wird für das Jahr 2001 ein Wirtschaftswachstum von 8 Prozent prognostiziert. Die Einwohnerzahl der Hauptstadt Tirana hat sich seit der Abkehr vom Kommunismus verdreifacht und nach Jahren hoher Inflation ist seit 1999 praktisch Preisstabilität zu beobachten.

In Europa kam mit der Erfindung des Buchdrucks eine Kulturrevolution in Gang, von deren Auswirkungen wir heute noch profitieren. Und etwas Ähnliches steht jetzt mit den neuen Netzen wieder ins Haus. Mark Twain bemerkte zu historischen Parallelen einmal: »Geschichte wiederholt sich nicht, aber sie reimt sich.«

Die Digitalisierung ist eine der Säulen, auf denen die Globalisierung fußt. Die Leistungsfähigkeit von Standard-Speicherchips hat sich in den letzten zwanzig Jahren alle zwei Jahre verdoppelt. Im selben Tempo sanken die Kosten je Speichereinheit, was den breiten Einsatz von Computertechnologie in nahezu allen Bereichen der Wirtschaft erst rentabel machte und zu einem nachhaltigen Produktivitätsschub führte. Ähnlich dramatisch verlief die Entwicklung bei der Übertragung von Daten: Im Jahr 2000 konnten per Glasfaser tausend Mal mehr Daten pro Sekunde übertragen werden als noch fünf Jahre zuvor. Diese technologischen Fortschritte – mehr, schneller, billiger – haben der Internet-Revolution den Weg bereitet. Bis zum Jahr 2002 wird sich die Zahl der Internet-Nutzer weltweit auf 400 Millionen verdoppeln. Optimisten erwarten in der ersten Hälfte des Jahrzehnts eine Milliarde Internet-Anschlüsse. Die Informationsfülle, die über das Internet zugänglich ist, scheint keine Grenzen zu kennen.

»Gegen Ende dieses Jahrzehnts werden Moleküle die fundamentalen Einheiten eines Computers ausmachen«, ist der IBM-Physiker Tom Theis vom Watson-Forschungslabor in New York überzeugt, was noch einmal zu millionenfach schnelleren Computern führen wird. Glasfaserkabel mit tausendfacher Übertragungskapazität werden immer intelligenter aufbereitete Information in aller Welt gleichzeitig abrufbar machen. Eine Gesellschaft mit praktisch unbegrenztem Kommunikationsangebot, in der die Kosten einzelner Operationen gegen null gehen, ist möglich. 1930 kostete ein dreiminütiges Telefongespräch zwischen New York und London noch 244 Dollar, 1990 noch drei Dollar und heute im Internet fast gar nichts mehr. Im Jahr 2000 wurden weltweit über 900 Milliarden Minuten lang Telefongespräche geführt und Daten übertragen. Der Anstieg der Übertragungskapazitäten ist nicht zu stoppen. Moderne Glasfaserkabel verhalten sich zu normalen Telefonleitungen, als würde man eine Hauptwasserleitung und einen Strohhalm nebeneinander legen.

Die wirtschaftliche Bedeutung von Raum und Zeit nimmt weiter ab. Die Kommunikation ist von den Verkehrsnetzen und dem Faktor Zeit unabhängig geworden. Die Wanderwege für Informationen und Kapital sind globale Autobahnen geworden, auf denen jeder Winkel der Welt in Echtzeit erreicht werden kann. »Die Globalisierung produziert eine Welt, auf der sich alle in Lichtgeschwindigkeit auf einem einzigen elektronischen Marktplatz versammeln«, beschreibt es der ehemalige Chairman der Citicorp-Bank Walter Wriston.

In vielfacher Hinsicht bedeutet dies den »Tod der Entfernung« (»Death of Distance«). Entfernungen spielten früher eine erhebliche Rolle für den Entwicklungsstand verschiedener Volkswirtschaften. Als um 1760 die industrielle Revolution in Großbritannien ihren Ausgang nahm, war man sich dort seines Vorsprungs durchaus bewusst und daran interessiert, das Monopol auf den technischen Fortschritt zu erhalten. Der Export von Maschinen, gut ausgebildeten Arbeitern und neuartigen Produktionstechnologien wurde verboten. Die Abschottung gelang immerhin so gut, dass es erst fünfzig Jahre später die ersten Industrialisierungsansätze auf dem europäischen Kontinent gab und es weitere fünfzig Jahre dauerte, bis sie den Level der USA erreichten.

Die Zeiten, in denen Kapitalmärkte vornehmlich lokal oder regional ausgerichtet und weitgehend intransparent waren, sind vorbei. 1,5 Trillionen Dollar (in Ziffern ausgeschrieben: 1 500 000 000 000 000 000) wandern täglich virtuell um den Globus. Grenzüberschreitende Kapitalflüsse haben sich seit 1970 in den USA, Japan und Deutschland mehr als verfünfzigfacht. Der Grund für diesen Boom: Zum einen haben neue technische Möglichkeiten die Kapitalmärkte transparenter gemacht. Zum anderen ist der Bedarf gewachsen; Unternehmen und Staaten suchen nach günstiger Finanzierung, private und institutionelle Investoren nach lukrativen Anlagemöglichkeiten. Die Staatsverschuldung stieg in den letzten zwanzig Jahren in Deutschland und Japan um rund das Vierfache, in den USA um das Fünffache. In den USA beträgt der Wert aller Aktien rund zwölf Billionen (12 000 000 000 000) Dollar – damit liegt er gut 20 Prozent über dem amerikanischen Bruttoinlandsprodukt. Immer mehr Staaten privatisieren große Teile des öffentlichen Sektors und bieten sie den Kapitalmärkten an – wie kürzlich die Deutsche Post AG in Deutschland. Die Anleger und ihre Scouts vergleichen global die Wettbewerbsfähigkeit von Unternehmen. Zukunftsfähige Firmen können sich dadurch auf dem internationalen Kapitalmarkt günstig mit Kapital versorgen. Die Entwicklung neuer, global erfolgreicher Produkte wie Halbleiter oder Medikamente erfordert ständig höhere finanzielle Aufwendungen. Zugleich werden die Innovationszyklen von Produkten fortwährend kürzer und damit die Zeit, in der sie die Investitionen wieder hereinspielen müssen. Und hierfür müssen die Produkte wiederum global vertrieben werden. Effiziente Kapitalmärkte sind unbestechliche Schiedsrichter und fördern in erheblichem Maße das Wachstum und die Produktivität der Wirtschaft. Während der Pesokrise klagte ein Beamter im mexikanischen Außenministerium: »Alle hier haben das Gefühl, als werde ihr Leben von jemand Außenstehendem bestimmt, und alle wollen wissen: Wer steckt dahinter?« Als Antwort könnte eine zentrale Wahrheit der Globalisierung dienen, die Thomas Friedman, außenpolitischer Kolumnist der *New York Times*, so formuliert: »Niemand hat das Sagen.«

Die Finanzmärkte erkennen mit untrüglichem Gespür eine fehlerhafte Wirtschaftspolitik. Sie üben so eine disziplinierende und in vielen Fällen auch korruptionserstickende Wirkung aus. Bedauerlicherweise trifft ein Liebesentzug der

Kapitalmärkte jedoch nicht korrupte lokale Eliten am schlimmsten, sondern die einfachen Menschen. Beispielsweise in Argentinien: Nachdem die Bonität argentinischer Staatsanleihen in den vergangenen zwölf Monaten durch Ratingagenturen wie Moody's und Standard & Poor's mehrfach herabgestuft wurde, haben ausländische Investoren jegliches Vertrauen in die argentinische Wirtschaft verloren. Im Juli 2001 musste Präsident de la Rua extreme Sparmaßnahmen durchsetzen, um die Zahlungsunfähigkeit des Landes zu verhindern. Der Vertrauensverlust an den Kapitalmärkten in Verbindung mit einer seit Jahren andauernden Rezession hat inzwischen zu einer Arbeitslosenquote von über 15 Prozent geführt. Die Staatsgehälter und Rentenzahlungen werden um 8 bis 10 Prozent sinken, Sozialleistungen werden gekürzt und die Armut wächst.

Erfahrungen wie die in Argentinien treiben viele ins Lager der Globalisierungsgegner. Sie schlagen jedoch auf den Überbringer der schlechten Nachricht ein, nicht auf den Verursacher. Doch trotz der großen Kapitalmarktkrisen in Südostasien, Lateinamerika und Russland in den spaten neunziger Jahren setzt sich das Tempo der weltweiten wirtschaftlichen Integration fort, weil die Technologie als Motor nicht stottert.

Ob Fluggesellschaften, Telekommunikation oder Stromversorgung – rund um den Globus wurden und werden ehemals abgeschottete Industrien für den Wettbewerb geöffnet. Und das mit Erfolg: Die Effizienz steigt, die Verbraucher profitieren von fallenden Preisen. In Deutschland beispielsweise sanken die Kosten für Ferngespräche in den ersten zwei Jahren nach der Deregulierung um 85 Prozent. Auch die Monopole der Post und der Bahn werden langsam, aber sicher geschliffen. Erste regionale Bahnstrecken werden inzwischen von privaten Anbietern kostendeckend und zur Zufriedenheit der Kundschaft betrieben. Im Zuge dieser Veränderungen hat sich der Wettbewerb in nahezu allen Branchen verschärft. Als Indikator für die Globalisierung gilt folgender Umstand: Der Welthandel ist, gemessen am Wert der Exporte, seit etwa 1970 um das Sechzehnfache gestiegen, während sich die Weltproduktion bis heute nur um den Faktor 2,5 erhöht hat. Nicht nur die Transaktionskosten für Informationen sind dramatisch gesunken, sondern auch die Transportkosten für materielle Güter. Die Überseefrachtkosten fielen im letzten halben Jahrhundert um den Faktor fünf. Neben Öltankern mit einer Ladekapazität von 10 000 Tonnen kreuzen heute wahre Riesen mit 500 000 Tonnen die Weltmeere. Auch zu Lande und zu Wasser sanken die Transportkosten stark. Die Anzahl der international Reisenden hat sich in den letzten zwanzig Jahren verdreifacht – auf drei Millionen Menschen täglich. Die Luftfracht schließlich macht Güter handelbar, die bislang nicht für einen weltweiten Vertrieb in Frage kamen: von frischen Blumen aus Asien, Südamerika oder Israel, das mittlerweile der größte Frischblumenexporteur Europas ist, bis zu Hummer aus Kanada. Der Verkehr, der uns einerseits wachsende Verkehrs- und Umweltprobleme beschert, eröffnet andererseits vielen Menschen auf der Welt neue Möglichkeiten. Probleme und Chancen werden gleichermaßen globalisiert.

Das winzige Indianerdorf Maruranau in Guayana vertreibt jetzt per Internet seine kunstvoll gewebten Hängematten und erzielt damit erstmals so etwas wie ein kleines Einkommen. Solche Mut machenden Beispiele dürfen jedoch nicht darüber hinwegtäuschen, dass für Menschen in den Entwicklungsländern der Zugang zum weltweiten Netz immer noch extrem schwierig und selten ist. Auch in Bezug auf den Zugang zu neuen Informations- und Kommunikationstechnologien existiert eine Zweiklassengesellschaft, oft auch als »Digital Divide« bezeichnet. 70 Prozent der Weltbevölkerung haben Zugang zu nur 5 Prozent aller Festnetzanschlüsse. Diese Tatsache wirkt sich direkt auf den Zugang zum Internet aus. In Frankreich gibt es fast genauso viele Internet Hosts wie in Lateinamerika und der Karibik zusammen. New York hat mehr Betreiber als der gesamte afrikanische Kontinent. Von den 200 Millionen Internet-Nutzern im Jahr 2001, 5 Prozent der Weltbevölkerung, leben 85 Prozent in den Industrieländern.

Wie schnell sich das ändern kann, zeigen jedoch Schwellenländer wie Indien und China, in denen ganze Phasen der Industrialisierung übersprungen werden. In einigen Regionen, wie beispielsweise in Kerala in Südindien oder der Wirtschaftszone von Shanghai, erfolgt der Sprung aus einem der europäischen Frühindustrialisierung vergleichbaren Stadium direkt in die Dienstleistungs- und Informationsgesellschaft. Obwohl sich der Löwenanteil der wissensbasierten Arbeitsplätze nach wie vor in den Industriestaaten konzentriert, erzielen Schwellenländer Erfolge, die bis vor einigen Jahren noch als undenkbar galten.

Auf dem indischen Subkontinent absolvieren jedes Jahr 176 000 englischsprachige Graduierte wissenschaftlich-technische Institute – nur 3 000 weniger als in den USA. Es formiert sich die zweitgrößte Gemeinschaft englischsprachiger Wissenschaftler außerhalb der Vereinigten Staaten. In Indien werben mittlerweile 180 Software-Colleges um Studenten – in Deutschland keines. Die wachstumsgierigen und kapitalhungrigen Schwellenländer in Asien und Osteuropa haben den erneuerbaren Rohstoff der Zukunft entdeckt: Köpfchen. Viele hundert Millionen Menschen warten nur darauf, endlich Zugang zu Bildung und Information zu erhalten. Die neuen Technologien werden diesen Prozess beschleunigen. Gegen das alles durchdringende Medium »Brainpower« helfen keine Dämme und Zollschranken mehr wie gegen billige Textilien oder Rattanmöbel. Ein alter Traum der Dritte-Welt-Bewegung wird zumindest teilweise wahr (allerdings ganz anders als gedacht).

Die globale Exportstatistik von 1999 zeigt: Das Ausfuhrvolumen der Entwicklungsländer ist mit 8,5 Prozent doppelt so schnell gewachsen wie der Durchschnitt des Welthandels. Auch einige der 29 ärmsten Staaten (darunter Bangladesh, Kambodscha und Haiti) verzeichneten 1999 erhebliche Exporterfolge. »In der Vergangenheit hing der Wohlstand fast ausschließlich von der Geographie und der ökonomischen Stärke ab«, schrieb der peruanische Schriftsteller Mario Vargas Llosa, »aber die Internationalisierung des modernen Lebens – der Märkte, der Technik, des Kapitals – erlaubt jedem Land, selbst dem kleinsten und mittellosesten, ein rasches Wachstum, wenn es sich der Welt öffnet und seine Wirtschaft wettbewerbsgerecht organisiert.«

Ein stetig höherer Anteil der ausländischen Direktinvestitionen fließt in Entwicklungsländer. Direktinvestition heißt: Mit dem Geld werden dort Fabriken gebaut oder Unternehmen gegründet, Menschen beschäftigt und geschult. Der Zugang zur alles entscheidenden Bildung wird für immer mehr Menschen möglich. Fortschritt, Wissenschaft und Technik werden in den aufstrebenden Ländern des Südens und Ostens für positive und erstrebenswerte Attribute einer Gesellschaft gehalten. Mit Erfindungsreichtum, Kreativität und Motivation beginnen die Menschen dort die Zukunft zu erobern, während sich in saturierten Nationen mancher damit begnügen will, sich vor den Schrecken der Zukunft zu schützen. Frei nach dem Motto »Verweile doch, du bist so schön« soll die anheimelnde Gegenwart konserviert werden.

Die stärksten Proteste gegen die Globalisierung kommen deshalb nicht von den Armen der Welt, sondern von den Mittelschichten, die in geschützten Systemen wie dem Wohlfahrtsstaat oder dem Kommunismus Sicherheit genossen. Viele Politiker in armen Ländern sind heute der Überzeugung, dass Gewerkschaften in den Industrienationen ihre größten Gegner sind. Oft ziehen sogar Unternehmer und Gewerkschaften, die sich in geschützten Märkten eingerichtet haben, vereint in die Abwehrschlacht. Die Klage über »Sozial-« oder »Ökodumping« verbindet bretonische Fischer und deutsche Landwirte, Kohlekumpel und Umweltschützer. »Behinderungen kommen immer im guten Gewande daher«, schreibt Rainer Hank vom *Berliner Tagesspiegel*, »Mindestnormen für die Arbeit oder den Umweltschutz sind Schutzzäune für die Menschen der reichen, nicht der armen Welt.«

Im 21. Jahrhundert kann Solidarität mit der Dritten Welt nur heißen, ihre Konkurrenz auf dem Weltmarkt zu ertragen. Für Länder wie Indien, Ägypten oder Mexiko ist die Globalisierung der einzige Ausweg aus der Armut hin zu mehr Arbeitnehmerrechten und mehr Umweltschutz. Für jeden Arbeitsplatz, der in einem reichen Land abgebaut wird, entstehen drei oder vier neue Arbeitsplätze in einem armen Land. Der amerikanische Politologe Francis Fukuyama (»Das Ende der Geschichte«) fordert: »Die Globalisierungsgegner sollten sich einmal an die erste sozialistische Internationale erinnern. Die kämpfte nicht für die Rechte der Arbeiter in einem Land, sondern aller Arbeiter auf der ganzen Welt.«

Die Ärmsten haben oft außer Agrarprodukten nichts zu verkaufen. Eine Öffnung der abgeschotteten Agrarmärkte Europas und Nordamerikas würde den Entwicklungsländern 40 Milliarden Dollar im Jahr einbringen – ein Betrag, der fast so hoch ist wie die gesamte Entwicklungshilfe des Nordens (53 Milliarden Dollar). Warum sollen Früchte, Gemüse und Getreide nicht einfach dort angebaut werden, wo die besten klimatischen Bedingungen herrschen? Trotz Transports zu uns sind solche Importe vielfach auch in der Energiebilanz günstiger. Warum wird stattdessen aus mitunter minderwertigen europäischen Ackerflächen mit Hilfe von Dünger das Letzte herausgeholt, die Umwelt belastet und die Artenvielfalt geschmälert? Deutschland subventioniert den Zuckerrübenanbau und schottet sich gegen den billigen Rohrzucker aus der Karibik ab. Hat eine industrielle Exportnation das nötig? Eigentlich sollte jedermann einleuchten: Je mehr Menschen im Süden und im Osten durch Handel an unserem Wohlstand teilhaben können, desto weniger müssen auswandern und stehen morgen vor unserer Tür. Anders als in den sechziger und siebziger Jahren, als wir Millionen Gastarbeiter nach Europa brachten, müssen wir heute Kapital in die Schwellenländer bringen, damit die Menschen vor Ort produzieren können.

In Brüssel beschäftigen wir ganze Bataillone, die Europas Grenzen vor unliebsamen Konkurrenten schützen sollen. Durften sich Schwellen- oder Entwicklungsländer früher zumindest unserer verbalen Solidarität sicher sein, so hat sich dies grundlegend geändert. Will ein indonesischer Batikhersteller seine Stoffe bei uns verkaufen oder ein guayanischer Indianer seine Hängematte offerieren, so muss er lernen, dass sein Produkt bei uns als soziale oder ökologische

Bedrohung empfunden wird. Dabei frisst die Aufrechterhaltung nicht mehr konkurrenzfähiger Unternehmen und Branchen jene Mittel auf, die auf der anderen Seite dringend für den Aufbau des Neuen benötigt würden. Der Eifer, mit dem sich Bundeskanzler Gerhard Schröder zum Retter des maroden Baukonzerns Philipp Holzmann aufschwang, sei hier als abschreckendes Beispiel für kontraproduktiven Staatsinterventionismus angeführt. Je mehr alte und allein nicht mehr lebensfähige Industrien und Betriebe gestützt werden, desto mehr Arbeitslose werden langfristig produziert.

Die beste Investition, die ein Staat tätigen kann, ist die Deregulierung: Erst das Wegräumen von Hindernissen schafft Platz für das Neue. Die Regulierungsmethoden der europäischen Gemeinschaft sind überholt. Kein Markt ist so politisch und administrativ abgesichert und geregelt wie der Binnenmarkt der Europäischen Union. Wer die immer komplexer werdende Brüsseler Bürokratie und ihren Eingriff in tausend Details der regionalen Wirtschaftsentwicklung in Europa verfolgt, übersieht zwar die positiven Beispiele – etwa die Erzwingung der Wettbewerbsöffnung auf den Telekommunikations- und Energiemärkten, den Finanzmärkten und vielen anderen Bereichen mehr –, er denkt aber mit Entsetzen an die Bemühungen um die Einheitlichkeit von Karamellbonbons. Gerade der Hang der Brüsseler Bürokratie, sich in alles einzumischen, was in den europäischen Regionen passiert, macht die Bürger immer missmutiger gegenüber der europäischen Idee.

Dabei gibt es mehr als genug an sinnvollem Harmonisierungsbedarf. In der europäischen Luftraumüberwachung herrscht beispielsweise immer noch Kleinstaaterei, die die Passagiere mit zahlreichen Verspätungen bezahlen müssen. Während in den USA zwanzig Kontrollzentren ausreichen, gibt es in Europa 68 nationale Überwachungsstellen, die mit 31 unterschiedlichen Computersystemen 420 Kontrollzonen unterhalten und sich untereinander nur schwer verständigen können. Am Boden wurde das lobenswerte EU-Vorhaben der »Transeuropäischen Netze« in Angriff genommen. Es hat zum Ziel, für den internationalen Güterverkehr leistungsfähige Magistralen zu schaffen. Doch dies kann ohne eine technische Angleichung der europäischen Bahnen nicht funktionieren. Bislang pocht noch jedes Land auf seine eigenen Strom- und Sicherungssysteme, manches leistet sich sogar mehrere davon. Der Gütertransport per Lkw führt heute schon zu Infarktzuständen auf Europas Autobahnen, und die Zeit drängt, weil der Güterverkehr spätestens mit der Osterweiterung noch einmal stark ansteigen wird.

Die Frage der Erweiterung und Vertiefung der Europäischen Union nach Osten wird ohnehin zur Nagelprobe des Systems Europa. Nach dem Wegfall der Mauer stehen plötzlich viele Beitrittskandidaten vor der Tür, die mit den vorhandenen Institutionen und unter den bisherigen Bedingungen nicht mehr integriert werden können. Die derzeitige europäische Struktur der Agrar-, Finanz-, und Stabilitätspolitik ist dieser Herausforderung garantiert nicht gewachsen. Der Satz »Erweiterung und Vertiefung zugleich« stellt eine inhaltslose Willensbekundung dar, hat aber keine reale Chance.

Wir werden in den nächsten Jahren erleben, wie Hoffnungen enttäuscht, Annahmen überholt und eine Krise nach der anderen durch vorgegebene Strukturen, die den Entwicklungen nicht mehr gerecht werden, ausgelöst wird. Seit mehr als zehn Jahren hören die Mittel- und Osteuropäer aus Brüssel, Paris und Berlin die gleichen wohlfeilen Worte: Der alte Kontinent solle möglichst schnell zusammenwachsen, eine gesamteuropäische Familie werde historische Ungerechtigkeiten ausgleichen. »Über dem Tisch geben sie uns die Hand, und darunter treten sie uns immer öfter ans Schienbein«, erzählen Vertreter der Beitrittskandidaten.

Während das große Ganze in schöne Worte gekleidet wird, sieht es im Detail äußerst kleinlich aus. So heißen wir polnische Gastarbeiter zum Spargelstechen, Hopfen- und Beerenernten willkommen – und schützen uns gleichzeitig durch eine Verordnung der EU vor der Einfuhr polnischer Himbeeren zu niedrigen Preisen. Das bringt Europa bestimmt nicht voran.

Im Zuge der Osterweiterung der EU sollen Übergangsfristen von sieben Jahren für die Freizügigkeit von Arbeitnehmern und die freie Ausübung von Dienstleistungen aufgebaut werden. So ruft die EU-Osterweiterung besonders in den Grenzregionen zu Polen und Tschechien vielfältige Abschottungsgelüste hervor. Bayern sorgt sich um heimische Mülldeponien, Baufirmen und Friseure. »Vorsicht Umweltdumping, Sozialdumping, Lohndumping«, beschreibt die *Wirtschaftswoche* die Bedenken, man wolle »lauter Warndreiecke« aufstellen. Der bayerische Müll beispielsweise könne bald auf günstigeren fremden Deponien landen, und man habe nicht Milliardensummen in Müllverbrennungsanlagen investiert, um sich jetzt den Müll wegschnappen zu lassen. Tariftreue soll zum Ausschreibungskriterium öffentlicher Aufträge gemacht werden, damit billige ausländische Bauunternehmen nicht ins Geschäft kommen. Polnische Friseure sollen sich nicht in Deutschland ansiedeln können, gleichzeitig soll dem deutschen Friseur untersagt werden, einen Polen oder Tschechen einzustellen. Auch im Dienstleistungsbereich sollen Putzkolonnen oder Autoreparaturbetriebe Leistungen nicht billiger als die heimischen Akteure anbieten können. So etwas spricht sowohl dem europäischen Gedanken als auch dem angestrebten homogenen Arbeitsmarkt in der EU Hohn. Anpassungsfristen von zwei bis drei Jahren sollten nicht überschritten werden. Schließlich stellt Deutschland heute schon Arbeitsgenehmigungen für über eine Million Nicht-EU-Bürger aus – letztlich weil deutsche Arbeitnehmer die angestrebte Qualifikation nicht haben oder in unteren Lohngruppen angesiedelte Arbeiten nicht mehr machen wollen – und es nährt die gefährliche Illusion, man könne die Gesetzmäßigkeiten der Globalisierung für lange Zeit außer Kraft setzen. Gerade in Deutschland und Frankreich zeigen sich solche Tendenzen immer mal wieder. »Ich bin kein Liberaler, deshalb finde ich mich nicht mit der Globalisierung ab«, sagt beispielsweise der amtierende französische Premierminister Lionel Jospin. Er will die EU nach eigenem Bekunden zu einem Hebel des Widerstands gegen die Folgen der Globalisierung ausbauen und, so schreibt der *Spiegel*, »als behütete Oase in der Wüste des weltweiten Kapitalismus« etablieren.

Verschiedene Branchen in verschiedenen Stadien der Globalisierung

Branchen	Global ↑ / Lokal ↓	Beispiele
Massengüter	1	Erdöl, Erze, Holz
Anlagegüter mit hohen Kostendegressionseffekten	2	Flugzeugmotoren, Baumaschinen, Halbleiter, Flugwerke, Raffinerien, Werkzeugmaschinen, Telekommunikationsausrüstung
Industriegüter	3	Erdölprodukte, Aluminium, Sonderstahl, Massenpharmazeutika, Zellstoff, Spezialchemikalien
Fähigkeiten-/produktivitätsabhängige Konsumgüter	4	Unterhaltungselektronik, PCs, Kameras, Autos, Fernsehgeräte
Stark reglementierte markenfähige Konsumgüter	5	Bier, Schuhe, Luxusgüter, Pharmaprodukte, Filmproduktionen
Professionelle Dienstleistungen	6	Investmentbanking, Rechtsberatung, Wirtschaftsprüfung, Unternehmensberatung
In der Vergangenheit staatlich regulierte Branchen	7	Finanzdienstleistungen, Telekommunikationsdiensteanbieter, Stromversorger
Konsumgüter und Dienstleistungen mit hohen Interaktionskosten	8	Nahrungsmittel, Fernsehproduktionen, Einzelhandel, Bestattungsunternehmen, Kleinunternehmen
Waren und Dienstleistungen mit starker lokaler Ausrichtung oder hohen Transportkosten	9	Baumaterial, Immobilien, Bildung, Gesundheitsfürsorge
Öffentlicher Dienst	10	Behörden, Verteidigung

Quelle: McKinsey-Analyse

Mental sehr viel weiter und der Globalisierung gegenüber aufgeschlossener sind hingegen die kleinen europäischen Länder wie Finnland und Schweden, die Niederlande und Österreich oder auch Irland. Das US-Magazin *Foreign Policy* hat einen aufwändigen Index aus vielerlei Faktoren entwickelt, nach dem sich der Globalisierungsgrad eines Landes messen lässt. Das Ergebnis: Kleine Nationen gehören weltweit zu den am weitesten globalisierten Staaten, weil Offenheit ihnen Zugang zu Gütern, Dienstleistungen und Kapital verschafft, die sie aus eigener Kraft nicht bereitstellen können. Unter den ersten zehn befinden sich acht europäische Länder: Die Niederlande (2. Platz), Schweden (3), Schweiz (4), Finnland (5), Irland (6), Österreich (7), Großbritannien (8) und Norwegen (9). Deutschland und Frankreich folgen erst an Stelle 14 und 16. Das schwache Wirtschaftswachstum der EU geht vor allem auf das Konto von Ländern wie Deutschland, Italien und mit etwas Abstand Frankreich. Diese drei Dampfer bilden das Schlusslicht des aktuellen Konjunkturzuges. Würden die kleinen und wendigen europäischen Schnellboote am Rande das Tempo vorgeben, stünde Europa sehr viel besser da. Obwohl auch diese Länder mitunter eine hohe Staatsquote, hohe Steuern und in manchen Bereichen hohe Regulierungsdichte aufweisen, tun sie sich in den entscheidenden Bereichen der Globalisierung erheblich leichter und profitieren mit teilweise erstaunlichen Wachstumsraten. In der EU ist bei der Wertschöpfung eine allmähliche Verlagerung von den vier größten Volkswirtschaften in die kleineren Mitgliedsstaaten zu verzeichnen.

Die an der Rheinmündung gelegenen Niederlande profitieren traditionell von ihrer weltoffenen Handelsmentalität. Im Zuge einer radikalen Reformpolitik haben die Holländer beispielsweise den Arbeitsmarkt flexibilisiert. Innerhalb der letzten fünf Jahre wurden die ausländischen Investitionen in Holland mehr als verdoppelt. In der gleichen Zeit stieg der ausländische Anteil an niederländischen Aktien und Anleihen (Portfolio-Investment) sogar um das Sechsfache auf das weltweit höchste Niveau (30 Prozent). Dies ist mehr als doppelt soviel wie in Deutschland oder Frankreich.

Österreich zieht viele Millionen Touristen aus aller Herren Länder an, Schweden und Finnland brachten dank hoch qualifizierter Arbeitskräfte weltweit erfolgreiche Unternehmen wie Ericsson und Nokia hervor. Etwa die Hälfte der Mitarbeiter der dreißig größten finnischen Unternehmen arbeitet im Ausland. Umgekehrt zahlen ausländische Experten in Finnland weniger Steuern. »Raum für Bewegung« nennen die Finnen ihr Verständnis von Deregulierung und Subsidiarität.

Die skandinavischen Länder wurden früh zu Pionieren des Mobiltelefons und liegen heute bei der Internet-Nutzung ganz vorne. Die Bürger Stockholms sind zu 60 Prozent an das Internet angeschlossen und machen ihre Stadt zur vermutlich am meisten vernetzten Metropole der Welt. Die USA und Skandinavien sind die Weltmeister der Internet-Nutzung, zwischen diesen beiden Blöcken und dem Rest der Welt klafft der eigentliche digitale Graben. Irland verfügt über ein enges Netzwerk ausgewanderter Bevölkerungsgruppen, die selbst fern der Heimat ihre irische Identität bewahren. Als »globalisierteste« Nation überhaupt gilt übrigens der winzige asiatische Stadtstaat Singapur (Platz 1 des Rankings). Jeder Bürger des ökonomisch erfolgreichen Stadtstaates telefoniert im Jahresdurchschnitt sechseinhalb Stunden mit dem Ausland. Umgekehrt halten sich in Singapur ständig dreimal soviel ausländische Besucher auf wie Bürger des Landes.

Die großen europäischen Völker sollten von den kleinen, flexiblen Mitstreitern an den Rändern des Kontinents lernen, anstatt in alte Denkschemata zurückzufallen. Bisweilen schimmert heute noch die merkantilistische Theorie des 18. Jahrhunderts durch, die Protektionismus für wirtschaftlich geboten hielt und damit als politische Pflicht ansah. Im Wissenszeitalter trifft jedoch das Gegenteil zu. Singapur und Israel, Finnland und Schweden weisen den Weg, die Esten, Polen, Tschechen, Ungarn und Slowenen schicken sich an, es ihnen gleichzutun. Letztere widerlegen auch ein verbreitetes Vorurteil: Die Globalisierung öffnet keineswegs zwangsläufig die Schere zwischen Reich und Arm in einem Land. Eher ist das Gegenteil der Fall: Die Einkommensunterschiede in gegenüber dem Weltmarkt relativ offenen Schwellenländern wie Polen, Israel, Tschechien und Ungarn sind erheblich geringer als in weniger offenen Schwellenländern wie Russland, China oder Argentinien.

Auch demokratische Errungenschaften werden im Gefolge der Globalisierung für mehr Menschen zum Tragen kommen. Singapurs Bürger verfügen nach wie vor nicht über ausreichende demokratische Rechte, aber eine sich an den westlichen Demokratien orientierende Elite wird das nicht auf Dauer hinnehmen. Und dies gilt weltweit. »Ich würde eine Menge Geld darauf verwetten«, sagt Francis Fukuyama, »dass der Iran in fünfzehn Jahren eine sehr viel liberalere Gesellschaft sein wird als heute.« Ähnliches sieht er für China voraus: »Das Regime sitzt auf einem sozialen Vulkan. Je besser die Ausbildung der Menschen dort wird, desto weniger werden sie sich kontrollieren lassen.« Auch in Kuba erscheint der Gedanke der Abschottung zunehmend absurd. »Kuba ist keine Insel mehr. Es gibt überhaupt keine Inseln mehr. Es gibt nur noch eine Welt«, äußerte unlängst ein hoher kubanischer Funktionär. Das gilt im Positiven wie im Negativen: Auch Umweltprobleme, ansteckende Krankheiten und Kriminalität kennen keine Grenzen mehr.

In den kommenden dreißig Jahren wird die Welt mehr und schneller zusammenwachsen als in den 10 000 Jahren zuvor. Die Globalisierung produziert damit einen verblüffenden Effekt von geradezu erdgeschichtlicher Tragweite. Indem alle Punkte des irdischen Festlands durch ein Netz von technisch ermöglichten Brücken verbunden werden, wird der zusammenhängende Urkontinent Pangäa gleichsam virtuell wiederhergestellt. Die Festlandscholle tauchte einst aus dem Urmeer auf und driftete erst später in Form der verschiedenen Kontinente auseinander. Auf einer dieser Landmassen entwickelte sich Europa. Jetzt driften die Kontinente in rasender Geschwindigkeit wieder aufeinander zu. »Ein pangäisches Abenteuer«, meint dazu der Philosoph Peter Sloterdijk, »das den Zusammenhang allen Festlandes, also die Kontinentalität der Kontinente auf fantastische Weise reinszeniert.«

»Die kleinen Alltagsleistungen setzen in ihrer gesellschaftlichen Summe viel mehr Energie in die Welt als heroische Taten.«
ROBERT MUSIL

European Way of Life

Das Fernsehen war Mitte der fünfziger Jahre noch ein junges Medium. In ganz wenigen europäischen Haushalten standen die ersten Schwarzweißapparate. Kino, Konzerthalle, Radio und Theater dominierten die Unterhaltung. Am 19. Oktober 1955 vereinbarte die Europäische Fernsehunion (EBU) ein gemeinsames Projekt: Den Grand Prix Eurovision de la Chanson. Der europäische Liederwettbewerb sollte das Medium Fernsehen popularisieren, das damals noch fest in Staatshand war. Deshalb schwangen auch Elemente eines gut gemeinten Jugenderziehungsprogramms mit. Das musikalische Feld sollte nicht gänzlich den anarchischen Einflüssen der mehr und mehr aus Amerika herüberschwappenden Jugendmusik überlassen werden. Im schweizerischen Lugano trafen sich Teilnehmer aus Belgien, Frankreich, der Bundesrepublik, Italien, Luxemburg, den Niederlanden und der Schweiz. Am Ende gewann Lys Assia (Schweiz) mit »Refrain«. Später landete sie dann noch mit »Oh mein Papa« einen Hit.

Im Jahre 2005 wird der Schlager-Contest seinen fünfzigsten Geburtstag feiern. Nach einer Popularitätskrise in den neunziger Jahren ist der Wettbewerb heute wieder auf der Höhe der Zeit und gilt als eine echte »Kultveranstaltung« mit sehr hohen Einschaltquoten bis hin nach Israel, wo man besonders gerührt und glücklich über die Aufnahme in die europäische Fernsehgemeinschaft ist. Der Schlagerwettbewerb tut Europa in jeder Hinsicht gut: Nach dem Sieg von

Estland im Frühjahr 2001 stießen die Meinungsforscher im kleinsten Baltenland auf einen überraschenden Befund: In den Umfragen zum EU-Beitritt stieg die Zahl der Befürworter schlagartig um 10 Prozent.

Seit keiner mehr versucht, die Jugend zu erziehen, schaut auch der junge Mensch wieder gerne zu. Die Boulevardblätter füllen mit Storys über die Bewerber wochenlang ihre Spalten. Nationen diskutieren anhand ihrer Kandidaten das eigene Selbstverständnis – und das der anderen. Der Grand Prix Eurovision de la Chanson ist ein europäisches Ereignis und verrät mehr über den »European way of life« als manche Meinungsumfrage.

Der Journalist Jan Feddersen hat ein dickes Buch (»Merci Jury«) über den Schlagerwettbewerb geschrieben. Als unbeabsichtigter Nebeneffekt ist dabei eine ebenso amüsante wie aufschlussreiche Europastudie herausgekommen. »Dass künftig nur noch die Zuschauer abstimmen können, per Televoting, und die Jurys, deren Autorität nie legitimiert war, abgeschafft werden, ergibt sich in einem Europa, das sich mehr und mehr als ein demokratisches Projekt verstanden wissen will, von selbst«, sagt Feddersen und fügt hinzu: »Die bizarren, schönen, verträumten, spannenden Augenblicke werden damit nicht verschwinden – und es werden immer wieder neue hinzukommen.« Diese Momente werden live dargeboten, eingesungene Konserven sind verboten.

1998 triumphierte die Sängerin Dana International aus Israel. Dana war früher ein Mann. Israel liegt nicht auf dem europäischen Kontinent. Dana sang in hebräischer Sprache. »Ungeachtet dieser verwirrenden Tatsachen haben Hunderttausende von Fernsehzuschauern in über zwanzig europäischen Nationen Dana per Telefon-Direktwahl gekürt«, schreibt der Publizist Richard Herzinger. Schöner ließe sich die Unmöglichkeit, europäische Identität zu definieren, nicht versinnbildlichen, und Herzinger fügt an: »Mit ihrer Entscheidung bekannten sich die Europäer zu einer Kultur der Offenheit und Vieldeutigkeit, die Europas größtes Zukunftskapital ist.«

Welches Land gibt welchem Land die meisten Stimmen? Lässt sich aus dem Abstimmungsverhalten so eine Art europäischer Sympathieatlas herausdestillieren? Die Antwort heißt: nein. Seit die europäischen Zuschauer direkt wählen, zählt alleine der Song und sein Vortrag. Nationale Voreingenommenheiten lassen sich kaum herauslesen. Höchstens die Liebe zum eigenen Land – obwohl man diesem keine Punkte geben darf. Und das funktioniert so: Portugal bekommt beispielsweise regelmäßig von Frankreich dicke Punktegutschriften. Dies liegt ganz einfach daran, dass in Frankreich mittlerweile jede zweite Concierge aus Portugal stammt. Ähnlich verhält es sich mit der deutschen Sympathie für türkische Beiträge: Die in Deutschland lebenden Türken gehören zu den eifrigsten Grand-Prix-Zuschauern. Europa wächst zusammen, selbst beim Schlagerwettbewerb ist die nationale Landkarte vielfältig außer Kraft gesetzt.

Dort, wo Europa im Alltag von seinen Bürgern gemacht wird, funktioniert es oft am besten. Zum Jahreswechsel 2002 kam der Euro in die Taschen der Bürger von vorerst zwölf Mitgliedstaaten. Obwohl das Verreisen innerhalb der EU bereits durch das Schengener Abkommen sehr viel unkomplizierter geworden ist, da Grenzkontrollen innerhalb der EU abgebaut wurden, dürfte das Reisen für viele Bürger durch den Euro noch einfacher geworden sein. Wenn jemand bislang mit 1000 Dollar in Irland eine Reise antrat und sich dann von Wechselschalter zu Wechselschalter durch alle europäischen Länder hindurcharbeitete, so wurde er nur vom Wechseln arm. Es blieben ihm – ohne dass er auch nur einen Kaffee getrunken hätte – am Schluss nur noch 500 Dollar.

Nun reist niemand in fünfzehn Länder auf einmal, aber dennoch sollten wir die profane Integrationskraft des Geldes nicht gering schätzen. Es ist ja keineswegs so, dass die heutigen Imperien und Staaten durch feierliche Proklamationen und visionäre Identitätsstiftung geschaffen wurden. Ganz im Gegenteil: Krieg und Gewalt, Ausrottung und Vertreibung ordneten Landkarten und verschoben Grenzen. Das friedliche Zusammenwachsen Europas ist hingegen zu einem guten Teil dem schnöden Mammon zu verdanken.

Der Binnenmarkt machte aus weiten Teilen Europas eine egalitäre Konsumentendemokratie. Als Gesellschaftsziel mag Konsum nicht der Weisheit letzter Schluss sein, aber das unblutige Streben der Europäer nach Wohlstand hat gute Dienste geleistet. »Das Endziel Konsum hält Rassismus und religiös-kulturellen Hass im Zaum,« schreibt der Publizist Richard Herzinger, »die viel gescholtene Fixierung auf Massenkonsum als gesellschaftlichen Endzweck hat gewalttätige Vorherrschaftsambitionen, von denen Europa jahrhundertelang geplagt war, wirksamer unterminiert als manche Proklamation der Völkerverständigung.« Je besser es den Menschen geht, desto geringer ist ihre Neigung, in den Krieg zu ziehen und alles wieder zu verlieren.

Deutsche Autos und italienische Anzüge, französischer Champagner und finnische Handys, britisches Schuhwerk und spanischer Rotwein haben im realen Leben eine durchaus integrative Wirkung. Der europäische Binnenmarkt reicht vom Polarkreis bis an die Algarve und ist mit 370 Millionen Einwohnern einer der größten einheitlichen Wirtschaftsräume der Welt. Die Bruttoinlandsprodukte von Europa und den USA liegen mit rund 9 Billionen Euro in der gleichen Größenordnung. Es wird geschätzt, dass der gemeinsame europäische Markt bislang etwa eine Million zusätzliche Arbeitsplätze geschaffen hat.

Der freie Warenverkehr wird durch eine Zollunion und die Beseitigung von mengenmäßigen Handelsbeschränkungen sichergestellt. Viele verwaiste Zollhäuschen an den Grenzen machen den Fortschritt für jedermann sichtbar. Mehr als die Hälfte der deutschen Exporte im Wert von mehr als 250 Milliarden Euro gehen in die Europäische Union. Über 80 Prozent aller im Ausland verkauften und in Deutschland hergestellten Autos finden im Binnenmarkt ihre Käufer. Umgekehrt stammen 54 Prozent aller deutschen Importe aus EU-Staaten. Betrug das Straßen-Transportaufkommen innerhalb der EU 1970 nur 41 Millionen Tonnen, so liegt es heute bei über 270 Millionen Tonnen – weshalb die europäische Verkehrsinfrastruktur unter der Belastung ächzt. Die Europäer stehen einig im Stau.

Jede dritte Autofernreise führt heute ins europäische Ausland. Paris oder Mailand werden mittlerweile genauso selbstverständlich angesteuert wie Berlin oder Frankfurt. Auf deutschen Autobahnen gehören holländische, französische oder dänische Kennzeichen längst zum alltäglichen Straßenbild. Die Autobahnen in Sizilien gleichen denen in Holland, die Kennzeichen und Verkehrsvorschriften werden inzwischen europaweit angeglichen. Was aber keineswegs heißt, dass die Betreffenden hinterm Steuer eines Automobils nicht ganz entschieden auf ihre Identität pochen. Der Oxford-Psychologe Peter Collet hat sich mit den unterschiedlichen Sitten und Gebräuchen europäischer Autofahrer auseinander gesetzt. Das »positiv Anarchische« auf Italiens Straßen beispielsweise äußere sich darin, dass »Verkehrsregeln allenfalls als grobe Anhaltspunkte gelten«. Deutsche und Briten hingegen harrten, so der Psychologe, selbst in tiefster Nacht, wenn kilometerweit kein Auto oder Polizist in Sicht sei, geduldig an einer roten Ampel aus. Auf Italiener und Spanier, ganz zu schweigen von den Franzosen, wirke dieses Verhalten »völlig skurril«.

Rein äußerlich lassen sich die Europäer hingegen immer schwerer auseinander halten. Auf den Flughäfen begegnet man mittlerweile überall Euromenschen. Man schaut kaum noch überrascht auf, wenn der Nachbar in der Flughafenlounge, der gerade auf seinem Laptop herumklimperte, plötzlich zu seinem Handy greift und in bestem Venezianisch parliert. Der Habitus der Anwesenden gibt nur noch wenig Aufschluss über ihre Herkunft. Selbst Touristen aus den verschiedenen Ländern haben sich auf eine Ausstattung geeinigt, die kaum Rückschlüsse auf die Nationalität erlaubt. Und wenn jemand mal besonders laut auf Deutsch über einen unpünktlichen Flug schimpft, so kann es sich durchaus um einen italienischen Staatsbürger mit Wohnsitz in Köln handeln. Die Wahrscheinlichkeit, dass er eine Deutsche geheiratet hat, ist relativ hoch. Ende der neunziger Jahre gingen jährlich gut 60 000 Deutsche mit einem ausländischen Partner zum Standesamt. Damit ist bereits jede sechste Ehe binational (1960 war es nur eine von 25).

Keine Erscheinung lässt den Kontinent so sichtbar zusammenwachsen wie die europäische Reiselust. Der hohe Stellenwert der Freizeit scheint durchaus ein gesamteuropäisches Phänomen zu sein. Ein europäischer Arbeitnehmer kommt auf 36 arbeitsfreie Wochentage, das sind doppelt so viele wie ein Beschäftigter in den USA zur Verfügung hat. Der typische europäische Urlauber verreist im August für mindestens zwei Wochen und fährt mit seinem Partner oder der Familie im eigenen Wagen nach Spanien oder Frankreich. Mit mehr als siebzig Millionen Ankünften von Auslandstouristen war Frankreich das größte Fremdenverkehrsziel auf der Erde und damit das populärste Aushängeschild für den »European way of life«. Es folgen Spanien und Italien mit zusammen noch einmal über achtzig Millionen Besuchern. Bei den Ausgaben für Auslandsurlaubsreisen sind die Deutschen mit vierzig Milliarden Euro die Weltmeister.

Das bunte kulturelle Mosaik Europas erlaubt es seinen Bürgern, bereits nach einigen hundert Kilometern in eine völlig andere Welt einzutauchen. Schon auf dem Weg von Stuttgart oder Frankfurt ins zwei Stunden entfernte Elsass ergeben sich grundlegende Unterschiede in Geschichte, Ethnografie, Brauchtum und kulturellem Hintergrund. Nicht selten sind die Städte und Dörfer in ihrer baulichen Beschaffenheit Ausdruck einer bewegten Geschichte. Die unterschiedlichen Herren und Machthaber der Vergangenheit lassen sich oft heute noch herauslesen, samt einer für heutige Europäer unvorstellbaren Kleinstaaterei. In Südfrankreich ist der Einfluss der Sarazenen spürbar, in Spanien der maurische Einfluss, in den Regionen von Pressburg bis Lemberg die ehemalige k. u. k. Monarchie. Die europäischen Städte und Dörfer sind in ihrer Anlage so unterschiedlich wie die Menschen, die in ihnen wohnen, und nichts könnte den Unterschied zu den USA deutlicher hervorheben als ein Gang durch Tourettes, Tübingen, Edinburgh, Granada oder die vielen Kleinstädte im Elsass, der Lombardei oder der Toskana.

Die ehemalige griechische Kulturministerin Melina Mercouri rief 1983 die Initiative »Kulturhauptstadt Europa«

ins Leben, seitdem geht der begehrte Titel Jahr für Jahr an zahlreiche Aushängeschilder europäischer Kultur. Die wunderschöne portugiesische Hafenstadt Porto wurde zusammen mit Rotterdam zur europäischen Kulturhauptstadt des Jahres 2001 erkoren. Ein Budget von 215 Millionen Euro floss in das Projekt, allein die Altstadtsanierung verschlang 82 Millionen Euro, eine Musikhalle wurde gebaut, ebenso ein neues Museum. Theater, Konzerte und unzählige andere Veranstaltungen sollen das Vorhaben unter dem Namen »Brücken in die Zukunft« lebendig machen. Hunderttausende Besucher aus Europa und Übersee werden erwartet. Tourismus, Kultur und Wirtschaft gehen beim Konzept der Kulturhauptstädte einen für Europa sicherlich wegweisenden Pakt ein.

Solche Initiativen befruchten mittlerweile in praktisch allen Bereichen den kulturellen Austausch der Europäer und lassen die Gemeinschaft zusammenwachsen. Im Jahr 2006 soll es erstmals grenzüberschreitende Winterspiele geben. Klagenfurt hat sich im Namen von Friaul-Julisch-Venetien, Kärnten und Slowenien um die Austragung beworben. Sie ist Ergebnis einer über zwanzigjährigen Zusammenarbeit von neunzehn Regionen aus sieben Staaten in der Arbeitsgemeinschaft Alpen-Adria. Seit mittlerweile 26 Jahren besteht auch die Arbeitsgemeinschaft Alpenländer »ARGE ALP«, in der Bayern, Baden-Württemberg, Tirol, Salzburg und Vorarlberg, die Provinzen Bozen, Lombardei und Trient; sowie die Kantone St. Gallen, Tessin und Graubünden zusammenarbeiten. Es geht um die Erhaltung der gemeinsamen Erholungslandschaft, die in einer völkerrechtlichen Vereinbarung, der so genannten Alpenkonvention, festgeschrieben wurde. Auch im Ostseeraum hat sich auf private und staatliche Initiative hin eine Vielzahl von gemeinsamen Projekten und Netzwerken entwickelt. Das reicht von der »Union of Baltic Cities« (UBC) bis zum »Baltic Film Festival« auf Bornholm. Auch bei Umweltschutzprojekten bewährt sich die Zusammenarbeit der Regionen. Der WWF hat ein länderübergreifendes Programm zum Schutz der vielfältigen Meeresschutzgebiete im Ostseeraum zu einem seiner Schwerpunkte gemacht, die Stiftung Europäisches Naturerbe engagiert sich vom Wolfsschutz in Polen bis zum Bärenschutz in Nordspanien. Ein Fünfländer-Biosphärenreservat zwischen Österreich, Slowenien, Kroatien, Ungarn und Jugoslawien ist ebenfalls im Aufbau.

Doch nicht nur Natur und Tourismus profitieren vom europäischen Austausch. Der freie Personenverkehr garantiert darüber hinaus die Freizügigkeit der Arbeitnehmer und die Niederlassungsfreiheit. Geschäftsleute, Fotografen, Schriftsteller, Opernsänger, Journalisten, Filmleute pendeln wie selbstverständlich zwischen Barcelona, London und Berlin. »Türkische Autoren schreiben deutsche Romane, italienische Choreografen vertreten Deutschland auf internationalen Festivals«, schreibt das Feuilleton der *Welt*. Von 127 Musikern der Berliner Philharmoniker sind beinahe 10 Prozent nicht deutsche EU-Bürger. Ähnlich sieht es auch in den 134 anderen Orchestern der Republik aus. Ohne ausländische Künstler wäre die deutsche Kulturszene undenkbar. Auch wer in die Mitarbeiterlisten der Max-Planck-Institute schaut, stellt fest, dass von 248 Institutsdirektoren 101 keine deutsche Staatsangehörigkeit haben und dass von 6 900 Nachwuchskräften 1 325 aus dem europäischen Ausland stammen. Als Beispiel für die zunehmende Mobilität der Europäer kann sogar das Endspiel um die Champions League 2001 in Mailand gelten. Da trat für Bayern überhaupt kein Bayer an: Bixente Lizarazu ist Baske, Mehmet Scholl Halbtürke, Patrik Andersson Schwede, Hasan Salihamidzic ist Bosnier, Stefan Effenberg Hamburger, Oliver Kahn Badener ... Vollkommen europäisch geht es auch in der Formel 1 zu. Der Mercedes-Silberpfeil wird von britischen Technikern in der Nähe von London gebaut, von einem Finnen und einem Schotten pilotiert, das Motordesign stammt von einem Schweizer.

Umgekehrt verdienen etwa 186 000 Deutsche ihr Geld in anderen EU-Ländern. Die meisten zieht es nach Österreich, in die Niederlande, nach Großbritannien und Frankreich. 200 000 Pendler wohnen in Deutschland, arbeiten aber im benachbarten Ausland. »Wir haben zum Beispiel allein

1998 über hundert deutsche Ärzte nach Norwegen vermittelt«, sagt Helmut Westkamp von der Zentralstelle für Arbeitsvermittlung ins Ausland. Wer qualifiziert ist und Lust hat, sich auf eine fremde Sprache und Kultur einzulassen, dem offeriert der europäische Arbeitsmarkt ungeheuer vielfältige und reizvolle Chancen.

Für ein Auslandsstudium gilt Großbritannien mit knapp 20 Prozent Anteil als beliebtestes europäisches Land, wohl auch wegen der Sprache. Insgesamt 11 Prozent aller Studenten immatrikulieren sich im Ausland, zwei Drittel davon wählen eine europäische Universität. Im Rahmen des EU-Austauschprogramms »Erasmus« konnten seit 1987 über 500 000 Studenten mit einem kleinen Stipendium europäische Luft schnuppern (dies ändert freilich nichts daran, dass die europäischen Universitäten dringend einheitlichere Anerkennungs- und Zulassungsverfahren benötigen). Auch beim neuen BASF-Modell »Internationale Betriebswirtschaft im Praxisverbund« gehört ein Auslandsaufenthalt zum Programm.

Der Chemiekonzern Henkel in Düsseldorf schickt einen Teil seiner Azubis für mehrere Wochen auf französische Berufsschulen oder in spanische Unternehmen. Umgekehrt sind rund ein Viertel der 330 Henkel-Azubis Ausländer. Das Deutsch-Französische Jugendwerk (DFJW) investiert jährlich circa 5 Millionen Euro in Austauschprogramme für Jugendliche in der Ausbildung und junge Berufstätige. Parallel wird für 1 000 jugendliche Arbeitslose in Zusammenarbeit mit dem europäischen Sozialfonds ein Pilotprogramm zur beruflichen Qualifizierung organisiert. Insgesamt hat das DFJW seit 1963 in Praktika, Sprachkursen und anderen Angeboten zum interkulturellen Austausch über sechs Millionen Jugendliche gefördert.

Der Anteil der Jugendlichen, die neben ihrer Muttersprache eine zweite Sprache beherrschen, beträgt in Europa mittlerweile stattliche 71 Prozent. 54 Prozent sprechen Englisch, 20 Prozent Französisch und 11 Prozent Deutsch als Fremdsprache. Beinahe zwei von drei Jugendlichen in der EU haben bereits ein anderes Land besucht. Die gute

Bildung breiter Schichten (und nicht nur einer Elite) macht Europa als Standort und Absatzmarkt zukunftsfähig.

Die Einkommensunterschiede zwischen den europäischen Mitgliedstaaten sind immer noch groß, doch sie werden geringer. Auch hinsichtlich des Wohlstands wächst Europa ganz allmählich zusammen. Zwischen 1986 und 1996 gelang es den vier ärmsten Ländern der Europäischen Union – Griechenland, Portugal, Spanien und Irland –, ihr Pro-Kopf-Einkommen von zwei Dritteln auf drei Viertel des Gemeinschaftsdurchschnitts zu steigern. Besonders spektakulär ist die Aufholjagd Irlands. Während das Bruttoinlandsprodukt vor 1980 pro Kopf ein Drittel unter dem europäischen Durchschnitt lag, liegt es inzwischen über dem Durchschnitt. Die Iren profitieren von der konsequenten Besinnung auf drei Stärken. Erstens: Das irische Bildungswesen genießt einen sehr guten Ruf. Zweitens: Irland pflegt traditionell enge Verbindungen zu den angelsächsischen Ländern. Irlands bedeutendste Handelspartner sind die USA und Kanada. Zwei von drei Iren, die bei ausländischen Unternehmen beschäftigt sind, arbeiten für US-Firmen. Von den fünf größten Exporteuren Irlands waren drei amerikanische (Intel, Dell, Microsoft). Und drittens: Erst die Zugehörigkeit zum EU-Binnenmarkt machte Irland für die amerikanischen Investoren interessant.

Ganz am anderen Ende des Kontinents hangelt sich Portugal im Rahmen einer weiteren europäischen Musterkarriere nach oben. »Die portugiesische Erfolgsgeschichte der letzten fünfzehn Jahre grenzt an ein Wunder«, schreibt das britische Wirtschaftsmagazin *Economist*. Beim EU-Beitritt im Jahre 1986 lag das Bruttoinlandsprodukt pro Kopf nur bei rund der Hälfte des EU-Wertes, inzwischen hat das Land bereits auf 75 Prozent aufgeschlossen. Zehn Millionen Besucher bestaunten auf der gelungenen Weltausstellung in Lissabon das aufstrebende kleine Land, die nächste große Party steigt während der Fußball-Europameisterschaft 2004 in Portugal. Das Land strahlt Stolz, Selbstvertrauen und europäische Frische aus.

Wobei sich innerhalb der Staatsgrenzen noch große Unterschiede zeigen, denn von höheren Einkommen profitieren in erster Linie die Ballungszentren. Lissabon mit seiner jungen Techno-Elite liegt mittlerweile bei 90 Prozent, das benachbarte Alentejo verharrt hingegen bei 60 und die Azoren sogar bei 50 Prozent. Zwischen Europas Regionen scheint die Kluft nur schwer überbrückbar zu sein. Im Zeitraum von 1986 bis 1996 stieg das Pro-Kopf-Einkommen der 25 am wenigsten wohlhabenden Regionen Europas nur um 2 Prozent auf 55 Prozent des Gemeinschaftsdurchschnitts, gleichzeitig konnten die 25 reichsten Regionen ihren Vorsprung noch deutlich ausbauen (auf 142 Prozent). Diese Regionen hoffen weiterhin auf Infrastrukturhilfen der EU (und fürchten sich deshalb vor der Osterweiterung). Auch in Portugal wurden viele Hafenanlagen, Straßen und Bahnstrecken mit massiver Unterstützung der EU gebaut, auf großen Schildern erfährt der Passant, wie viele Escudos die EU in dieses oder jenes Projekt gesteckt hat. Die Bahnstrecke von Lissabon in die oben erwähnte Kulturhauptstadt Porto wurde beispielsweise mit 70-prozentigen Zuschüssen der EU elektrifiziert.

Im Zuge der Europäisierung des Landes hat sich die Stellung der Frauen erheblich verbessert. Während 1960 nur 20 Prozent der Frauen einer bezahlten Arbeit nachgingen, sind es heute 63 Prozent – auch in der EU ein Spitzenwert. Der Prozentsatz der weiblichen Universitätsbesucher hat sich im gleichen Zeitraum von 25 auf 60 Prozent gesteigert. Das herausragendste soziale Phänomen im Europa der letzten dreißig Jahre ist der Wandel im Leben und Bewusstsein der Frauen. Auch andere gesellschaftliche Veränderungen zeigen innerhalb Europas eine ähnliche Tendenz: So schnellte die Zahl der Scheidungen und der allein erziehenden Mütter in Portugal steil nach oben. Die Geburtenrate in Portugal fiel von einem der höchsten Werte innerhalb der EU auf einen der niedrigsten. Eine ähnliche Entwicklung vollzog sich in Irland, Italien und Spanien. Vom klassischen Auswanderungsland wandelte sich Portugal inzwischen zum Einwanderungsland.

Die Fokussierung der Fortschrittsanstrengungen auf das private Glück des Einzelnen zeigt überall ähnliche Nebeneffekte. Der gemeinsame Nenner von Lebensauffassungen in den europäischen Gesellschaften liegt in der Gestaltungsidee eines schönen, interessanten, subjektiv als lohnend empfundenen Lebens. Andere Lebensentwürfe wie ein dienendes, einer Sache untergeordnetes Leben verlieren demgegenüber zunehmend an Attraktion. Mit wachsendem Wohlstand werden sich die europäischen Länder allmählich auch in ihrer Bevölkerungsstruktur und den damit verbundenen gesellschaftlichen Problemen ähnlicher. Europa wird älter. Der Anteil der Sechzigjährigen innerhalb der EU stieg von 17 Prozent (1960) auf 21 Prozent (1997), für das Jahr 2030 wird ein Anstieg auf etwa 30 Prozent prognostiziert. Im Jahr 2040 wird das Verhältnis von Personen zwischen zwanzig und sechzig Jahren zu Personen über sechzig Jahren auf 100 zu 71 geschätzt. Im Vergleich zum gegenwärtigen Verhältnis entspricht dies beinahe einer Verdoppelung des Anteils der Älteren und bedeutet eine starke Anspannung der sozialen Sicherungssysteme.

Die älteren und wohlhabenden europäischen Länder bringen einerseits eine im Vergleich zu anderen Weltregionen wohltuend stabile Gesellschaft hervor, andererseits schlägt sich dies auch in einer verstärkten Reformunwilligkeit und Risikoscheu nieder. Der Zeitgeist, den Europas Bürger artikulieren, lautet allzu oft: Alles, was sich ändert, ist gefährlich.

Statt nun Schreckenszenarien einer vergreisenden, sklerotischen Gesellschaft an die Wand zu malen, sollten die Europäer ihre bisherige Erfolgsgeschichte als Ansporn nehmen. In einem für die Bürger freien, fairen, selbstbestimmten und unprotektionistischen Europa können auch älter werdende Gesellschaften Wohlstandsgewinne erzielen. Wobei der Weg dahin von Land zu Land durchaus unterschiedlich sein darf. Europäisch eben.

»Je globaler der Wettbewerb, desto wichtiger wird seltsamerweise der heimische Stützpunkt.«
MICHAEL E. PORTER

Städte, Regionen und Hightech-Cluster – die Keimzellen des Fortschritts

Im Cafe »Stilbruch« in Jena sitzen sie und stecken die Köpfe zusammen. Studenten und Professoren, Start-up-Gründer und Unternehmensberater. Ideen und Nachrichten werden hier gehandelt, Jobs vergeben, Erfolge gefeiert und Misserfolge runtergespült. In Jena herrscht Gründerzeit und die Szene versammelt sich ganz gern in der urigen Kneipe nicht weit vom berühmten runden Uniturm. Es herrscht ein ganz besonderes Klima im Stadtedreieck Erfurt-Jena-Ilmenau, eine frische Brise junger Unternehmergeist weht durch historische Gewölbe und hinter modernen Glasfassaden. Eine gelungene Allianz von Tradition und Moderne zeichnet den »Genius Loci«, den Geist dieser Region aus.

Im Jahre 1875 traf hier der Eisenacher Ernst Abbe, der Erfinder des Mikroskops, auf den Jenaer Feinmechaniker Carl Zeiss, mit dem er dann die legendären Zeisswerke aufbaute. »Die derzeitige Euphorie wirkt ansteckend«, schreibt das Uni-Journal von Jena, »so wie im 19. Jahrhundert Abbe und Zeiss, Schott und Schleiden aus dem romantischen Universitätsstädtchen eine boomende Großstadt generierten, sind es heute wieder Biowissenschaften und die optische Physik, aus denen sich junge dynamische Unternehmen mit intelligenten und hochinnovativen Produkten den Weg auf den Weltmarkt bahnen.« Die Menschen in Jena freuen sich auf die Zukunft. Als Jenoptik im Sommer 2001 im historischen Volkshaus zum zehnjährigen Jubiläum lud, kam der Bundeskanzler und die ganze Stadt feierte mit.

Im Jahre 1990 standen ganz andere Fragen im Raum: Was macht man mit einem weltbekannten Unternehmen, das laut Analyse der Treuhand bankrott ist? Die einzig mögliche Antwort: liquidieren. Ein harter Entschluss für das Jenaer Zeiss-Kombinat, aus dem die Jenoptik 1991 als eines von zwei Unternehmen hervorging. Jenoptik, das war 1991 ein No-Name-Unternehmen ohne Markt, ohne Produkte, ohne Absatz. Harte Schnitte folgten. 16 000 Menschen verloren ihren Job. In Jena blieb kein Stein auf dem anderen. »Depressionen bedrückten die Jenaer angesichts des zusammenkrachenden VEB-Carl-Zeiss-Imperiums«, schreibt die Studentenzeitschrift, »und auch in der Universität griffen ›Umstrukturierungen‹. Jeder weiß, dass dieser sprachliche Euphemismus nicht zuletzt Personalabbau bedeutet.«

Mit der Umwandlung in die Jenoptik AG und die Carl Zeiss Jena GmbH entschlossen sich viele der einst 30 000 Beschäftigten zu Ausgründungen. Und plötzlich kam Bewegung ins Tal der Tüftler, auch die Hochschulen verließen viel schneller als anderswo ihren Elfenbeinturm und stellten sich bewusst an die Seite der Unternehmen. Die Friedrich-Schiller-Universität, die Hochschulen in Jena und Ilmenau, die wissenschaftlichen Institute und Technologiezentren arbeiteten zusammen mit kleinen, mittleren und großen Unternehmen begeistert an der Zukunft der Region. Unter dem Stichwort BioInstrumente wurde auch die lange naturwissenschaftliche Forschungstradition für den Standort besser nutzbar gemacht: So ist beispielsweise seit 1992 das Fraunhofer Institut für Optik und Feinmechanik in Jena angesiedelt.

»In der Stadt ist genau das passiert, was notwendig ist. Die Gründer treffen sich über Branchen hinweg, es gibt Vorbilder, die Menschen sehen eine Perspektive«, sagt ein Investment-Manager. Die Region Jena ist damit deutsches Paradebeispiel für die Überführung bestehender Industrietraditionen in die Zukunft. Die Tradition in den Bereichen Optik und Feinmechanik wird heute mit der Produktion von optischen Komponenten, Medizinlasertechnik und medizinischen Apparaten für die Bio- und Gentechnik fortgeschrieben.

Jenoptik und seine Tochterunternehmen erhielten im Jahr 2000 unter anderem Aufträge für die Errichtung von Chip-Fabriken in Singapur und Israel, von Produktionsanlagen für Flachbildschirme und Reinraumanlagen in Taiwan. Mit Jenoptik-Lasern wurde der Verkehr auf den Zufahrtsstraßen zur Weltausstellung in Hannover geregelt. Jenoptik hält Beteiligungen an innovativen Biotechnologieunternehmen und sichert damit seine weltweit anerkannte Position in den zukunftsträchtigen Technologiebereichen Optoelektronik, Mikroelektronik, Chemie und Pharmazie weiter ab. Investitionsschwerpunkt ist Jena, doch auch in Asien und den USA ist Jenoptik aktiv. Bei der Feierstunde zum zehnjährigen Jenoptik-Jubiläum werden auf einer großen Leinwand Mitarbeiter aus aller Welt eingespielt. Der Mann in Asien schwäbelt und die Frau in Frankfurt hat einen schwedischen Akzent. Wäre das Projekt Jena fünfzig Mal in den neuen Bundesländern ermöglicht worden, stünde Deutschland heute anders da: Die Arbeitslosenquote in Jena liegt 5 Prozent niedriger als in den übrigen neuen Bundesländern. Nach der Wende fehlte es nicht am Geld, sondern am Mut.

2001 kam mit der Jenoptik-Akademie ein weiterer Baustein des Jena-Puzzles hinzu. Sie widmet sich einerseits der Aus- und Weiterbildung des Nachwuchses und soll andererseits als Brutkasten für innovative Vorhaben und Ideen genutzt werden. Diese Plattform für Wissenstransfer wird deshalb auch für das Gründerumfeld der Jenoptik AG geöffnet. Im Windschatten der Großen blühen auch kleine und mittlere Betriebe auf: Mehr als 200 junge Technologieunternehmen haben sich im Raum Jena etabliert, ihre Bandbreite reicht von Internet über E-Commerce bis zur Biotechnologie. Seit Jena im bundesweiten Bio-Regio-Wettbewerb gewann, sind über zwanzig Biotechnologiefirmen aus dem Boden geschossen. Jena ist auf dem Weg, zu einem der führenden deutschen »Unternehmens-Cluster« im Bereich der Optik und Biotechnologie zu werden.

Solche »Cluster« (zu Deutsch: »Knubbel« oder auch »Traube«) dürften zu den Schlüsselgrößen der künftigen Wirtschaftsentwicklung in Europa und der Welt werden. Nicht mehr Nationalstaaten konkurrieren miteinander, auch der Kampf rivalisierender Multis ist ein auslaufendes Modell. Stattdessen treten Cluster gegeneinander an: Netzwerke aus wissenschaftlichen Instituten und Unternehmen einer Branche, die sich wie eine Traube in einer bestimmten Region oder dem Umfeld einer Stadt zusammenballen. Darin liegt eine große Chance, weil Europa traditionell eine in Regionen untergliederte Wirtschaftsstruktur aufweist. Einerseits werden viele politische Entscheidungen mittlerweile in Brüssel getroffen, auf der anderen Seite besinnen sich die einzelnen regionalen Zentren auf ihre Stärken und überlegen, wie sie diese besser zur Geltung bringen können.

Typische Cluster bilden Regionen wie das Silicon Valley oder Hollywood in den USA. Wäre die Silicon-Valley-Gegend südlich von San Francisco ein Staat, repräsentierte sie Nummer 20 der größten Volkswirtschaften der Welt – und läge somit noch vor Schweden, der Schweiz und Taiwan. Auch in neu hinzugekommenen Regionen wie Shanghai in China oder in Bangalore in Indien bilden sich höchst erfolgreiche Cluster heraus. Die Wissenszentren des MIT in Massachussetts und die Region Oxford/Cambridge in Großbritannien gehören ebenfalls dazu. McKinsey hat unlängst die künftigen Wachstumschancen von zwanzig deutschen Regionen analysiert: Nummer eins ist München Stadt, Nummer zwei Hamburg. Dann folgen Frankfurt, Berlin, das Münchner Umland und Darmstadt. Diese Cluster üben jetzt schon eine anziehende Wirkung auf viele spezialisierte Berufe aus.

Es mag zunächst verwundern oder gar widersprüchlich erscheinen, dass im Internet-Zeitalter der Standort oder regionale Unterschiede eine wichtige Rolle spielen sollen. Früher lag es auf der Hand, warum sich bestimmte Unternehmen oder Branchen in einer Region konzentrierten: Schließlich ging es um die Nachfrage nach ortsgebundenen

Hightech-Cluster in Europa

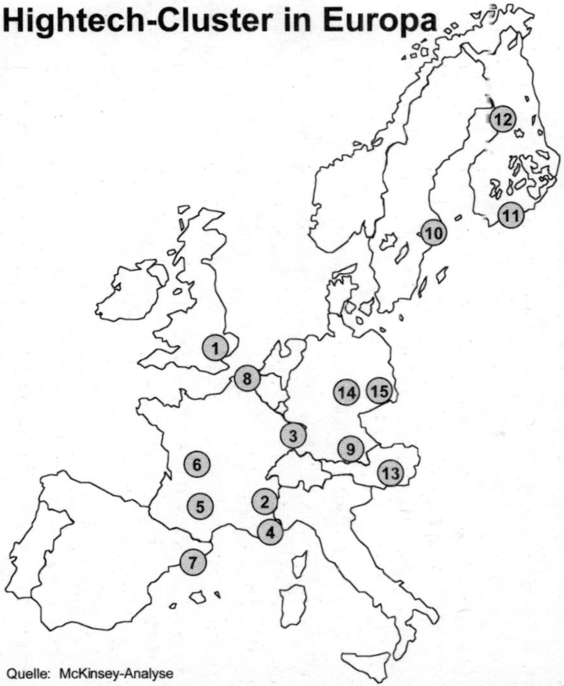

1	**Cambridge**	Biotechnologie, Software
2	**Grenoble**	Telekommunikation, Mikroelektronik
3	**Straßburg**	Biotechnologie
4	**Nizza**	Software, Elektronik
5	**Toulouse**	Elektronik
6	**Poitiers**	Entertainment, Telekommunikation
7	**Barcelona**	Software
8	**Ypern**	Software
9	**München**	Biotechnologie, Multimedia
10	**Stockholm**	IT, Telekommunikation
11	**Helsinki**	Telekommunikation
12	**Oulo**	Telekommunikation
13	**Graz**	Automobilzulieferer
14	**Jena**	Optoelektronik, Software, Biotechnologie
15	**Dresden**	IT, Mikroelektronik

Quelle: McKinsey-Analyse

Rohstoffen und die Verringerung der hohen Transportkosten. Das historische Beispiel dafür ist das Ruhrgebiet: Einwanderer aus Oberschlesien und Polen haben den Menschen im Ruhrgebiet gezeigt, wie man Bergbau macht. Dieses Know-how war vorher nicht vorhanden. Neben dem Rohstoff Kohle trugen auch damals schon »sanfte« Eigenschaften des Standorts zum Erfolg bei: Die Toleranz der Ruhrgebietsbewohner gegenüber Immigranten hat sich zum ersten Mal bewährt. Auch die Integration der türkischen Einwanderer gelang in Europas ehemaligem industriellen Herzen vergleichsweise gut.

Die Agglomeration von Unternehmen ist historisch durchaus nicht neu, man denke nur an den Schwarzwald oder Glashütte (Uhren), Pforzheim (Schmuck) oder Meißen (Porzellan). Viele traditionelle Cluster werden wieder belebt oder haben die Transformation in die neue Zeit geschafft: beispielsweise die Messerschmiedewaren in Solingen, die heute noch mit 5 500 Beschäftigten eine Milliarde Mark umsetzen. Neben Rohstoffen und speziellen Fertigkeiten der Menschen haben auch immer wieder einzelne Pioniere den Keim des Fortschritts in einer Region gepflanzt. Als der legendäre Graf Zeppelin am 2. Juli 1900 mit seinem ersten Luftschiff LZ1 über dem Bodensee zum Jungfernflug aufstieg, entfaltete diese Innovation eine ungeheuer ansteckende Dynamik. Die Region wurde gleichsam zu einem Silicon Valley der Luftfahrt. Zahlreiche Zulieferer entstanden und ihre Namen klingen heute noch in den Ohren: Maybach lieferte Zeppelinmotoren, wurde schließlich zum Luxusautohersteller und zum Ahnen des heutigen Triebwerksherstellers MTU. Die Zahnradfabrik Friedrichshafen (ZF) konstruierte für Graf Zeppelin Kegelradgetriebe und ist heute einer der größten Getriebehersteller der Welt.

An den verschiedenen europäischen Regionen lassen sich noch die industriellen Zyklen ablesen wie verschiedene Erdzeitalter in den Schichten eines Steinbruchs. In Wellen von fünfzig bis sechzig Jahren veränderte sich das ökonomische Antlitz Europas. Die erste Welle von sechzig Jahren (1785 bis 1845) war von der Wasserkraft geprägt, mit deren

Hilfe Textilien und Eisen verarbeitet wurden. 55 Jahre (1845 bis 1900) dauerte der zweite Zyklus mit Dampfmaschine, Stahl und Eisenbahn. Die dritte Welle von fünfzig Jahren (1900 bis 1950) war geprägt durch Chemie, Elektrizität und den Verbrennungsmotor. Petrochemie, Luftfahrt und Elektronik trieben die vierte Welle bis 1990 an, der gegenwärtige fünfte Zyklus wird durch Software, neue Medien und elektronische Netzwerke bestimmt. Er soll nur noch bis 2020 dauern, die große Welle der Biotechnologie kündigt sich bereits an.

Jede dieser Wellen brachte ihre eigenen Cluster hervor. Die auf Kondratieff und Schumpeter zurückgehende Theorie der kreativen Zerstörung mit ihren Innovationszyklen oder Wellen liefert einen guten Erklärungsansatz für langfristige und großräumige Verschiebungen der ökonomischen Wachstumsdynamik in Europa. In der Vergangenheit lagen die räumlichen Cluster einer neuen Innovationswelle in der Regel weit entfernt von jenen des vorhergehenden Zyklus. Die Kernregion der alten Welle entsprach meist nicht den Standortanforderungen der neuen Wachstumsindustrien, etwa in Bezug auf die Infrastruktur und die Ausbildung der Menschen. Gerade die fehlende, zu geringe, veraltete oder für neue Industrien ungeeignete Qualifikation der Arbeitskräfte stürzte einst wohlhabende Regionen und Städte in die Krise. Genau dies ist heute wieder das Problem vieler Regionen.

Bei der heutigen wissensintensiven Produktion von Gütern und Dienstleistungen ist der Austausch von Informationen, Wissen und Ideen entscheidend und dieser Austausch verursacht heute dank der Digitalisierung kaum mehr Kosten. Dennoch verliert der Raum nicht vollends an Bedeutung. Oft ist sogar das Gegenteil der Fall: So suchen die Akteure der neuen Wachstumsbranchen immer wieder die räumliche Nähe zu anderen Protagonisten ihres Gewerbes. Dies betrifft sowohl die so genannten »Global Citys« als auch die regionalen »Cluster«. Nach Ansicht der Stadtplanerin Saskia Sassen kommt in den urbanen Zentren wie New York, Tokio, London, São Paulo, Hongkong,

Toronto, Frankfurt, London oder Paris mittlerweile eine »internationale Klasse« von »professionals« zusammen, was dazu führe, dass die jeweilige Stadt »in gewisser Weise entnationalisiert ist«. Diese Städte weisen in der Tat untereinander oft mehr Gemeinsamkeiten auf als mit den jeweils umliegenden Regionen. Innerhalb der Nationen verstärken sich dadurch die Gegensätze. Büromieten und Gehälter in Frankfurt orientieren sich an London oder Paris, nicht am deutschen Umland. Und die Schere öffnet sich weiter: Während es einerseits den reichsten europäischen Städten, Regionen und Clustern immer besser geht, kommen viele strukturschwache Regionen überhaupt nicht vom Fleck. »Nationale und globale Märkte erfordern ebenso wie global übergreifende Wirtschaftsabläufe Orte, an denen Globalisierung realisiert wird«, schreibt Sakia Sassen, »die explosionsartige Zunahme von Firmen, die sich in den Geschäftsvierteln der Großstädte niederließen, wiederspricht allen Modellen, die den Aspekt der territorialen Streuung betonen – zumal angesichts der hohen Mietkosten.« Das Fazit der amerikanischen Stadtplanerin: »Die neuen Produktionszweige besitzen ihre eigenen Standortmuster, sie tendieren in hohem Maße zur Agglomeration.«

Die räumliche Nähe von Ideenträgern bringt viele Vorteile mit sich. Einer offenbaren Konstante menschlichen Verhaltens folgend mündet sie in Cluster-Bildungen: Direkte Face-to-Face-Kontakte und kurze Wege im Cluster geben dem Austausch von Gedanken und Ideen die besondere Qualität, die letztendlich das innovative Klima der Gründungs-Cluster ausmacht. Deshalb konkurrieren heute regionale Cluster um die attraktivsten Unternehmen. Dabei entwickeln sie sich wesentlich schneller als die Industriestandorte früherer Zeiten: So können zum einen Unternehmen im Zeitalter der Globalisierung generell schneller auf Weltmärkte vordringen als früher, zum anderen sind Mitarbeiter und Kapital wesentlich mobiler. Dementsprechend reagieren Entscheidungsträger in Politik und Verwaltung vor Ort zunehmend rascher auf die Bedürfnisse der Unternehmen.

Wie attraktiv eine Region für Unternehmensgründer ist, definiert sich nicht allein über die Infrastruktur in den Bereichen Forschung oder Beratung, sondern auch über kaum zu quantifizierende Parameter wie Kreativität, Ideenvielfalt und ein dynamisches, innovatives Umfeld. Cluster, die diese Merkmale aufweisen, sind besonders für junge Unternehmen attraktiv, die auf das kreative Potenzial ihrer Mitarbeiter angewiesen sind. Junge deutsche Medienunternehmen zieht es seit den neunziger Jahren wieder verstärkt nach Berlin. Medienzentren entstanden in Babelsberg in direkter Nachbarschaft zur ehemaligen Ufa und DEFA, in Adlershof und auch in Berlin-Mitte. Gerade dort wirken das kulturelle Miteinander von Ost und West und die Kombination von Alt und Neu anziehend auf Unternehmensgründer. Laut der IHK Berlin ziehen immer mehr junge Agenturen in die Hauptstadt. Dem Standort wird das Potenzial für ein international konkurrenzfähiges Zentrum für Multimedia, PR und Werbung zugeschrieben. Laut dem Bremer BAW-Institut arbeiten bereits heute mit fast 52 000 Beschäftigten in keiner anderen Stadt in Deutschland mehr Menschen in der Medienwirtschaft als in Berlin.

Ähnlich attraktiv ist das Pariser Viertel Sentier für junge Internet-Unternehmen. Ende des 19. Jahrhunderts hatte es dort schon einmal eine Gründerszene gegeben: Damals eröffneten mittel- und osteuropäische Einwanderer in den günstigen Räumen Nähstuben, die sich im Laufe der Zeit zu kleinen Fabriken entwickelten. Heute haben sich hier über 200 Internet-Unternehmen niedergelassen. In den Anfängen des Internet-Booms befanden sich 45 Prozent der Internet-Start-ups in einem Stadtviertel, das nur eine Fläche von 300 mal 500 Metern umfasste. Charakteristisch ist die dem Quartier eigene Kultur: Die Gründerszene trifft sich nicht in den Einrichtungen eines geplanten Gründerzentrums, sondern auf der Straße und in den Cafés. Sentier hat kein modernes Geschäftszentrum wie die Bürotürme von La Defense: Hier existieren unterschiedliche Kulturen, Berufsgruppen und Gesellschaftsschichten auf engstem Raum.

Zu den erfolgreichen oder Erfolg versprechenden europäischen Clustern zählen neben den bereits geschilderten Innovationsknoten »Light Valley« bei Paris (Glasfaserindustrie und Optoelektronik), das »Language Valley« um Ypern in Belgien (Spracherkennungs-Software), Gebiete in Dublin und Umgebung (Informationstechnologie und Callcenter) und auf Malta (Mikroelektronik und E-Commerce). Im räumlich weitesten Sinne macht »Silicon Wadi« von sich reden: 4 000 quirlige Internet-Firmen, Tausende von talentierten Programmierern aus der ehemaligen Sowjetunion, massive staatliche Förderung und eine mediterrane Lebensweise machen das Erfolgsgeheimnis dieses israelischen Clusters aus.

Ein ganz ungewöhnlicher Cluster entwickelt sich in der ehemaligen nordspanischen Stahlkocherstadt Bilbao. Die Errichtung des berühmten (und 100 Millionen Euro teuren) Guggenheim-Museums bringt nicht nur vier Millionen Menschen pro Jahr in die ehemalige »Rostmetropole«, sondern schafft auch für junge Hightech- und Software-Unternehmen ein zunehmend attraktives Umfeld. Das Beispiel zeigt, dass der Cluster-Inkubator Kultur niemals unterschätzt werden sollte. »99 Prozent der Bevölkerung waren vor zehn Jahren gegen das teure Museum«, sagt Luis Laskurain von der Industrie- und Handelskammer, »angesichts der desperaten ökonomischen Lage erschien die Investition als größenwahnsinnige Verschwendung.«

Lebensart, Sonne und der blaue Himmel gehören schließlich zu den ganz großen Vorzügen von »Sophia Antipolis« in den idyllischen Bergen der Riviera über Nizza. Dort haben die Franzosen eine Wissenschaftsstadt aus dem Boden gestampft. Fährt der Besucher durch das fast legoartig aufgebaute Sophia Antipolis, entdeckt er Entwicklungsabteilungen der meisten global agierenden Hightechfirmen. HP, IBM, Bull, Siemens sind nur einige der renommierten Namen, die sich von der hervorragenden Infrastruktur mit dem nahen Flughafen Nizza und vielen internationalen Schulen haben anlocken lassen. Das europäische Luft- und Raumfahrtzentrum Toulouse liegt ebenfalls nicht weit entfernt. Rund 25 000 Wissenschaftler arbeiten derzeit in Sophia

Antipolis und genießen das reichhaltige kulturelle Angebot gleich mit. Cannes als Filmfestival- und Kongressmetropole liegt vor der Tür, viele begüterte Europäer haben hier einen Erst- oder Zweitwohnsitz. Europas Hightechpuls beginnt immer stärker im Süden zu schlagen, die Côte d'Azur ist auf dem Weg zum europäischen Kalifornien, der Süden Europas wird zum »Sunbelt«. Immer mehr zukunftsorientierte Wirtschaftszweige siedeln sich entlang der Mittelmeerküste von Barcelona über das südliche Frankreich (Marseille, Nizza) bis hin zur norditalienischen Adriaküste an.

Die Dynamik, die die neuen regionalen Netzwerke kennzeichnet, lässt sich also gezielt und nachhaltig entwickeln und für die angesiedelten Unternehmen nutzbar machen. In welchem Umfang die Merkmale einer Region zum Erfolg der Unternehmen beitragen und durch welche Ansätze Verbesserungen erreicht werden können, ist letztendlich von den Unternehmen vor Ort, der jeweiligen Industrie und vom Profil des betreffenden Standorts abhängig. Die folgenden Thesen sind ein Versuch, die Einflussgrößen zu benennen, die zum Erfolg eines Gründungsclusters und damit zum Erfolg der dort angesiedelten Unternehmen beitragen.

1. *Erfolgreiche Cluster brauchen die Nähe zu Hochschulen und Forschungsinstituten*

Innovative Unternehmen benötigen gut ausgebildete, spezialisierte Mitarbeiter und müssen auf dem neuesten Stand der Forschung sein. Beides finden sie an den Hochschulen: Zahlreiche Studien weisen aus, dass sich die Nähe zu Hochschulen und damit die Nähe zu hoch qualifiziertem Personal positiv auf den Erfolg der neu gegründeten Unternehmen auswirkt. An den Universitäten haben die Studenten als potenzielle Unternehmensgründer und Mitarbeiter bei Start-ups Zugang zu neuesten technischen Entwicklungen. Die räumliche Nähe der Unternehmen zu qualifizierten Absolventen hilft, die Innovationskompetenz von den Universitäten in die Unternehmen zu transportieren und dort nutzbar zu machen. In den USA sind diese Vorteile längst erkannt worden. In der Region Boston, in der heute etwa 134 000 Menschen entlang der Route 128 im Hightechbereich beschäftigt sind, zieht das traditionsreiche Massachusetts Institute of Technology (MIT) die Unternehmensgründer an. Eine Studie der Boston Bank zeigt, dass Ende der neunziger Jahre am MIT nur rund 10 Prozent der Studenten aus dem Bundesstaat Massachusetts stammten, doch über 40 Prozent der Unternehmen, die von Absolventen des MIT gegründet wurden, in Massachusetts angesiedelt sind. Zahlreiche Absolventen der Hochschule bleiben der Region also als Unternehmensgründer erhalten.

Auch in Deutschland profitieren Hightechregionen von der Vielfalt der regionalen Forschungslandschaft. Im Rhein-Neckar-Gebiet kommt beispielsweise den Biotechnologieunternehmen in Heidelberg nicht nur die Nähe zu ortsansässigen Forschungsinstituten wie dem Deutschen Krebsforschungszentrum, dem Europäischen Molekularbiologischen Laboratorium oder den fünf Instituten der Max-Planck-Gesellschaft zugute, sondern auch die Nachbarschaft zu den naturwissenschaftlichen Fakultäten der Universitäten in Heidelberg und Freiburg: So sind einige der Unternehmen im Technologiepark Heidelberg entstanden, weil Forschungsergebnisse dieser Einrichtungen dazu führten.

Eine andere deutsche Hightechregion, die durch eine besonders dichte Forschungslandschaft gekennzeichnet ist, sind Stadt und Umland von München. München ist sogar Zentrum für zwei verschiedene Hightechsparten: die Informations- und Biotechnologie. In der Informations- und Kommunikationstechnologie können Unternehmen ihren Nachwuchs vor Ort an den zehn Münchener Universitäten und Fachhochschulen rekrutieren – dort sind in den Fachbereichen der Natur- oder Ingenieurwissenschaften ein Drittel aller Studierenden anzutreffen.

Vor den Toren Münchens, in Martinsried, befindet sich außerdem eines der erfolgreichsten deutschen Biotechnologie-Cluster. »Martinsried kennt man in London und Singapur, überall dort wo Segen, Heil und Geschäftsallianzen der Biomedizin vorangetrieben werden«, schreibt die *Zeit*, »Martinsried ist ein Dorf mit 5 000 Einwohnern. In seinem Hinterland herrschen die Saatkrähen, und nur manchmal zerbrechen hier Kirchturmschläge die Stille. Willkommen in ›Bio Grande‹, dem ›Gene Valley‹ Europas.« Von den derzeit achtzig biotechnologisch ausgerichteten kleinen und mittleren Unternehmen in München haben die Hälfte ihren Sitz in Martinsried. Neben dem Innovations- und Gründerzentrum, das derzeit 22 Unternehmen mit 350 Mitarbeitern Raum bietet, liegen auch direkt in Martinsried das Klinikum Großhadern und das Zentrum für Genforschung der Ludwig-Maximilians-Universität (LMU) sowie die Max-Planck-Institute für Biochemie und Neurobiologie. Durch den geplanten Umzug der biomedizinisch-naturwissenschaftlichen Fachbereiche der LMU auf den Hightechcampus in Martinsried-Großhadern soll weitere Forschungskompetenz vor Ort in einem neuen biomedizinischen Zentrum geschaffen werden.

2. *In erfolgreichen Clustern sind häufig zugkräftige Pionierunternehmen aktiv – entscheidend ist jedoch das Zusammenspiel von Großunternehmen, Zulieferern und Start-ups*

Häufig hat in Gründungsclustern ein großes, erfolgreiches Unternehmen eine Vorreiterrolle übernommen, kleine Unternehmen haben nachgezogen, einen Standort für Neugründungen attraktiv gemacht und somit die Entstehung eines Clusters mit spezifischem Profil ermöglicht. Der bekannteste Fall einer solchen Pionierleistung ist wohl die Unternehmensgründung von William Shockley, der in den fünfziger Jahren des 20. Jahrhunderts im Silicon Valley die erste Halbleiterfabrik erbaute. Als sein Unternehmen aufgeben musste, gründete der Kern seiner ehemaligen Mitarbeiter das Halbleiterunternehmen Fairchild Semiconductor, das wiederum ein gutes Dutzend Ausgründungen nach sich zog, darunter so erfolgreiche Unternehmen wie Intel oder Advanced Micro Devices. Studien der Portland State University zeigen, dass Mitte der achtziger Jahre ungefähr die Hälfte der siebzig Halbleiterunternehmen im Silicon Valley ihre Wurzeln direkt oder indirekt auf Fairchild Semiconductor zurückführen konnte. Heute lebt das Silicon Valley auch davon, so Jürgen Kluge von McKinsey, »dass die Experten dort ständig ihren Arbeitgeber wechseln können – aber ihr Haus und ihr Schwimmbad nicht aufgeben müssen und das Kind in der Schule lassen können«.

Auch in Europa gibt es Cluster, die auf Pionierunternehmen zurückgehen. So wird beispielsweise der Technologiepark in Oulo, einem Ort in Finnland, der der breiten Öffentlichkeit bis vor kurzem noch relativ unbekannt war, mit Nokia in Verbindung gebracht: Das weltweit überaus erfolgreiche Unternehmen unterhält dort sein mit 600 Mitarbeitern größtes Zentrum für Mobilfunkforschung. Heute sind in Oulo insgesamt um die 140 Unternehmen angesiedelt und der Ort gilt als einer der weltweit führenden Hightech-Cluster im Bereich der Telekommunikation und Informationstechnologie.

Die besondere Qualität eines Clusters liegt in der Mischung von Unternehmen verschiedener Größe und Struktur. So sind erstklassige Hersteller auf erstklassige Zulieferer angewiesen. Martin Ritter von der Heidelberger Druckmaschinen AG machte die Vorteile deutlich, die großen Unternehmen in Clustern entstehen, als er darauf hinwies, dass die Zulieferer vor der eigenen Haustür das fokussierte Geschäftsmodell des Unternehmens erst möglich machten und dass das Unternehmen es sich nicht leisten könne, komplizierte Technologie an Dritte außerhalb des Heidelberger Druck-Clusters abzugeben.

Neben dem eigendynamischen Wachstum von Clustern steht die zielgerichtete Regionalentwicklung durch Pionierunternehmen, die die Initiative übernehmen und aktiv Maßnahmen planen und umsetzen. Es kann für große Unternehmen durchaus vorteilhaft sein, die eigene Region zu entwickeln. Insbesondere wenn es gelingt, Zulieferer vor Ort anzusiedeln, kann die Wertschöpfungskette innerhalb eines regionalen Netzwerks zusammengeführt werden. Die Wege zwischen den Beteiligten werden kürzer, die Flexibilität steigt. Besonders in forschungsintensiven Branchen können Unternehmen im Cluster nicht nur von der Nähe zu Forschungsinstituten profitieren, sondern auch von der Nachbarschaft zu innovativen Start-up-Unternehmen, die bei technologischen Umwälzungen zumindest zu Beginn meist die Nase vorn haben.

Ein eindrucksvolles Beispiel für gezielte Regionalentwicklung durch ein Pionierunternehmen war das Projekt Autovision der Volkswagen AG, das 1998 mit Unterstützung von McKinsey begonnen wurde. Das Projekt umfasst einen Innovationscampus für Start-ups im Bereich Automobil und jährliche Businessplanwettbewerbe innerhalb der Region, einen Zuliefererpark, einen Themenpark – die Autostadt, die im Juni 2000 eröffnet wurde – und eine Personalvermittlungsagentur, die qualifizierte Fachkräfte in die neu entstehenden Jobs vermittelt. Bisher sind im Zuge der Autovision dreißig Unternehmen neu gegründet worden, zwölf sind bereits aus dem ersten Businessplanwettbewerb hervorgegangen. Allein die hundert Lieferanten, die sich vor Ort neu angesiedelt haben, haben im Jahr 2001 1 500 neue Arbeitsplätze geschaffen, doppelt so viele wie ursprünglich geplant.

3. *In erfolgreichen Clustern ergänzen sich das gewachsene Wissen bestehender Industrietraditionen, die Angebote professioneller Dienstleister und die Unterstützung staatlicher Stellen*

Beispiele wie Jenoptik, Shockley oder Nokia zeigen: Für Cluster ist es in der Regel vorteilhaft, wenn sie an ihrem Standort auf bestehende Industrietraditionen aufbauen können. Häufig sind Wissen und Erfahrungen vorhanden, von denen neu gegründete Unternehmen profitieren oder die in Umbruchzeiten zu Neugründungen führen. Vor diesem Hintergrund ist es nicht verwunderlich, dass in innovativen Gründungs-Clustern meist nicht unterschiedliche Arten von Hightechindustrien nebeneinander existieren, sondern Spezialisierungen auf gewisse Industriezweige zu erkennen sind. So zeigt eine Studie, die an der Portland State University durchgeführt wurde, dass beispielsweise von vierzehn in den USA untersuchten Hightech-Clustern vier in den neunziger Jahren erhebliche Innovationsleistungen im Bereich der Elektronik aufwiesen: San Jose – besser bekannt als das Silicon Valley –, Phoenix, Austin und Portland. Die Biotechnologie ist dagegen in Washington D. C., Raleigh-Durham, San Diego und Boston beheimatet.

Das spezifische Profil jeder dieser Regionen lässt sich auf teilweise seit Jahrzehnten bestehende Industrietraditionen zurückführen. Seattle beispielsweise, Heimat von Microsoft, kann seine Wurzeln als Hightechstandort bis in die zwanziger Jahre des letzten Jahrhunderts zurückverfolgen. Für Seattle begann damals die Entwicklung zum Standort für die Luftfahrtindustrie, und ausgehend von Boeing Computer Systems wurden dort bereits in den frühen siebziger Jahren, lange vor der Gründung von Microsoft, Software-Produkte entwickelt.

Um Erfolg versprechende Start-up-Unternehmen anzusiedeln und zu halten, bedarf es aber auch konkreter Unterstützungsmaßnahmen – beispielsweise der Bereitstellung von Risikokapital. Venture-Capital-Fonds werden teilweise von Tochtergesellschaften großer Unternehmen betrieben. Die DEWB, die Venture-Capital-Tochter der Jenoptik AG, hat so aussichtsreiche Unternehmen wie die CyBio AG oder die Asclepion-Meditec AG beim Börsengang unterstützt.

Dass Risikokapital nicht flächendeckend investiert wird, sondern bevorzugt in bestimmte, regional abgegrenzte Gebiete fließt, zeigen Studien der Portland State University. Zwischen 1995 und 1999 flossen in den USA 15 Prozent des gesamten vorhandenen Risikokapitals allein in die Region Silicon Valley, weitere 10 Prozent in die Region um Boston. Wie die European Business School herausgefunden hat, konzentrieren sich auch in Deutschland drei Viertel aller Venture-Capital-Beteiligungen im Bereich Internet und E-Commerce auf fünf Regionen, nämlich München, Hamburg, Berlin, Frankfurt und den Ballungsraum Köln/Bonn/Düsseldorf.

Selbstverständlich muss Kapital vorhanden sein, um ein neu gegründetes Unternehmen, das noch keine Gewinne abwirft, in Gang zu bringen und am Laufen zu halten. Doch zu erfolgreicher Geschäftstätigkeit gehört mehr: Labors und Einrichtungsgegenstände müssen bereitgestellt, Mietverträge unterschrieben und Mitarbeiter eingestellt, Vertriebskanäle eröffnet werden und vieles mehr. In erfolgreichen Clustern finden Gründer auch in diesen Fragen Unterstützung vor Ort. Zahlreiche Anwaltskanzleien und Unternehmensberatungen, Steuerberater und Werbeagenturen sind den Hightechunternehmen ins Silicon Valley gefolgt. Sie ermöglichen eine Infrastruktur an Dienstleistungen, die anderen Standorten fehlt, und ziehen damit wieder neue Ansiedlungen nach sich.

Auch die öffentliche Hand trägt zur Entwicklung einer Region bei. So lockt der US-Bundesstaat Oregon den Chiphersteller Intel mit Steuererleichterungen von 120 Millionen Dollar, Intel investiert in den nächsten fünfzehn Jahren im Gegenzug 12,5 Milliarden Dollar in Oregon. Doch die öffentliche Hand kann mehr tun, als nur Gelder bereitzustellen. Inkubatoren bieten hierzulande unter Beteiligung öffentlicher und privater Akteure umfassende Dienstleistungen für junge Unternehmensgründer an. Das Innovations- und Gründerzentrum Biotechnologie Martinsried bietet seit 1995 im Auftrag des Freistaats Bayern komplett möblierte Labor- und Büroflächen. Die Mieter profitieren vom umfassenden Serviceangebot des Zentrums: Ein Ansprechpartner vor Ort regelt alle Fragen von der Müllentsorgung bis zur Kontaktanbahnung zu internationalen Firmen und Institutionen.

In den Biotechnologieregionen München, Rhein-Neckar und dem Rheinland, die 1996 als Sieger aus dem BioRegio-Wettbewerb der Bundesregierung hervorgegangen sind, konzentrierten sich die konkreten Unterstützungsleistungen der Gründerzentren zu Beginn auf die Vergabe der Fördermittel und die Koordination von Maßnahmen der öffentlichen Hand, von Hochschulen und Gründungen. Heute stehen hingegen Beratung und Service im Vordergrund: So bietet beispielsweise der Technologiepark Heidelberg, in dem so erfolgreiche Unternehmen wie die LION bioscience AG oder die Orpegen Pharma GmbH angesiedelt sind, den Start-ups Hilfe in Rechts-, Finanzierungs-, Management- und Marketingfragen an. Zudem organisiert der Technologiepark Informationsveranstaltungen und stellt internationale Kontakte zwischen Biotechnologieunternehmen her: Es bestehen Kooperationen mit anderen Technologieparks in Quebec, Südfrankreich und seit Herbst letzten Jahres auch mit Schanghai.

Weltweit zeichnen sich Cluster also durch eine sehr gute Infrastruktur bei Hochschulen, Fachhochschulen und Forschungsinstituten aus, wobei eines oder mehrere große Unternehmen eine Lokomotivfunktion übernehmen, gleichzeitig aber eine Vielfalt kleiner und mittlerer Unternehmen besteht und eine ausgesprochene Gründungskultur herrscht. Vor Ort existieren Support-Funktionen, die den Unternehmen auf allen Ebenen der Wertschöpfungskette Hilfsdienste anbieten. Ein prototypisches Beispiel, das alle diese Merkmale besonders deutlich in sich vereint, ist der Stuttgarter Automobil-Cluster.

Das Bildungswesen: Einen wesentlichen Beitrag zum Know-how liefert die einzigartige Hochschullandschaft mit den Leuchttürmen der Technischen Universitäten in Stuttgart und Karlsruhe und der Universität Hohenheim, den Fachschulen, Berufsakademien, Technika und vielfältigen Fachhochschulen – der Esslinger »Stall«, eine Bezeichnung für die frühere Schule für Maschinenbauingenieure, hatte und hat einen legendären Ruf. Sämtliche wissenschaftlichen Disziplinen sind vertreten und vom einjährigen berufsbegleitenden Kurs bis zur Habilitation mit Weltgeltung wird alles geboten.

Die Großen: Um die Global Player Daimler, Bosch, Porsche und früher SEL entwickelte sich eine sehr intensive Kultur

des Austauschs von Know-how und der internationalen Vernetztheit. Nicht selten haben ebendiese großen Unternehmen ihren Bedarf an Fach- und Führungskräften aus den zahlreichen Landeshochschulen gedeckt.
Die Zulieferer: Bis vor wenigen Jahren kamen 90 Prozent aller Zulieferer des Daimler-Werkes Sindelfingen aus bis zu höchstens 50 km Entfernung. Der Einzugsbereich der großen Bosch- und Porsche-Werke ist ähnlich. Kein Wunder, dass diese hoch industrialisierte Region lange Jahre absolut und relativ die niedrigsten Arbeitslosenzahlen, das höchste Pro-Kopf-Einkommen und schließlich und endlich die höchsten Patentzahlen hatte.
Die Dienstleistungen: In dem Automobil- und Maschinenbau-Cluster finden sich zahlreiche Rechtsanwälte, Patentanwälte, Gebrauchsmusterschutzexperten, Software-Ingenieure, IT- und Telekommunikationssachverständige, Wirtschaftsprüfer, Steuerberater, Headhunter und Unternehmensberater. Das fein gesponnene Servicenetz sorgt nicht nur für die Bereitstellung kompetitiver Dienstleistungen, sondern in hohem Maße für einen Informationsmarktplatz, bei dem Informationen über Unternehmensentwicklungen, Patentneuheiten und natürlich auch Personen ausgetauscht werden.
Der Staat: Angefangen von den Landesministerien über die Industrie- und Handelskammern, die zahlreichen staatlichen Stellen – wobei insbesondere das Landesgewerbeamt als eine spezifisch schwäbische Entwicklung hervorzuheben ist – verstehen sich als Facilitator im Standortwettbewerb. Es ist kein Geheimnis, dass die Gewerbesteuer den lokalen Entscheidungsradius vergrößert und Unternehmen den niedrigen Steuersätzen in die umliegenden Gemeinden folgen. Deswegen versucht die öffentliche Hand seit Jahren, eine betont unternehmensfreundliche, unterstützende Politik zu fahren.

Cluster haben eine multiplikative Funktion in ihren Volkswirtschaften, dort entstehen technologische Neuerungen am ehesten, dort ist das Wachstum am höchsten, dort sind die Chancen für Unternehmensgründer am besten. Wenn heute von dem Multiplikationsfaktor 20 bei Silicon Valley gesprochen wird, so ist dieser mathematisch zwar schwer zu messen, wenn man aber die Einflusssphäre der Halbleiterindustrie, der Kommunikations- und Software-Industrie sieht, so scheint das, was Beschäftigung und volkswirtschaftliche Wertschöpfung angeht, aber sehr plausibel. Auf der anderen Seite ist es nicht immer einfach, staatliche Wirtschaftspolitik gezielt auf einen Cluster auszurichten. Sämtliche Cluster einer Volkswirtschaft machen schließlich nur 3 bis 5 Prozent aller Beschäftigten aus, während die Wirtschaftspolitik sich auf 100 Prozent der Unternehmen, Beschäftigten und Konsumenten ausrichten muss. Wichtig für unsere Überlegung ist jedoch die Tatsache, dass Cluster eine sehr eigenständige, innere Dynamik aufweisen, dass sie in der Regel zu erheblichen Wertschöpfungsabständen gegenüber den Nachbarregionen führen und dass sie auf qualifizierte Arbeitnehmer geradezu wie ein Magnet wirken. Es ist zwar verständlich, wenn der bayerische Kultusminister Zehetmair die Vorzüge von Passau, Erlangen und Augsburg als mindestens denen von München ebenbürtig preist – Tatsache bleibt jedoch, wer in Bayern Bioinformatik studieren und noch mehr praktizieren möchte, siedelt sich im Cluster Martinsried an und nirgendwo sonst.

»Was hilft mir die Weite des Weltalls,
wenn meine Schuhe zu eng sind?«
SPRICHWORT AUS ARMENIEN

Starke Regionen ja, Separatismus nein

Wer von Frankreich kommend die Pyrenäen überquert, der trifft zuerst auf die spanische Region Katalonien, im Osten der Iberischen Halbinsel gelegen, mit der Hauptstadt Barcelona. Stolz sind die hier lebenden Menschen vor allem auf das, was ihre Heimat vom Rest des Landes unterscheidet. Da wäre beispielsweise die eigene, viele Jahre durch das Franco-Regime unterdrückte Sprache. Jetzt wird Katalanisch wieder an den Schulen unterrichtet. Da wäre auch der überdurchschnittliche Lebensstandard dieser Region, die über ein Fünftel zum spanischen Bruttoinlandsprodukt beiträgt. Ähnlich wie Südtirol in Italien hat Katalonien in Spanien Autonomiestatus: Es hat eine eigene Regierung, eine eigene Hymne und vielfältiges eigenes Brauchtum. »Das Schreckgespenst einer Abspaltung und eines in seine Teilregionen zerfallenden Königreichs malen jedoch nur allergrößte Pessimisten an die Wand«, schreibt die *Welt*, »denn längst verstehen sich die Katalanen als Teil der Europäischen Union, ohne die der Aufschwung der letzten Jahre nicht möglich gewesen wäre.« Die Vertreter des offiziellen Europa teilen diese gelassene Sichtweise und unterstützen die Aufwertung der Regionen ausdrücklich. Die Regierung Helmut Kohl formulierte es in einem für die europäische Einigung werbenden Text einst so: »Die Europäische Union bekennt sich zu lebendigen, überschaubaren Regionen mit Selbstverantwortung und eigenen Zielen. Damit wird ihrer Brückenfunktion in Europa Rechnung getragen.«

Die Renaissance der Regionen scheint auch im globalen Maßstab von bestechender Attraktivität. Der peruanische Schriftsteller Mario Vargas Llosa spricht für viele, wenn er die Besinnung auf einstige Wurzeln für eine folgerichtige und wünschenswerte Entwicklung hält: »Die Wiedergeburt individueller und regionaler Kulturen wird der Menschheit den Reichtum an Verhaltens- und Ausdrucksweisen zurückgeben, welche der Nationalstaat seit dem 18. Jahrhundert für so genannte nationale kulturelle Identitäten gelöscht hat.« In der Tat wurden Lehre, Ausübung und Veröffentlichung der Umgangssprachen oder die Pflege von Religionen und Bräuchen in vielen Ländern der Welt erschwert oder verboten. Und in zahlreichen Ländern der Welt, man denke nur an Tibet, ist dies auch heute noch der Fall.

Dennoch ist das politisch und demokratisch zunächst einmal wünschenswerte Ansinnen vom Erstarken der Regionen nicht immer unproblematisch. Im Europäischen Parlament wird das Konzept der Regionen insbesondere von der Europäischen Freien Allianz (Efa) vertreten, die zusammen mit den Grünen die viertgrößte Gruppierung bildet. Einige ihrer Vertreter gehen inzwischen allerdings so weit, demokratische Nationen wie Frankreich oder Italien in Anführungszeichen zu setzen, wie es früher in der Bundesrepublik teilweise für die sozialistische »DDR« praktiziert wurde.

In einer »Brüsseler Deklaration« legten die »staatenlosen Nationen« Europas die Prinzipien eines »demokratischen Nationalismus« dar. Im Annex der Deklaration sind die Mitgliedsparteien aufgeführt. Sollten alle von ihnen repräsentierten Provinzen und Kantone der Meinung sein, ihre sprachliche oder kulturelle Identität berechtige sie zu staatlicher Autonomie, so entstünde nach der Osterweiterung ein Europa der 46, bestehend aus fünfzehn alten sowie zwölf neuen Staaten, dazu kämen neunzehn Sezessionsrepubliken von Galizien über Südtirol bis nach Flandern, Wallonien und Schottland.

Die schottische SNP führt den Annex der Deklaration an, sie ist die gegenwärtig erfolgreichste europäische Nationalistenpartei und eint 30 Prozent der Wählerstimmen. Tony

Blair versuchte der Bewegung mit einem teilautonomen Parlament in Edinburgh die Spitze zu nehmen. »Doch dieses scheint die nationalistische Eigendynamik eher zu beschleunigen«, schreibt Rainer Luyken in der *Zeit*, »ein Infragestellen schottischer Nationalität ist Häresie. Ein Auto ohne Schottlandaufkleber fällt fast schon unangenehm auf.« In Frankreich hat die Regionalisierung durch das Korsika-Statut Auftrieb bekommen. Das korsische Regionalparlament erhält ab 2004 das Recht, nationale Gesetze den Besonderheiten der Insel anzupassen. Für Wirtschaftsentwicklung, Tourismus, Verkehr und Umwelt werden die Korsen selbst verantwortlich sein. Dies erscheint nur vernünftig und entspricht dem Subsidiaritätsprinzip der Gemeinschaft. Im traditionell zentral und nicht föderalistisch organisierten Frankreich löst es dennoch großes Unbehagen aus – zumal der korsische Widerstand nicht vor Gewalt zurückschreckte. Mit den von den Separatisten im Mittelmeer ertrotzten Rechten bekommen nun auch Regionalisten anderswo im Mutterland Auftrieb.

Streitfragen, in denen ethnischen Kollektiven nach zähen Verhandlungen ein Zipfel der Macht in die Hand gegeben wird, können leicht eskalieren. Die Efa-Mitglieder im Europäischen Parlament sind in der Regel keine reaktionären Eiferer und wollen nichts mit den teilweise gemeingefährlichen Separatisten wie im Baskenland oder auf Korsika, wie in Nordirland oder auf dem Balkan zu tun haben. Und doch schippern sie an der Grenze zu tiefen, dunklen Gewässern. Es ist leider keineswegs immer klar, ob und wie lange Regionalismus oder »Lokal-Patriotismus« die harmlose Variante des Nationalismus bleibt. »Unter der Oberfläche schlummernde faschistische Sentiments und Gewaltbereitschaft bereiten den in der Efa zusammengeschlossenen Neunationalisten viel Kopfzerbrechen«, schreibt Irland- und Schottland-Experte Luyken, »der Nationalismus ist eine verführerische Religion.« Nicht zuletzt die deutsche Geschichte beweist: Wenn Menschen erst einmal für den Kult um Identität und Vaterland aufgestachelt sind, tun sie anderen Menschen oft schreckliche Dinge an.

Auch der polnische Autor Ryszard Kapuscinski warnt: »In der modernen Welt sind die Tendenzen der Desintegration stärker als die der Integration. Gemeinsam mit der Desintegration ist die Tendenz zu beobachten, sich in einer eigenen Ethnosphäre abzukapseln, sich in gesonderte ethnische Nischen zurückzuziehen. Dieser Prozess der weltweiten Balkanisierung entwickelt sich in einer Atmosphäre wachsenden Misstrauens, der Intoleranz und Feindseligkeit, des Wunsches, andere zu beherrschen.« Ebenso wie der Westen ist auch das postkommunistische Osteuropa gegenüber diesen Tendenzen anfällig. Der ungarische Karlspreisträger György Konrád warnte in seiner Rede zur Verleihung des Preises der Stadt Aachen 2001: »Wenn kühnes Denken in provinzieller Verdrossenheit versinkt, wenn die wechselnden geistigen Moden die Argumente für eine europäische Integration verschlissen haben, betreten Wortführer einer nationalen Separation die Bühne, und der alte Wahnsinn greift von neuem um sich.« Und er weist darauf hin: »Die Erfahrung lehrt, dass konkrete Absonderungstendenzen nicht in Konfrontation zur Vereinigung entstehen.«

Alle Nationalisten treten mittlerweile im Gewand kultureller und sprachlicher Vielfalt auf die Bühne. Die europäische Idee wird von ihnen als Rückhalt gegen die Dominanz des jeweiligen Nationalstaates missverstanden und mitunter missbraucht. Der rechtslastige Vlaams Blok in Belgien strebt nach einem unabhängigen Flandern, »selbstverständlich als Mitglied der Europäischen Union«, und auch die italienische Lega Nord will »ein Europa der hundert Flaggen bauen«.

»Diente die Forderung nach regionaler Autonomie zunächst der Linken als vermeintliche Waffe im Kampf gegen internationale Kapitalinteressen«, schreibt Richard Herzinger in der *Zeit*, »wurde sie später von der extremen Rechten für ihre Ideologie des ›Ethnopluralismus‹ vereinnahmt.« Sie ist hierbei in erster Linie als ein Bollwerk bodenständiger Volksgruppen gegen multikulturalistische Vermischungen konzipiert. Die ›Region‹ ist inzwischen oft zum Tummelplatz für populistische Wortführer von Partikularinteressen geworden, regionalistische Bewegungen wie die italienische Lega Nord artikulieren einen separatistischen Wohlstandsegoismus. Die Protestpartei erfuhr allerdings bei den letzten Wahlen in Italien 2001 eine herbe Niederlage.

In Osteuropa macht die erste Begeisterung nach dem Fall der Mauer einer zunehmenden Enttäuschung Platz. Je länger und schwieriger sich die Aufnahme in die Europäische Gemeinschaft gestaltet, desto mehr profitieren diejenigen, die lieber ihr eigenes Süppchen kochen wollen. Die Autorin Slavenka Drakulic lebt in Schweden, Kroatien und Österreich und fürchtet: »Das schlägt eine Bresche für alle Nationalisten und Anti-Europäer. Sie schüren in ihrem jeweiligen Land die Angst, die multinationalen Konzerne wollten alles aufkaufen, die ganze Kultur würde amerikanisiert und sowieso alles globalisiert.« In der Tat: Das war genau die Sprache des Slobodan Milosevic.

Die Erfolge, die ultrarechte Parteien in Europa erzielen, analysiert Slavenka Drakulic so: »Was sich dabei herausstellt ist nicht notwendigerweise ein Wiederaufleben der Braun- und Schwarzhemden – aber man erkennt ein wachsendes Grundmuster der Angst in der Bevölkerung. Die Rechten nutzen diese Angst aus. Es wäre falsch zu behaupten, dass sie das Klima der Angst erzeugen.« Diese Angst ensteht im Osten wie im Westen als Folge der jeweiligen Modernisierungsschocks. Im Osten hat der Zusammenbruch der gesamten vormaligen Ordnung einerseits alte Nationalismen neu freigesetzt und andererseits vielfach eine resignative Verbitterung ausgelöst. Die Vergangenheit wurde entwertet und die Zukunft erscheint unsicher. Auch im Westen erleben ganze Gruppen von Dreißig-, Vierzig- oder Fünfzigjährigen das Trauma einer rapiden Dequalifikation ihres beruflichen Wissens.

Im Ergebnis mündet diese Frustration häufig in eine Abgrenzung gegen Fremdgruppen, wobei die im Lande lebenden von größerer Bedeutung sind als die externen. Die Tatsache, dass Globalisierung und europäische Vereinigung Grenzen zum Verschwinden bringen, führt bedauerlicherweise nicht gleichzeitig zum Verschwinden des Nationalismus, sondern lediglich zu einer Veränderung seiner Erscheinungsweise. Er wird zunehmend negativ definiert, das heißt, er dient der Abgrenzung gegenüber den tatsächlich oder vermeintlich Fremden im eigenen Land.

Die Verhältnisse im Osten und im Westen sind dabei wie zwei kommunizierende Röhren. In einem Beitrag für den Friedensbericht der schweizerischen, deutschen und österreichischen Gesellschaft für Friedensforschung schreibt Rainer Bauböck, Mitarbeiter am Institut für höhere Studien in Wien: »Xenophobie und Rassismus, die sich gegen außereuropäische, aber auch gegen osteuropäische Einwanderer richten, grassieren in praktisch allen Staaten des industriell entwickelten Europa. Auch die Immigration und die Forderung nach Gleichberechtigung für die Immigierten wird als Verlust von Souveränität erlebt.« Vor dem Hintergrund der Globalisierung muss uns dies Sorgen machen: Wirtschaftlicher Zusammenschluss plus Deregulierung von Arbeitsmärkten wirken als Magnet für Einwanderung. Gleichzeitig kann die Zuwanderung die sozialen Sicherungssysteme in ihrer heutigen Ausgestaltung zusätzlich in Bedrängnis bringen.

Eine fremdenfeindliche Stimmung schreckt im Übrigen ausgerechnet jene qualifizierten Kräfte aus dem Ausland ab, die wir am dringendsten benötigen. Die Greencard-Pläne der Bundesrepublik für indische Software-Experten stießen auf dem Subkontinent auch deshalb auf große Skepsis, weil indische Medien ausländerfeindliche Tendenzen in der deutschen Gesellschaft thematisierten. Kopfarbeiter sind ein wählerisches Volk. Die Entscheidung für einen Arbeitsplatz wird auch danach gefällt, ob sich jemand in der neuen Heimat wohl fühlt. Toleranz ist ein echter Wettbewerbsvorteil. Es wird eine der vorrangigen politischen Aufgaben sein, eine tolerante Atmosphäre sowohl mit einer Reform der Sozialsysteme als auch mit einer vernünftigen und realistischen Einwanderungspolitik zu ermöglichen.

2 Glanz und Elend Europas

»Gerhard ist nicht amüsiert, er ist sogar wütend.«
Guy Verhofstadt über Gerhard Schröder

Europas Institutionen in der Krise

»All diese Nörgelei macht mich krank. Das hat nichts mit Europa zu tun«, schimpfte Bundeskanzler Gerhard Schröder auf dem Europa-Gipfel von Nizza im Dezember 2000 und fügte hinzu: »Daran werde ich mich noch lange erinnern.« Nicht nur er. Nach vier endlosen Verhandlungstagen an der Côte d'Azur war es wieder zwei Uhr in der Früh und die versammelten Staatschefs der Europäischen Union zankten wie die Kesselflicker. Es ging um die künftige Stimmengewichtung im Rat der Europäischen Union. Es ging um die Gewichtung zwischen Deutschland und Frankreich, um Eifersucht und Prestigedenken, es ging um die Ängste der kleinen Länder, von den großen Brüdern marginalisiert und an die Wand gespielt zu werden. Jeder verteidigte seinen nationalen Schrebergarten. »Ich habe Angst vor einem Scheitern«, bekannte Luxemburgs Premier Juncker, was Portugals Premier Guterres nicht daran hinderte, weiter Öl ins Feuer zu gießen: »Ich habe zu Hause ein Parlament, das den Vertrag so nicht ratifizieren wird. Mit diesem Vorschlag wird Europa ungerechter und gerät aus dem Gleichgewicht.« Der Finne Lipponen assistierte: »Die Großen würden den Rat und das Europaparlament beherrschen.« Der Franzose Chirac saß der streitenden Runde vor und war ihr irgendwie nicht gewachsen. »Dieser Typ, er redet, er redet, er redet. Aber glaubst du, er hat ein Wort davon verstanden, was wir am Verhandlungstisch gesagt haben? Er hört nicht zu«, öffnete sich der belgische Ministerpräsident Verhofstadt gegenüber dem dänischen Regierungschef Rasmussen. Dann verwies er auf die schlechte Stimmung des deutschen Bundeskanzlers: »Gerhard ist nicht amüsiert. Er ist sogar wütend.« Zwischendurch rief ein sozialdemokratischer Regierungschef ironisch Richtung Oggersheim: »Kann denn niemand den Kohl holen?«

Kurz vor fünf Uhr hatte die Qual ein Ende. Jacques Chirac verkündete auf einer Pressekonferenz: »Der Gipfel von Nizza wird in die Geschichte Europas als großer Gipfel eingehen.« Nun ja. Der Gipfel brachte tatsächlich eine modifizierte Stimmenverteilung hervor. Deutschland, Frankreich, Großbritannien und Italien haben wie bisher gleich viele Stimmen. Als Zugeständnis an die kleineren Staaten muss außerdem mindestens die Hälfte der Mitgliedsstaaten zustimmen, zurzeit also acht von fünfzehn. Ein Trostpflaster für Deutschland mit seiner bei weitem größten Bevölkerung bildet die Klausel, dass ein Antrag nur dann als angenommen gilt, wenn 62 Prozent der EU-Bevölkerung hinter den Befürwortern stehen. Das Verfahren ist so bürokratisch und kompliziert, dass man einen Mathematiker zu Hilfe rufen muss, um seine Auswirkungen abschätzen zu können. Werner Kirsch ist Professor für Mathematik an der Ruhr-Universität Bochum und hat akribisch nachgerechnet: »Die Mathematik bietet Methoden an, wie man den Einfluss von Akteuren in solchen Verfahren analysieren kann.« Die Analyse nach dem so genannten »Banzhaf-Index« ergab beinahe Unglaubliches: »Das vorliegende Verhandlungsergebnis wird kaum Auswirkungen haben. Man kann nachweisen, dass es nur in einem winzigen Bruchteil der theoretisch denkbaren Abstimmungen zu einem anderen Resultat führt als das alte.« Doch damit nicht genug. Sowohl im Europa der fünfzehn als auch im Europa der 28, für das in Nizza bereits die Stimmenverteilung festgelegt wurde, spielt die neue Bevölkerungskomponente laut Kirsch praktisch keine Rolle. »Die Regelung, dass die Mehrheit der Staaten zustimmen muss, ist sogar vollkommen bedeutungslos.«

Die Regierungschefs hätten sich die langen Nächte und den ganzen Ärger also sparen können. Ihr Vorhaben, so der Mathematiker, war von vornherein zum Scheitern verurteilt: »Mathematisch gibt es kein noch so raffiniertes Abstimmungssystem, das sowohl die Wünsche der kleinen wie der großen Staaten stärkt; oder das gleichzeitig Deutschland mächtiger macht, Frankreich aber genauso viel Macht lässt.« Die Herren hätten ebenso gut eine Flasche guten Bordeaux in der Bar des Hotel Negresco trinken und anschließend fröhlich über den Boulevard d'Anglais nach Hause schlendern können. Das hätte zumindest die Stimmung verbessert. Zu Hause hat ohnehin kein Mensch begriffen, was das Ganze überhaupt sollte: 83 Prozent der Deutschen können nicht sagen, worum es bei der Konferenz von Nizza überhaupt ging.

Die europäischen Regierungschefs sind an der Côte d'Azur höchstpersönlich einem Phänomen zum Opfer gefallen, das die Bürger der Gemeinschaft schon seit langem beklagen. Die Vorgänge von Nizza sind geradezu ein Lehrbuchbeispiel für Kompetenzstreit und Bürokratismus. Jeder Bürger, jede Interessengruppe, jede Nation hat eigene Meinungen, Wünsche und Bedürfnisse. Diese so in Einklang zu bringen, dass jeder glücklich und zufrieden ist, ist schlicht und einfach unmöglich. Um zu Kompromissen zu kommen, werden langwierige Verhandlungen geführt, deren komplizierte Ergebnisse einen noch größeren Rattenschwanz an undurchschaubaren Regelungen und Verwaltungsaufwand nach sich ziehen. Dies ist in der Konzeption Europas bislang systembedingt mitangelegt. Wobei man zum Trost ein kluges Wort von Außenminister Fischer anführen sollte: »Manches, was uns heute als Bürokratie erscheint, hat früher auf die Schlachtfelder von Europa geführt.«

Das britische Wirtschaftsmagazin *Economist* druckte unlängst ein aufwändiges Organigramm, das die vielfach verschachtelten Entscheidungsstrukturen der Gemeinschaft veranschaulichen sollte. Zwischen Europäischem Parlament und der Kommission, zwischen dem Europarat und Ministerrat jagen die Pfeile und Wechselbeziehungen nur so hin und her. Als Überschrift wählten die genervten Blattmacher des *Economist* schließlich die Formulierung »Wie Europa funktioniert – mehr oder weniger«. Europas kräftiges bürokratisches Skelett ist eine durchaus ambivalente Erscheinung. Das Gemeinwesen wird von einer Überfülle miteinander verflochtener und sich stabilisierender Knoten der Macht stabilisiert – aber es fesselt eben auch. Rainer Bauböck, Mitarbeiter am Institut für höhere Studien in Wien, beschreibt die positiven Aspekte so: »Wie bei einem gut gebauten Kartenhaus macht die vielfach abgestützte Statik des westeuropäischen Hauses es theoretisch sogar möglich, einzelne Mauern herauszunehmen und auszutauschen, ohne dass das Gebilde selbst zusammenstürzt.«

Die andere Seite der Medaille besteht in zunehmender Bewegungs- und Entscheidungsunfähigkeit. Schon ein flüchtiger Blick auf das Konstrukt nährt den Verdacht, dass das, was oben gewollt wird, niemals unten ankommt. Umgekehrt besteht ebenso geringe Aussicht, dass das, was unten gewollt wird, jemals oben bemerkt wird. Die Institutionen der EU sind so oder so reformbedürftig, denn wollte man das derzeitige Organisationsmodell in die Zukunft fortschreiben, böte dies geradezu fantastische Aussichten. Der halbjährige Wechsel der Präsidentschaft hätte beispielsweise zur Folge, dass jeder Staatschef der 28 Mitglieder vierzehn Jahre warten müsste, bis er einmal Präsident spielen darf. Mit mehrfachen Zwischen- und Hauptgipfeltreffen in den jeweiligen Hauptstädten führt das reihum gereichte Präsidentenzepter bereits heute zu einem ausgiebigen touristischen Programm.

Während Außenminister Joschka Fischer im Jahr 2000 auf dem historischen Parkett der Humboldt-Universität noch vorsichtig versuchte, eine neue Planungsdiskussion anzumahnen, hat der Bundeskanzler im Frühsommer 2001 diese Baustelle über die Brücke eines SPD-Leitantrages betreten. Schröders Nizza-Schock ist allen Eingeweihten bekannt. Der deutsche Kanzler macht seitdem aus seiner Meinung, dass die Kooperation von Staaten für Europa nichts tauge, keinen großen Hehl mehr. Er versucht stattdessen, das deutsche föderative Modell auf Europa zu übertragen. Einziges Manko: Dass die EU wie ein Bundesstaat funktioniert, ist leider ausgeschlossen.

Welche Konsequenzen hätte denn die daraus resultierende konkurrierende Gesetzgebung? Artikel 31 des deutschen Grundgesetzes lautet: »Bundesrecht bricht Landesrecht.« Würde die Brüsseler Exekutive also über die Reste der nationalen Staaten dominieren? Sollen die europäischen Völker ihre Vertretung wirklich einem gemeinsamen Parlament überlassen, mit direkt oder indirekt gewählten Abgeordneten, die aus 28 Staaten kommen und 24 Sprachen sprechen? Lässt sich so eine europäische Regierung kontrollieren? Man stelle sich vor: Gerhard Schröder nimmt in diesem Parlament auf der Bundesratsbank Platz, neben den Ministerpräsidenten von Estland und Malta. Und führt am Rande der Sitzung mit Wolfgang Clement und Edmund Stoiber, die gerade ohne Stimmrecht als so eine Art Landräte an der Sitzung des Ausschusses für Regional- und Agrarfragen teilgenommen haben, einen Plausch über die Vorgänge weit weg in der deutschen Provinz.

Die Antwort kam sogleich – und zwar aus Frankreich. »Das ist eine platonische Debatte«, meldete sich Premierminister Lionel Jospin genervt zu Wort, »das spielt sich im Himmel der Ideen ab, aber wissen Sie überhaupt, was Föderalismus bedeutet?« Die Aufklärung en détail übernahm dann sein Europaminister Pierre Moscovici: »Frankreich wird in der EU niemals das sein, was Arkansas in den USA ist.« Und er fügte der Deutlichkeit halber noch hinzu: »Der Präsident der Republik kann nicht in einer zweiten Kammer des Europäischen Parlaments gleichberechtigt neben dem Regierungschef von Malta sitzen, wie in Washington die Senatoren von Texas und Wyoming.« Franzosen, Engländer und Skandinavier sind äußerst skeptisch gegenüber dem deutschen Vorstoß.

Die Idee, die Staatsregierungen Europas nach deutschem Vorbild zu einem »Bundesrat« zu formieren, also zur zweiten Kammer des Europäischen Parlaments in Straßburg, kommt nicht gut an. Auch der Gedanke, die Brüsseler EU-Kommission zu einer starken Bundesexekutive auszubauen, die das europäische Konstrukt überwölbt, löst bei unseren Nachbarn heftige Immunreaktionen aus. »Kann am deutschen Föderalwesen Europa genesen?«, hinterfragt Herbert Kremp in der *Welt* den »Radikalismus der Integration«, der letztendlich auf einer »germanischen Idee« beruhe. Bei allem Verständnis für das kleinliche Gefeilsche von Nizza schimmert hier eben doch eine deutsche Schwäche durch: der Hang zum großen Wurf und die Geringschätzung von sich durchwurstelndem politischem Pragmatismus.

Doch jedes europäische Konzept muss von der Realität ausgehen: Europa ist eine Föderation der europäischen Völker, aber es gibt kein europäisches Volk. Es mag irgendwann eine europäische Verfassung geben, aber es wird keinen europäischen Staat geben. Auch die nationalen Parlamente betrachten sich keineswegs als Auslaufmodelle. Eine starke Brüsseler Regierung bei (garantiert!) unverändert starken nationalen Regierungen würde zum institutionalisierten Kompetenzstreit führen. Erfahrungen aus der Wirtschaft sind zwar nicht direkt übertragbar, zeigen aber ähnliche Probleme: Zwischen großen, relativ selbstständigen unternehmerischen Einheiten und einer Holding werden durch die jeweiligen Controller häufig völlig unproduktive Stellvertreterkriege geführt, die den Sitzungsbedarf erhöhen, nicht aber die Wertschöpfung. Nichts wäre schlimmer für Europa als ein noch größerer Gewaltenmischmasch.

Engländer und Franzosen werden ihre Souveränität nicht an einen Bundesstaat abtreten. Auch nicht die neuen, nach der kommunistischen Herrschaft wiedergeborenen Demokratien Osteuropas. In jeder Erfolg versprechenden Lösung bleibt der Europäische Rat, also die Versammlung der Staats- und Regierungschefs oder ihrer Minister, die entscheidende Instanz. Und das EU-Parlament sollte nicht so sehr einem nationalen Parlament nachgebildet sein, sondern die großen Ziele Europas definieren. Angesichts der Tatsache, dass immer mehr Themen transnationale Aspekte haben – vom Umweltschutz bis zum Welthandel –, kann man davon ausgehen, dass das Europäische Parlament ohnehin mit weit mehr Aufgaben konfrontiert wird, als es überhaupt bewältigen kann.

Im Mittelpunkt der europäischen Konzeption muss stehen, dass die Europäer im globalen Konzert mit einer Stimme ihre Interessen vertreten. Der ehemalige Sicherheitsberater des amerikanischen Präsidenten Henry Kissinger fragte einmal: »Europa? Welche Nummer muss ich denn da wählen?« Ihm sollte geholfen werden. Der Gedanke in Schröders Europa-Papier, die Außen- und Verteidigungspolitik in den Mittelpunkt zu stellen und stattdessen die Regional- und Agrarpolitik auf nationale und regionale Ebene zurückzufahren, ist deshalb durchaus überlegenswert. Dafür müssen allerdings Richtlinienkompetenz, fachliche Zuständigkeiten und ausführende Organe klar definiert werden.

Der frühere Bundespräsident Roman Herzog sagte erst unlängst auf einem Konvent zur Ausarbeitung einer europäischen Grundrechtscharta: »Wir brauchen eine völlig neue Kompetenzverteilung zwischen der Europäischen Union und ihren Gliedern.« Es sei entscheidend, den »Kompetenzwirrwarr« zu ordnen, der zu Unklarheit und Korruption führe. Es besteht eine große Sehnsucht nach Vereinfachung in Europa. Der britische Politologe Timothy Garton Ash bringt den Institutionenstreit so auf den Punkt: »Die einen sagen, die EU braucht mehr Macht und gleichzeitig sichtbare Bürgernähe. Die anderen sagen: Europa braucht weniger Macht, aber dafür besser funktionierende.« (Ash neigt zu letzterer Ansicht.) Der britische Premier Tony Blair hält es für wichtig zu begreifen, dass »heute zwei Dinge gleichzeitig in Europa ablaufen: Devolution, also Regionalisierung innerhalb von Nationen, und Kooperation zwischen den Nationen. In beiden Fällen handelt es sich um Versuche, genau die richtige Ebene zu finden, auf der Entscheidungen getroffen werden sollten.«

Der Ideenwettbewerb – und das ist gut so – wurde in jedem Fall eröffnet. Der französische Politologe Jean-Marc Ferry nimmt sich beispielsweise in seiner Studie »La question de l'Etat européen« der für die Franzosen heiklen Frage des Souveränitätsverzichtes an. Ausgehend von einer Föderation »souveräner Staaten« findet Ferry die Ideallösung in einem »kosmopolitischen Staat«, dessen Völker ihre jeweilige Kultur behalten, aber auf einer einheitlichen Rechtsordnung zusammenleben. Diese postnationale Gesellschaft fußt, laut Ferry, auf drei Säulen: dem »Esprit de la civilité« (Verhandlungen, Kunst des Kompromisses, demokratische Geduld), dem »Esprit de la légalité« (allgemein gültiges supranationales Recht) und dem »Esprit de la publicité« (Partizipation der Bürger am öffentlichen Leben).

Der Weg zu einer besseren Lösung entzieht sich vermutlich der Planbarkeit, weil er nur stolpernd durch Versuch und Irrtum gefunden werden kann. Die Politikwissenschaft tappt hier weitgehend im Dunkeln, niemand kann die Elemente einer künftigen supranationalen europäischen Struktur theoretisch erklären. Diese offene Herangehensweise sollte jedoch nicht als Absichtslosigkeit oder gar Fatalismus missverstanden werden. Für Länder, die mehr Integration wollen, muss es Platz für mehr Integration geben, und die Währungsunion wird in dieser Richtung starken Druck bewirken. Trotzdem wird die aus wirtschaftlichen Gründen geschaffene Einheit weniger wichtig sein als jenes Zusammengehörigkeitsgefühl, das aus dem politischen Willen der Menschen kommt. Das Europa der Zukunft ist kein Schmelztiegel der Kulturen wie die Vereinigten Staaten. Amerikanische Bürger, egal woher sie kommen, wollen möglichst schnell Amerikaner werden. Europäische Bürger, egal wo sie leben, wollen Deutsche oder Franzosen, Italiener oder Spanier bleiben. Was sollte denn Europa sein, wenn nicht multikulturell? »Alles Faszinierende auf diesem kleinen Territorium hat doch mit diesen wunderbaren vielfältigen Kulturen zu tun«, sagt Timothy Garton Ash. Europa wird von der Vielfalt leben – und es wird mit den Spannungen, die aus der Vielfalt entstehen, leben müssen.

»Die Dänen lachen als Letzte.«
BRÜSSELER SPOTT

Ein Käfig voller Dolmetscher

Die vielfältigen europäischen Sprachen stellen eine reizvolle Vielfalt sicher, können andererseits aber auch die Quelle zahlreicher Missverständnisse sein. Letztere sind bei gemeinsamen politischen Entscheidungen, Richtlinien und Verordnungen höchst unerwünscht. Jeder Bürger der Union hat das Recht, demokratisch als Mitglied des Europäischen Parlaments gewählt zu werden. Es wurde ja nicht nur für polyglotte luxemburgische Bankiers, italienische Professoren oder Grand Prix-Schlagersänger geschaffen. Ein österreichischer Almbauer soll sein Land ebenso vertreten können wie ein portugiesischer Fischer.

So darf von den 626 Parlamentariern (künftig 732) nicht erwartet werden, dass sie fließend eine gemeinsame Sprache sprechen, wie es bei Diplomaten und EU-Beamten der Fall ist. Die EU kommuniziert deshalb in elf Amtssprachen. »Die Dänen lachen als Letzte«, heißt eine Weisheit aus dem Europarlament, die nicht auf mangelnden Humor der Skandinavier, sondern auf die komplizierte Dolmetscherpraxis zurückgeht. Lockert beispielsweise ein Grieche seine Rede durch einen Scherz auf, so wird dieser sich den Engländern und Franzosen dank des Simultandolmetschers sofort erschließen. Der dänische Dolmetscher beherrscht aber in der Regel kein Griechisch und baut deshalb auf dem auf, was seine englischen oder französischen Kollegen dolmetschen – was zur geschilderten Zeitverzögerung führt. Diese Vielsprachigkeit hat praktisch keine Überlebenschance, denn die EU der 28 Mitgliedstaaten, die sich abzeichnet, müsste mindestens 21 Sprachen anbieten. Technisch würde man dann bei 420 möglichen Sprachkombinationen landen – eine völlig ausgeschlossene Prozedur.

Insgesamt werden von den europäischen Gremien 250 fest angestellte und 1 000 freiberufliche Dolmetscher beschäftigt. Und diese sind viel auf Reisen: Das Parlament hält seine monatlichen Plenartagungen in Straßburg ab, zusätzliche Sitzungen des Gremiums können in Brüssel stattfinden. Alle zwei Wochen darf sich der ganze Parlamentstross auf einen Tapetenwechsel freuen. Die Ausschüsse und Fraktionen wiederum tagen in Brüssel oder anderswo in Europa, mal ganz abgesehen von zahlreichen Treffen parlamentarischer Delegationen in aller Herren Länder. Täglich sind bis zu 500 Dolmetscher im Dauereinsatz und berechnen alleine für die Gremien des Parlaments jährlich 50 000 Dolmetschertage. Schon das Amtsblatt der Europäischen Union umfasst etwa 50 000 Seiten und muss in elf Sprachen übersetzt werden, die sich zu einem babylonischen Papierturm aufschichten.

Babel heißt auf Deutsch Wirrsal und beschreibt damit ziemlich treffend den Alltag europäischen Regierens und Verwaltens. Beim Streit um die Sprachen wird stets deren symbolische, kulturelle und identitätsstiftende Rolle in den Vordergrund gestellt. Bei dieser Argumentation handelt es sich aber in Wahrheit um eine reine Nebelkerze. Tatsächlich geht es auch hier um Prestige und Macht. Sprache ist schon allein deshalb ein politischer Machtfaktor, weil derjenige, der in seiner Muttersprache vortragen und verhandeln kann, rhetorisch überlegen ist und weniger Anstrengungen machen muss, um aufmerksam zu bleiben. Deutsche Beamte sind beispielsweise von der Regierung angehalten, selbst dann in Deutsch zu sprechen, wenn kein Dolmetscher greifbar ist (woran sie sich aber meist nicht halten).

Bislang sind alle Versuche, das Sprachenknäuel zu entwirren, gescheitert. Die Vorschläge sind mitunter auch kaum an Absurdität zu übertreffen: So sollte es bei einer Verständigung auf wenige Arbeitssprachen den jeweiligen

Muttersprachlern untersagt sein, ihre eigene Sprache zu benutzen. Motto: Sonst haben sie einen unzulässigen Vorteil. Merke: Alle sollen es gleich schwer haben mit der EU. Und tatsächlich ist diese Regelung in einigen Ausschüssen bereits verwirklicht. Engländer müssen dort Französisch sprechen und Franzosen Englisch! Die Deutschen wiederum tragen schon mal zur Verwirrung bei, weil sie dem Teilnehmer einer Diskussion auf Englisch antworten, selbst wenn etwa ein italienischer Beamter sie in fließendem Deutsch anspricht.

Wer eine effizient arbeitende europäische Gemeinschaft wünscht, wird bald eine pragmatischere Sprachregelung finden und sich auf wenige große Verkehrssprachen einigen müssen. Der Duisburger Soziolinguist Ulrich Amon hat die Frage untersucht und sieht die Konzentration auf das große Trio Englisch, Französisch und Deutsch als die machbarste und effizienteste Reformversion an, wobei Englisch zweifelsfrei die Rolle der Lingua franca, der Hauptverkehrssprache, zufallen würde. Die Mitgliedstaaten mit anderen Sprachen würden dann aus einer der drei großen Sprachen in ihre jeweilige Amtssprache übersetzen. Wobei auch dies nach EU-Manier wahrscheinlich in einem Kompromiss verkompliziert wird. Die EU klassifiziert die Sprachen nämlich in drei verschiedene Bereiche, in die Arbeits-, Amts- und Unionssprachen. Die Arbeitssprache ist die Sprache, in der die Organe der EU intern kommunizieren. Die Amtssprachen sind die Sprachen, in denen die Rechtsakte und sonstigen Handlungen der EU rechtlich verbindlich sind. Die Unionssprachen sind für die Kommunikation der Organe der Union mit allen Mitgliedsstaaten und ihren Bürgern zu verwenden. Die Kompromissformel lautet: Englisch als Arbeitssprache, Englisch, Französisch und Deutsch als Amtssprachen. Alle anderen weiterhin als Unionssprachen.

»Die Effizienz eines politischen Systems ist nicht zwangsläufig Widersacher der Demokratie, sondern zuallererst ihre Grundvoraussetzung«, schreibt der Autor Andreas Ross in einem Beitrag für die *Frankfurter Allgemeine Zeitung*, »ausgerechnet die größeren Staaten drücken sich am meisten um die Sprachenreform herum. Sie sollten sich ein Beispiel an kleinen Ländern wie den Niederlanden nehmen.« Auch Nationen wie Finnland und Dänemark, Polen und Ungarn haben sich schon lange mit der Vormacht der großen Sprachen arrangiert und verstehen es zugleich, ihre eigenen Sprachkulturen zu bewahren. Die jungen Leute aus kleineren Nationalstaaten werden ihren Kollegen aus den großen Ländern bald voraus sein, weil sie, wie zum Beispiel die Finnen, ganze Bildungsgänge in Englisch absolvieren.

Während sich manch einer im europäischen Haus lieber gar nicht als in einer ungenehmen Sprache verständigt, zieht die Karawane draußen im richtigen Leben längst weiter. Auch sprachlich schafft die Globalisierung Fakten, die von der Europäischen Union zur Kenntnis genommen werden müssen. International ausgerichtete europäische Unternehmen wie DaimlerChrysler oder Aventis, SAP oder Nokia kommunizieren auch in ihren Heimatbüros oft in Englisch. Wer etwa bei SAP im badischen Walldorf durch die Eingangspforte tritt, verlässt den deutschen Sektor. Man stelle sich vor, die Geschäftsleitung würde darauf bestehen, dass die leitenden Angestellten mit Partnern in anderen Ländern auf Deutsch parlieren! Dennoch bleiben die heimischen Traditionen wach und lebendig. Spätestens in der Kantine: Da heißen in Walldorf oder Stuttgart die Spätzle auch weiterhin Spätzle, genau wie in Straßburg das Sauerkraut »choucroute«. Englisch ist als einfacher gemeinsamer Kommunikationsnenner schlicht praktisch, aber es wird in der Regel komplementär zur Muttersprache bleiben. Am Flughafenschalter in Los Angeles gibt es Auskunft in 115 Sprachen. Auch die regionalen europäischen Sprachen werden von den Menschen weiter als Teil ihrer Identität verstanden werden. Man sollte sie allerdings in der Heimat pflegen, wo sie das gemeinsame europäische Haus stärker und vielfältiger machen, und nicht in Brüssel, wo es für alle zur Mühsal wird.

Im Internet verständigt sich mehr als jeder Zweite in Englisch (57,4 Prozent), es folgen Japanisch (8,8 Prozent), Deutsch (6,2 Prozent), Chinesisch (4,4 Prozent), Spanisch

(4,3 Prozent) und Französisch (4,2 Prozent). Das informelle und sich selbst organisierende Sprachgeschehen im weltweiten Datennetz ist um ein Vielfaches effizienter als der EU-Sprachbürokratismus. Er gibt obendrein zahllosen Menschen schnellen Zugang zu Informationen und transparenten Einblick – also genau das, was der EU so fehlt. Das überwiegend englischsprachige Internet ist ein Werkzeug der Veränderung und ein Lösungsmittel gegen verkrustete Strukturen. Das flexible Netz muss für eine demokratische und offene europäische Kommunikation Modell stehen, nicht ein Käfig voller Dolmetscher.

»Beamte schaffen sich selber Arbeit.«
Cyril Northcote Parkinson

Im Dschungel von Richtlinien und Verordnungen

Bürokratie entwickelt nach dem parkinsonschen Gesetz ein baldiges Eigenleben. Parkinson, ein englischer Organisationstheoretiker, formuliert es so: »Beamte oder Angestellte schaffen sich selber Arbeit.« Die Größe einer Organisation und fehlender Wettbewerb führen fast zwangsläufig zum Wachstum des Apparats und münden in Schwerfälligkeit und schließlich in Verwaltung zum Selbstzweck. Die Auswüchse der Bürokratie und die Krise der Institutionen haben Europa zu einem gefesselten Riesen werden lassen. Der institutionalisierte Kompetenzstreit führt zu einer Aufblähung der Verwaltung.

Wobei man der Fairness halber jedoch sagen muss: Dies ist keineswegs ein EU-spezifisches Problem. Mit 20 000 Beamten in Brüssel ist die Verwaltung der EU nur halb so groß wie die Stadtverwaltung von Paris. Eine Stadtverwaltung leistet allerdings zum überwiegenden Teil öffentliche Dienste, während EU-Funktionäre fast ausschließlich Verordnungen, Anweisungen, Vorschriften und Normen kreieren. Ein EU-Beamter kostet den Bürger der Union im Durchschnitt 8,06 Euro pro Jahr. Das scheint nicht viel, denn der Betrag wird von jedermann alleine schon durch die geglückte Liberalisierung des Telefonmarkts wieder eingespart. Doch diese Rechnung ist leider zu schön, um wahr zu sein. Nirgendwo ausgewiesen sind die immensen volkswirtschaftlichen Kosten, die durch unsinnige EU-Vorschriften oder -Subventionen vergeudet werden. Was theoretisch zur Harmonisierung eines gemeinsamen Marktes sinnvoll erscheint, entpuppt sich praktisch oft als blanker Unsinn, der vielfach auch noch großen Schaden anrichtet. Vom tiefsten Süden bis in den höchsten Norden klagen die Bürger über Brüssels immer neue Einfälle.

Die Friseure des italienischen Badeortes Jesolo bei Venedig können ein Lied davon singen. So ist es ihnen ab sofort untersagt, den Rasierschaum mit Pinseln anzurühren und aufzutragen. Obwohl die Pinsel abgekocht werden, hat das ferne Brüssel dekretiert, dass es sich hier um einen Fall von mangelnder Hygiene handele. Das wäre nicht weiter der Rede wert, wenn man – wie andernorts auch – schulterzuckend über die Brüsseler Direktive hinweggehen könnte. Doch der neue Bürgermeister will jetzt den EU-Standard durchsetzen. Da sich die Anschaffung von speziellen Rasierschaummaschinen aber nicht lohnt, wird das Rasieren als traditionelle Dienstleistung italienischer Friseure wohl bald abgeschafft (und eine Reihe der kleinen Friseursalons gleich mit).

Noch nicht einmal beim Badengehen sind die EU-Bürger vor ihren Bürokraten sicher. In einer Vorlage beklagen sie, dass der Begriff »Baden« in der EU nicht klar definiert sei. Damit soll jetzt Schluss sein. In einer neuen europäischen Richtlinie heißt es: »Baden bedeutet im Sinne dieser Richtlinie: jeder direkte Körperkontakt mit Wasser, bei dem der Kopf in das Wasser eingetaucht wird und/oder die Gefahr des Schluckens von Wasser besteht.« Nach dieser Richtlinie badet ein großer Teil der Europäer wohl recht selten.

Selbst im fernen Lappland mischt sich die EU-Bürokratie jenseits aller Vernunft ein.

So zieht die Volksgruppe der Samen hoch im Norden seit Menschengedenken mit ihren Rentieren umher. Im Sommer strebt der Treck zu den Weiden hoch oben am Polarkreis, im Winter ziehen sie sich zurück auf Gebiete im Landesinneren. Dieser Rhythmus hat sich in der lebensfeindlichen Tundra als traditionelle Überlebensstrategie herausgebildet. Seit dem Beitritt Finnlands und Schwedens zur EU dürfen die Tiere nun nicht mehr traditionell während der Wanderungen im Freien geschlachtet werden, sondern müssen dafür eigens in Schlachthäuser verfrachtet werden. Die EU spendiert deshalb viele Millionen Euro für den Bau von Schlachthäusern. Die Rentiere werden nun in Viehtransportern über hunderte von Kilometern durchs Land gequält. Außerdem gibt es jetzt Kopfprämien für Rentiere, weshalb die Tiere überhand nehmen und beträchtliche Schäden an der empfindlichen arktischen Flora und Fauna entstehen. Im Ergebnis leidet die Umwelt und eine traditionelle Lebensform wird zerstört. Durchaus typisch auch, dass die EU gleichzeitig in ihren Topf zur Unterstützung von Minderheiten greift und weitere Millionen in die Hand nimmt, um die Traditionen der samischen Minderheit zu erhalten und zu fördern.

Viele fleißige Menschen machen sich in Brüssel und Straßburg Gedanken darüber, was im einheitlichen Europa so alles geregelt gehört. Dafür stehen zwei verschiedene Arten von Rechtsvorschriften zur Auswahl: Richtlinien und Verordnungen. Richtlinien geben den Mitgliedsstaaten lediglich einen Rahmen vor, innerhalb dessen diese sich mit eigenen Gesetzen bewegen können. Anders die Verordnungen: Sie sind sofort EU-weit geltendes Recht. In guten Jahren spuckt der EU-Apparat schon mal über 3000 Verordnungen aus, beispielsweise zur »Festsetzung von Qualitätsnormen für Tomaten« oder zur »Aussetzung des bei der Einfuhr von kleinblütigen Rosen mit Ursprung in Israel zu erhebenden Präferenzzolls und Wiedereinführung des Zolls des Gemeinsamen Zolltarifs«.

Es gibt kaum einen Lebensbereich, der einem der 432 (!) Brüsseler Ausschüsse für dringenden Regulierungsbedarf zu abseitig wäre, ob im »beratenden Ausschuss für die Ausbildung von Hebammen« oder im »Ausschuss zur Anpassung der Richtlinien zur Beseitigung der technischen Handelshemmnisse im Bereich der land- und forstwirtschaftlichen Zugmaschinen«. Eine europaweite Harmonisierung der Steckdosen, Bahngleise oder Flugsicherung ist zwar nicht geglückt, dafür gibt es aber für Traktoren nicht weniger als vierzig Vorschriften. Den »Rückspiegeln von Zugmaschinen« sind zwei Richtlinien gewidmet, die »Scheibenwischer« regelt Richtlinie 74/347, der Fahrersitz wird in den Richtlinien 78/764, 83/190 und 88/465 gewürdigt. Die meisten der Vorschriften basieren wiederum auf den grundsätzlichen Überlegungen der Richtlinie 74/150 zur Betriebserlaubnis der Zugmaschinen. Diese stammt, wie die Nummer dem Kenner verrät, aus dem Jahre 1974, ist also vom Stand der Technik längst überholt und völlig veraltet. Weshalb der ganze Paragraphendschungel jetzt akribisch aktualisiert werden muss, was vermutlich weitere 25 Jahre in Anspruch nimmt.

In einem ähnlichen Procedere bemüht sich die EU seit Jahren um eine europaweit vereinheitlichte Abfallverordnung, verheddert sich aber zunehmend im Streit um Begriffe. Was sind »Abfälle«, was sind »Nichtabfälle«, was sind »Abfälle zur Beseitigung« und was »Abfälle zur Verwertung«? Das Chaos um den EU-rechtlichen Abfallbegriff wird weiter verstärkt, weil insgesamt sechzig als »verbindlich« deklarierte Abfallurteile vorliegen, die sich bedauerlicherweise in zentralen Punkten widersprechen. Was tut die für eine vereinheitlichte Abfallrichtlinie zuständige EU-Kommission in dieser Situation? Wir ahnen es: Sie schafft, wie Ende 2000 geschehen, eine neue Kommission. Das »Komitee für kommunale Abfallwirtschaft« wurde mit folgender Aufgabe betraut: Es sei »erforderlich, einen hinreichend komplexen Abfallbegriff auf Basis kombinierter Kriterien (Abfallart, Intensität des Entledigungswillens, Gefährdungspotenzial des Abfalls/des Abfallgemischs, Emissionen, Üblichkeit und technische Gebräuchlichkeit des Verfahrens, Marktwert und Einstufung bezüglich Abfallrichtlinie) zu entwickeln«. Es gehört nicht viel Fantasie dazu, dieser Kommission ein ewiges Leben vorauszusagen.

»Was der Bauer nicht kennt, frisst er nicht.
Würde der Städter kennen, was er frisst –
er würde umgehend Bauer werden.«
OLIVER HASSENKAMP

Die europäische Agrarmisere

Frühjahr 2001: Egal ob »Tagesschau«, »heute«, »RTL aktuell« oder »ntv-Nachrichten«, auf allen Kanälen lodern die Scheiterhaufen. Die brennenden Rinder- und Schafskadaver wirken wie Blutopfer längst vergangener Epochen. Grausam und hilflos zugleich. Die Menschen sind fassungslos. Plötzlich bricht das Mittelalter in die Moderne ein. Die Massentötungen veranlassen viele Menschen, grundsätzlich über unseren Umgang mit Nutztieren nachzudenken. Die europäische Landwirtschaft soll von Grund auf reformiert werden.

Seit Menschen an einer Variante der Creutzfeldt-Jacob-Krankheit starben, die sich wahrscheinlich an BSE-verseuchtem Rindfleisch infizierten, ist der »Tipping Point« erreicht, der zu tief greifenden Veränderungen in der Landwirtschaft führen wird. Die Rückkehr der besiegt geglaubten Maul- und Klauenseuche nach Europa hat den Prozess nochmals verstärkt. Anders als bei allen vorherigen Landwirtschaftsskandalen – Hormonmast, Nikotineier, Tiertransporte – sitze der BSE-Schock wirklich tief und werde auch noch lange spürbar sein. BSE sei das »Tschernobyl« der Landwirtschaft, sagen die Grünen und sie haben vermutlich Recht damit. Man muss kein Ökoromantiker sein, um sich zu gruseln, wenn man im Fernsehen sieht, wie Veterinäre und Gesundheitspolizisten mit professioneller Schnelligkeit und Präzision ganze Tierherden töten und Soldaten riesige Gruben ausheben, in die sie mit Bulldozern die

Kadaverberge hineinschieben. »Was soll ich sagen? Jetzt sind sie alle in der Grube«, antwortete ein britischer Farmer auf Reporterfragen.

Bilder aus unserer Kindheit werden wach. Beide kommen wir vom Land, beide sind wir in bescheidenen Verhältnissen aufgewachsen, beide haben wir den Schritt von der Agrar- in die Industriegesellschaft auch lebensgeschichtlich vollzogen. Durch unsere Kindheitserinnerungen weht der Duft selbst gebackenen Brotes mit Zuckerrübensirup. Solche nostalgischen Gefühle mögen aus heutiger Perspektive vielleicht ein wenig romantisch gefärbt sein, doch wir haben den harten Überlebenskampf und die materielle Not der kleinbäuerlichen Existenz nicht vergessen. Nachdem die Äcker abgeerntet waren, gingen die Kinder aufs Feld, um die verbliebenen Ähren aufzulesen und sie gegen Mehl zu tauschen. Im Wald wurden Bucheckern gesammelt, für die man Öl bekam. Fleisch war ein seltener Festtagsschmaus. Im Winter wurde eines der Schweine geschlachtet, die das ganze Jahr über auf dem Hof und der Wiese umherliefen. Wir sahen zu, wie es vom Metzger fachmännisch zerlegt und in wunderbare Braten und Würste verwandelt wurde.

In Neckarhausen brach in den fünfziger Jahren auf vierzig Gehöften die Maul- und Klauenseuche aus. Die Betriebe wurden damals vier bis sechs Wochen isoliert. Schwer erkrankte Tiere brachte man zur Verwertungsstelle nach Süssen. Doch 80 Prozent der befallenen Tiere galten damals als leichter erkrankt. Man ließ sie ausheilen und behielt sie weiter im Bestand. Viele erwiesen sich aber auch als so abwehrkräftig, dass sie keinerlei Krankheitssymptome zeigten.

Die Nähe zum Land, das Aufwachsen mit der regionalen schwäbischen Küche machte uns zu Genussmenschen, die sich bis heute über die guten traditionellen Speisen freuen können, die es gottlob in allen Regionen Europas zu entdecken gibt. Doch im Frühjahr 2001 ist auch uns die Lust am Essen vergangen. Diese Bilder ließen niemanden kalt: brennende Kadaver, Bäuerinnen und Bauern, die mit Tränen in den Augen vor ihren leer geräumten Ställen stehen. Und dann die Bilder aus der heute üblichen Tierhaltung, wo Rinder, Schweine und Hühner wie Gegenstände auf engstem Raum und unter grausamen Bedingungen zusammengepfercht werden.

Ist das das Ergebnis der europäischen Landwirtschaftspolitik? Wir können zwar die wunderbaren Auslagen in den Fleisch- und Wurstgeschäften für ein angemessenes Preis-Leistungs-Verhältnis kaufen, aber bei näherer Untersuchung beinhalten die leckeren Brühwürste vieles, was nicht geheuer ist.

Die Landwirtschaftspolitik ist die zentrale Fehlentwicklung des Konzepts Europa. Die europäischen Landwirte wurden jahrzehntelang von der Politik in immer absurdere Produktionsschlachten geführt, mit all dem Zwang zur Massenproduktion auf Kosten der natürlichen Umwelt und unser aller Lebensgrundlagen. In Deutschland ist dabei der Anteil der Landwirtschaft am Bruttoinlandsprodukt auf circa 1 Prozent gesunken, also nicht einmal die Wirtschaftswachstumsrate eines Jahres. Macht das gesamte europäische Subventions- und Verwaltungswesen der Agrarpolitik noch Sinn? Wer denkt eigentlich noch über die europäischen, nationalen und regionalen Kosten der Landwirtschaftsverwaltung, der Subventionsverwaltung und Subventionskontrolle, der Überschusslagerungskosten und der Subvention der Verwertung der mit Subventionen erzeugten Überschüsse nach?

Noch immer steckt die Europäische Union knapp 50 Prozent ihres aus Steuermitteln finanzierten Budgets in den Agrarbereich. Für circa 40 Milliarden Euro werden Stützungskäufe getätigt, Prämien ausgeschüttet, Exporte gefördert und Überschüsse vernichtet. Würde man diese gigantische Summe unter den Landwirten verteilen, so könnte man jedem zu Jahresbeginn einen Scheck über 17 000 Dollar aus Brüssel schicken, stellte die OECD fest. Im Ergebnis gibt dank dieser Subventionen jede Familie in der Europäischen Union im Jahr circa 1 200 Dollar mehr für Lebensmittel aus, als dies nach dem Weltmarktpreis notwendig wäre.

Die Struktur des EU-Haushalts

Ausgaben 1999 in Prozent

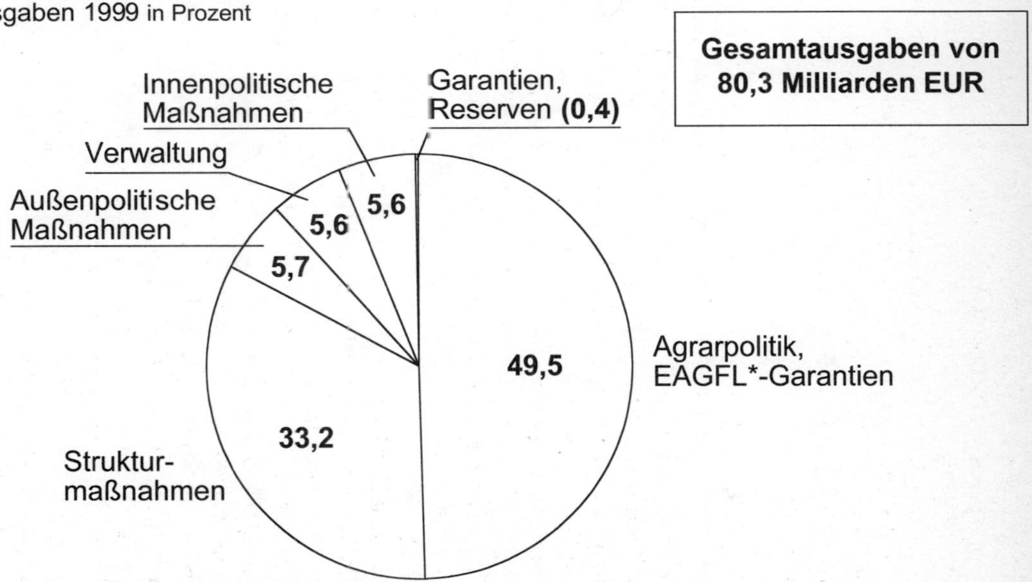

* Europäischer Ausrichtungs- und Garantiefonds für die Landwirtschaft

Quelle: Statistisches Bundesamt, Statistisches Jahrbuch 2000 für das Ausland

Die Brüsseler Agrarbürokratie regiert bis in die entlegensten Winkel des Kontinents. So bekam auch ein alter Bekannter von uns, der Seidl-Almbauer, die EU-Agrarpolitik am eigenen Leib zu spüren. Sein Bauernhof in Kitzbühel war seit langer Zeit eine beliebte Raststätte für Wanderer und geradezu ein Modellbetrieb für Almlandwirtschaft. So hatte er auch nichts gegen den EU-Beitritt Österreichs, denn er war ja ausgewiesen als besonders erfolgreicher Landwirt und Wirt – was sollte einem Höchstleister wie ihm schon passieren? Nach einigen Jahren EU-Zugehörigkeit sieht er das jedoch vollkommen anders. Früher konnte er seine Milch für umgerechnet 22 Cent (früher 3 Österreichische Schilling) pro Liter verkaufen. Jetzt muss er mit einer festgelegten Milchquote leben, die aus dem Durchschnitt seiner früheren Abliefermenge errechnet worden ist. Für jeden Liter, den seine Kühe darüber hinaus geben, erhält er nur noch 13 Cent. Der offizielle Preis für die Quotenmilch liegt mit 23 Cent leicht über dem alten Preis, doch das System ist mit umfangreichen Schreibarbeiten verbunden. Der Seidl-Almbauer muss sich nicht nur darum kümmern, die Quotenzuteilung zu erhalten und laufend nachzuweisen. Darüber hinaus muss er die festgelegte Spezifikation seiner Milch (Fettgehalt usw.) ständig messen und darüber Buch führen. Das machte die Anschaffung von Mess- und Prüfgeräten notwendig. Wenn die Milch einmal nicht die vorgeschriebene Spezifikation erreicht, bekommt er wiederum nur 13 Cent pro Liter. Wer die Erfahrungen der Almbauern betrachtet, muss nüchtern feststellen, dass der Rückgang der Almwirtschaft durch die Agrarplanung der EU beschleunigt wurde. Nun mag man einwenden, dass die Milchprodukte dafür stabiler und auch das Milchangebot realistischer zu berechnen seien, aber das tröstet die betroffenen Bauern natürlich kaum.

Die Politik der EU-Milchquote führte in ihrer Konsequenz zu einem seltsamen neuen Gewerbe: dem »Sofamelker«. So werden Landwirte genannt, die ihre Kühe abgeschafft haben, aber die Milchquote, ihre Lizenz zur Milchproduktion, verkaufen oder verpachten. Ein Jungbauer ohne Quote muss diese von einem Sofamelker erwerben, weil er sonst keine Milch verkaufen darf. Denn die Planer haben die Höchstmenge zentral beschränkt und in Form von Produktionsgenehmigungen unter den Landwirten aufgeteilt. Die Milchquoten sollen – so ist zu lesen – in den nächsten Jahren weiter erhöht werden, was, trotz der Massentötungen im Zuge von BSE und MKS, zu einem noch größeren Rinderüberschuss führen wird. Denn eine Kuh gibt nur Milch, wenn sie alle Jahre ein Kalb zur Welt bringt – daran konnte auch die EU-Landwirtschaftspolitik nichts ändern.

Gewiss werden jetzt viele intelligente Leute erklären, dass das alles ganz gut funktioniert und dass die Situation vieler Landwirte ohne Subventionen weitaus schlechter wäre. Aber niemand bestreitet, dass das ganze System zusammenbricht, wenn die europäische Agrarpolitik auf die beitrittswilligen Nationen in Osteuropa übertragen wird. Und wenn sich das Bewusstsein der europäischen Konsumenten, die ja auch europäische Wähler sind, so gewandelt hat, dass – wie in Deutschland – jede nationale Regierung Verbraucherschutzminister ernennt und dann die Interessen der produzierenden Bauern mit denen der Konsumenten koordiniert werden müssen. Spätestens dann wird sichtbar, dass die marktwirtschaftliche Funktion auf diesem Sektor grundsätzlich gestört ist.

Die Metapher der Grünen von BSE als dem »Tschernobyl der Landwirtschaft« trifft auf doppelte Weise zu, nicht nur auf die politischen Folgen, sondern auch auf die gemeinsamen Ursachen der Reaktorkatastrophe und der Rinderseuche. Sie lauten Planwirtschaft, Bürokratie und Verantwortungslosigkeit. Die fatale Kettenreaktion nahm ihren Lauf, als man damit anfing, Tiermehl an Wiederkäuer zu verfüttern. Es musste nur noch hinzukommen, dass man die Kadaver in den Verwertungsanlagen nicht mehr ausreichend hoch erhitzte, und die Katastrophe war perfekt. Sie entstand in einem politisch-ökonomischen Umfeld, das seit Jahrzehnten jegliche Marktwirtschaft ausschaltet. Statt von Angebot und Nachfrage wird die europäische Agrarkultur von Bürokraten und Lobbyisten bestimmt, die Steuergelder

der Bürger an alle möglichen Interessengruppen verteilen. Wer aber Milliarden verteilt und damit das Leistungsprinzip außer Kraft setzt, zerstört das unternehmerische Ethos und lockt zwielichtige Gestalten an, die auf das schnelle Geld aus sind. So entsteht ein Milieu gegenseitiger Vorteilnahme. »Der Agrarmarkt in Europa – und vielerorts woanders – heißt zwar Markt, ist aber keiner«, schrieb Otto Graf Lambsdorff. »Die Folge der staatlichen Gängelung ist von Friedrich August von Hayek als Weg in die Knechtschaft beschrieben worden. Die Bauern empfinden sich als Rädchen einer gesichtslosen Bürokratie, die Verbraucher als Opfer eines anonymen Attentäters auf ihre Gesundheit. Jeder weist jedem die Verantwortung zu.«

Trotz der enormen Summen, mit denen Nationalstaaten und EU die Landwirtschaft fördern, wird europaweit alle zwei Minuten ein landwirtschaftlicher Arbeitsplatz abgebaut. Denn wie in so vielen subventionierten Bereichen kommen auch in der Landwirtschaft die Gelder nicht dort an, wo sie eigentlich gebraucht würden. Sie fließen größtenteils in die Weiterverarbeitung, die Lagerung, die Exportförderung und in Preisstützungsmaßnahmen. Vom Rest bedienen sich in der Regel die findigsten und nicht unbedingt die tüchtigsten Bauern. »Wir haben mit unserer Politik nicht zu verhindern gewusst,« erklärte 1992 der damalige EU-Agrarkommissar MacSharry, »dass die Landwirte in Scharen ihre Tätigkeit aufgeben. Eine weitere Fehlentwicklung ist die Tatsache, dass 80 Prozent der Mittel an nur 20 Prozent der landwirtschaftlichen Betriebe flossen.« Dabei wird viel mehr Steuergeld verteilt als die erbrachte Leistung am Ende wert ist: eine gigantische Geldvernichtungsmaschine. Bis heute hat sich kaum etwas daran geändert: 90 Prozent der über 40 Milliarden Euro werden immer noch für den Erhalt der bestehenden Marktordnung eingesetzt, wo sie die Umwelt- und Sozialprobleme der Landwirtschaft weiter verschärfen. Dagegen fließen nur 10 Prozent in zukunftsfähige Bereiche wie Agrarumweltmaßnahmen und die Förderung des ländlichen Raumes.

Staatliche Regulierung des Agrarsektors war in der jüngeren Geschichte eher die Regel als die Ausnahme. Bereits im frühen 19. Jahrhundert wurde in England das »Corn Law« erlassen, mit dem der Staat billigen ausländischen Weizen durch Zölle künstlich verteuerte. Damit sollten die britischen Gutsbesitzer vor unliebsamer Konkurrenz geschützt werden. Bald nach seiner Gründung führte auch das Deutsche Reich Schutzzölle für Getreide ein, als Maßnahme gegen Billigimporte aus Nordamerika. Gewerkschaften und Sozialdemokraten protestierten dagegen, um den Arbeitern die billigen Lebensmittel zu erhalten.

In den sechziger Jahren des 20. Jahrhunderts führte der technische Fortschritt in der Landwirtschaft nach und nach zu einem Überangebot, das die Preise für Lebensmittel rasant sinken ließ. Durch diesen Preisverfall sank auch das bäuerliche Einkommen, und der Abstand zu den Löhnen und Gehältern in der Industrie wurde immer größer. Der Beruf des Landarbeiters starb in Deutschland und anderen europäischen Staaten fast gänzlich aus. Viele Kleinbauern gaben ihre Höfe auf. All das führte jedoch zu keiner Verknappung der Nahrungsmittel, sondern wurde durch den Produktivitätsfortschritt aufgefangen. 1950 ernährte ein Bauer zehn Menschen, heute hundert.

Immer häufiger fühlte sich jetzt der Staat berufen, den Strukturwandel in der Landwirtschaft durch Marktregulierung zu steuern. Mit Schutzzöllen und Interventionen am Binnenmarkt wurden die Erzeugerpreise gestützt. Weil die Signalwirkung des Marktes dadurch ausgeschaltet war, produzierten die Bauern immer größere Überschüsse. Diese mussten kostspielig gelagert oder mit Hilfe weiterer Subventionen exportiert werden. Um dieser Überschüsse Herr zu werden, führte die EU in den achtziger Jahren das Flächenstilllegungsprogramm und das Quotensystem für Milch ein. Ab da erhielten die Landwirte einerseits Zuschüsse für das Produzieren, andererseits aber auch für das Nichtproduzieren. Die Planwirtschaft hatte sich selbst ad absurdum geführt.

»BSE ist eine sozialistische Krankheit«, schrieb der französische Ökonom Henri Lepage. Das trifft zu, denn die Seuche wurde durch ein System entfacht, das durch und durch auf Planung und Regulierung setzt. Trotz gewaltiger Überschüsse werden sinnlose Ernteschlachten geschlagen. Viele Subventionen belohnen Verschwendung und Umweltzerstörung – ein Effekt, der in der angelsächsischen Welt »perverse subsidies« genannt wird. Wie einst im Ostblock verseuchen die Güllestöme aus Tiermastanlagen Böden, Grundwasser, Flüsse, Seen und die Küstenbereiche von Nord- und Ostsee. Forstwissenschaftler fanden heraus, dass die Ammoniakdämpfe aus der Massentierhaltung die Hauptursache für die Versauerung der Waldböden bilden. Ökologen errechneten, dass 70 Prozent des Artenrückgangs in Mitteleuropa auf das Konto der Landwirtschaft gehen. Denn übertriebene Düngung vermindert die biologische Vielfalt drastisch. Nur wenige Pflanzenarten kommen mit dem Nitratüberschuss im Boden klar. Dafür wachsen diese dann besonders dicht und krautig. So bleibt es auf den Wiesen in Bodennähe feucht und kalt. Das ist tödlich für viele kleinere Wildtiere, zum Beispiel am Boden brütende Vögel wie das Rebhuhn, das in unserer Kindheit ein überaus häufiger Vogel war. Geleitet von Subventionen verteilen Bauern deutschlandweit etwa drei Millionen Tonnen Kunstdünger und ungezählte Hektoliter Gülle auf Äckern und Wiesen.

Bürokratische Agrarpolitik fördert obendrein Tiertransporte und grausame Formen der Massentierhaltung. Hühner, Schweine und Rinder fristen oftmals ein qualvolles Dasein in düsteren Ställen auf engstem Raum. Schweinen beispielsweise wird in der bisherigen Haltungsverordnung weniger als ein Quadratmeter Bewegungsfläche auf Betonspaltenboden zugestanden. Durch die drangvolle Enge und die üblichen Transporte von den Zucht- zu den Mastbetrieben können sich Seuchen besonders leicht ausbreiten. Bei der großen Schweinepest von 1997 wurden allein in Holland dreizehn Millionen Schweine getötet. Diese unvorstellbare Vernichtungsaktion ist durch BSE und MKS schon wieder in Vergessenheit geraten. Die finanziellen Folgen des Desasters trugen die Steuerzahler: Mit 800 Millionen Mark förderte Brüssel die Tötungsaktion. Das BSE-Notschlachtungsprogramm der EU umfasst 125 Millionen Mark und stammt aus Geldern der »Gemeinschaftsaufgabe Verbesserung der Agrarstruktur und des Küstenschutzes«, also dem Posten, der eigentlich für eine neue Agrarpolitik genutzt werden sollte. Müssten sich Tierzüchter privat gegen Seuchen versichern, so würde sich je nach Versicherungsrisiko rasch eine Differenzierung der Prämien ergeben.

In den über 400 Brüsseler Ausschüssen werden Pläne ausgetüftelt, die kein Bürger – und kaum ein Experte – mehr nachvollziehen kann. Sogar die Mindestgröße von Knoblauchzehen und der Krümmungswinkel von Gurken werden dort festgelegt. Schriftstücke der EU zählen zu den schaurigsten Beispielen bürokratischer Regelungswut. So gibt es eine über ein Dutzend Seiten und siebzehn Artikel umfassende »Verordnung Nr. 1601/91 des Rates vom 10. Juni 1991 zur Festlegung der allgemeinen Regeln für die Begriffsbestimmung, Bezeichnung und Aufmachung aromatisierter weinhaltiger Getränke und aromatisierter weinhaltiger Cocktails«. Geregelt und normiert werden darin so bedeutende europäische Wirtschaftsgüter wie »Kalte Ente« und »Maibowle«.

Welcher Aberwitz diese Agrarplanwirtschaft regiert, zeigt sich besonders schön im Frühling, wenn Deutschland gelb erbluht. Rund 400 Euro staatlichen Zuschuss pro Hektar kassieren Landwirte dafür, dass sie Raps anbauen. Obendrein können sie für den gleichen Hektar noch rund 250 Euro Stilllegungsprämie beziehen. Denn ein Feld mit Raps, der nicht zu Lebensmitteln verarbeitet wird (also etwa zu Rapsdiesel), gilt in der Bürokratenwelt als Brache.

Die europäischen Steuerzahler müssen hilflos mit ansehen, wir ihr Geld in Wirtschaftszweigen vergeudet wird, die unwirtschaftlich, umweltschädlich und alles andere als zukunftsfähig sind. So wird der Tabakanbau in Europa mit etwa 1 Milliarde Euro im Jahr subventioniert, obwohl sich die EU-Kommission für ein Zigarettenwerbeverbot ausspricht und eine Kampagne gegen das Rauchen mit rund 10 Millionen Euro im Jahr unterstützt.

Mit circa 1,25 Milliarden Euro an Subventionen werden

Maiskulturen gefördert, eine Form des Ackerbaus, die zur Auswaschung der Böden führt und die Gewässer belastet. Durch geschickte Lobbyarbeit schaffen es die Bauernvertreter aus den Mitgliedsländern immer wieder, Geld für alle möglichen Spezialinteressen locker zu machen. Es gibt Subventionen für die Lieferung von Zuchtkaninchen an die französischen Überseedepartements, für die Zucht von Seidenraupen, für die Lagerung von Tintenfischen und auch für die einzige »europäische« Ananaskonservenfabrik auf der französischen Karibikinsel Martinique.

Nach außen ist die Agrarplanwirtschaft der EU abgeschottet. Doch gerade die ärmsten Länder haben oft außer Agrarprodukten nichts zu verkaufen. Die Einfuhrbeschränkungen Europas und Nordamerikas verhindern Einnahmen von circa 40 Milliarden Dollar, die die Entwicklungsländer durch Agrarexporte erwirtschaften könnten. Nicht nur die Anbauländer, sondern auch die europäischen Verbraucher sind die Leidtragenden solcher Handelsschranken. So hätten Bananen jahrelang viel preisgünstiger sein können, wenn nicht die EU mit einem komplizierten System von Zöllen und Importkontingenten Bananen aus Mittel- und Südamerika den Zugang zum europäischen Markt verwehrt hätte. Das Zollregime bevorzugte dagegen einige Ex-Kolonien europäischer Staaten und die französischen Überseegebiete. Da in Lateinamerika die Wirtschaftsinteressen großer Fruchtkonzerne aus den USA betroffen waren, konterten die Vereinigten Staaten mit Handelssanktionen gegen die EU im Wert von über 200 Millionen Euro. Von freier Marktwirtschaft keine Spur.

Doch die eigentlichen Verursacher der Agrarmisere sind weniger in Franz Fischlers Kommission zu suchen. Dort ist in den vergangenen Jahren echter Reformwille herangereift. Die wahren Bremser sind die Landwirtschaftsminister der Mitgliedsstaaten, die bisher jede tief greifende Erneuerung verhinderten. Das wurde im Jahr 2000 sehr deutlich bei den langwierigen Verhandlungen um die »Agenda 2000«, die lang geplante große EU-Agrarreform. Die Kommission wollte die umweltschädliche Maisprämie abschaffen und

Direktzahlungen an Landwirte verbindlich an Umweltauflagen koppeln. Doch die Regierungschefs der einzelnen Mitgliedsstaaten verhinderten diese Pläne. Lutz Ribbe, Agrarexperte der Stiftung EURONATUR und Mitglied im Wirtschafts- und Sozialausschuss der EU, beschäftigt sich seit vielen Jahren mit den Irrwegen der europäischen Landwirtschaftspolitik. »Die negativen Ergebnisse sind nicht der Agrarkommission anzulasten«, sagt Ribbe, »sondern den EU-Mitgliedsstaaten. Wenn diese ihre Haltung ändern, rennen sie in Brüssel offene Türen ein.«

Die Regierungen der Mitgliedsstaaten stehen ihrerseits unter dem Druck der Bauernverbände. Über die mächtige französische Bauerngewerkschaft FNSEA (Fédération Nationale des Syndicats d'Exploitants Agricoles) schreibt *Le Monde Diplomatique*, sie bilde »einen veritablen Staat im Staate« und habe maßgeblich Anteil an den agrarpolitischen Missständen. Über ein Netz von ihr beherrschter Institutionen steuert die FNSEA nahezu den gesamten Agrarsektor, dazu gehören die Landwirtschaftskammern, die Landwirtschaftsbank Crédit Agricole, die Sozialversicherung für Landwirte (MSA), die Landentwicklungsgesellschaften, die Betriebsgründungsausschüsse, die technischen Institute und die Genossenschaften. Überall hält die Bauerngewerkschaft die Fäden in der Hand. Auch vom deutschen Landwirtschaftsministerium hieß es jahrzehntelang (halb ernst gemeint), es sei eine untergeordnete Behörde des Bauernverbands.

Doch im Zuge der berechtigten Kritik sollten wir nicht vergessen, dass die heutigen Formen der europäischen Landwirtschaft im Wettlauf gegen Hunger und Mangel entwickelt wurden. Gewonnene Ernteschlachten und wissenschaftliche Durchbrüche verhalfen der modernen Nahrungsmittelproduktion im 20. Jahrhundert zu einem fantastischen Aufschwung. Immer weniger Landwirte produzieren immer mehr Güter und noch nie konnten so viele Menschen ausreichend ernährt werden wie heute. Ziel der Agrarpolitik in der Europäischen Wirtschaftsgemeinschaft (EWG) war es, billige Lebensmittel für die Masse der Bevölkerung zu garantieren. Vielen Menschen saß der Hunger der Kriegs- und Nachkriegsjahre noch in der Magengrube. Die Fresswelle schwappte in den fünfziger Jahren über Deutschland. Als wertvollstes – weil lange entbehrtes – Lebensmittel galt Fleisch. Damals wurden die ersten Fabrikställe gebaut, um die Erzeugung noch kostengünstiger zu machen. Doch der Pfad zur Agrarfabrik war schon viel früher eingeschlagen worden. Als 1871 in Paris das erste zentrale Schlachthaus Europas eröffnet wurde, erfreute sich das Schlachten am laufenden Band breiter Zustimmung. Aus der neuen Verbindung von Mechanisierung und Tod ging die Fleischindustrie hervor. Gelehrte wie Justus von Liebig propagierten »proteinhaltige Lebensmittel für die Massen«. Sozialaktivisten, darunter Friedrich Engels, forderten eine »Demokratisierung des Fleischverzehrs«. Die Schlachtrufe der Sozialrevolutionäre wurden gründlich befolgt. Europa drängte an die Gulaschkanone. Jahrzehntelang ging alles ohne größere Störungen seinen bürokratischen Gang: Die Lebensmittel wurden in Relation zum Einkommen immer billiger. Anfang der siebziger Jahre war Fleisch kein Festtagsschmaus mehr, sondern gehörte zur alltäglichen Ernährung. Erste Probleme mit Überschüssen tauchten auf, die Zeitungen schrieben plötzlich über »Butterberge«. Doch der Zug der EU-Agrarpolitik fuhr immer weiter in die Richtung, die nach dem Krieg eingeschlagen worden war. Alle schon damals geäußerte Kritik von angesehenen Agrarexperten wie Hermann Priebe (»Die subventionierte Unvernunft«) verhallte mehr oder weniger wirkungslos.

Seit in England Menschen an einer BSE-verwandten Variante der Creutzfeldt-Jacob-Krankheit gestorben sind und BSE auch in deutschen Rinderställen entdeckt wurde, sitzt die Agrarpolitik auf der Anklagebank der Öffentlichkeit. Die Landwirte stehen unter Generalverdacht und mit ihnen die Lebensmittelindustrie und die Politik. So gerechtfertigt die Vorwürfe in vielen Fällen sind, so falsch ist ihre Pauschalität und Einseitigkeit. Denn die Verbraucher waren jahrzehntelang nicht nur arme Opfer, sondern auch Nutznießer der bisherigen Landwirtschaftspolitik.

Mit kurzen Unterbrechungen durch verschiedene Skandale herrschte bis zum BSE-Desaster stets ein heimliches Einverständnis zwischen Politikern, EU-Bürokraten, Lobbyisten, Landwirten und Konsumenten. Schließlich wurden die Lebensmittel immer billiger, was neben dem Anstieg der Einkommen ganz erheblich zum allgemeinen Wohlstand beitrug. Vom Stundenlohn eines durchschnittlichen Industriearbeiters konnte man in den fünfziger Jahren acht Eier kaufen, heute 136. In den fünfziger Jahren musste eine Familie noch über die Hälfte ihres Einkommens in Essen und Trinken investieren, heute gibt der deutsche Durchschnittshaushalt in Deutschland nur noch 16 Prozent für Ernährung aus. Das ist kaum mehr als für Freizeit und Reisen. Die ökonomischen und ökologischen Schattenseiten des subventionierten Systems waren über Jahrzehnte kein großes Thema und erregten erstaunlich wenig Unmut in der Bevölkerung. Die meisten Bürger entwickelten kein Bewusstsein dafür, wie viel Geld ihnen aus der Tasche gezogen wurde, um die Landwirtschaft zu stützen. Denn im Steuerbescheid steht nichts über die Verwendung.

Zwar macht die bürokratische EU-Marktregulierung manche Lebensmittel künstlich teurer, wie etwa Zucker und Bananen. Doch in der Tierproduktion wären die gewohnten Niedrigpreise kaum zu halten, wenn Rinder, Schweine und Hühner mit moralisch vertretbaren Methoden gemästet werden würden. Nackenkotelett vom Schwein kostet heute im Angebot halb so viel wie Katzenfutter. Es ist nicht möglich, solche Preise mit tier- und umweltfreundlicher Produktionsweise zu erzielen. Für ein anständig gehaltenes Schwein muss der Bauer bis zur Schlachtreife 273 Euro aufwenden. Mit pharmazeutischen Masthilfen und grausamen Haltungsbedingungen drückt sein Konkurrent die Kosten auf 135 Euro.

Solchem Raubbau an Tieren und Natur soll jetzt ein Ende gemacht werden. Die rot-grüne Bundesregierung hat die Agrarwende beschlossen und das ist im Prinzip auch richtig. Das neue Leitbild Ökolandbau ist sicherlich ein Fortschritt gegenüber der alten Massenproduktion um jeden

Preis. Doch bevor jetzt immer mehr Subventionen in Ökobetriebe umgeleitet werden, wäre es ratsam, einen Moment innezuhalten. Ist es wirklich zukunftsfähig, den Ökolandbau mit Dauerförderung an den staatlichen Tropf zu hängen? Klüger wäre es doch, innovativen Landwirten zeitlich begrenzte Starthilfen zu geben. Auch Ökolandbau ohne Marktwirtschaft wird zu neuen Fehlentwicklungen führen. »Landwirte«, schreibt Otto Graf Lambsdorff, »müssen einen wesentlichen Teil ihres Einkommens am Markt erzielen. Nur wer Verantwortung für seine Produkte trägt, ist in der Lage, die vielfältigen Wünsche des Verbrauchers zu erkennen, sich neue Märkte und Nischen zu erschließen.« Unternehmer haften für ihre Produkte – das ist der beste Verbraucherschutz.

Das Beispiel Neuseeland hat gezeigt, dass eine marktwirtschaftliche Reform funktionieren kann. Ähnlich wie in Europa kam dort das Einkommen der Farmer zu 35 Prozent vom Staat. Doch bereits im Jahre 1984 schaffte eine Labour-Regierung alle Landwirtschaftssubventionen ab. Daraufhin machte nur 1 Prozent der Bauern pleite – weniger als in Europa ohnehin jedes Jahr aufgeben. Heute haben die neuseeländischen Landwirte den Unternehmer in sich entdeckt und wollen nicht mehr zurück zum alten System. Sie haben gelernt, wie gut Freiheit schmecken kann. Dieses Beispiel ist sicherlich nicht auf Europa anwendbar, da unsere Landwirtschaft wichtige Dienstleistungen erbringt, die allen zugute kommen, beispielsweise in der Landschaftspflege. Diese Dienstleistungen können nur aus öffentlichen Mitteln bezahlt werden. Doch das Beispiel Neuseeland zeigt, dass es durchaus möglich ist, neue Wege zu beschreiten und mehr Markt zuzulassen, ohne dass die Landwirtschaft zusammenbricht.

Dies wird auch in den Erfahrungen deutlich, die kürzlich in der Ukraine gemacht wurden. Nach Jahren postkommunistischer Stagnation, in denen die einstige »Kornkammer« des Ostens sogar Getreide importieren musste, brachte ein radikales Privatisierungsprogramm die Wende. Der ehemalige Ministerpräsident Viktor Juschtschenko nannte es »die größte Agrarreform in Europa«. 27 Millionen Hektar Ackerfläche (von insgesamt über 33 Millionen) wurden privatisiert. Ehemalige Kolchosebauern durften Eigentümer werden. Es lohnte sich wieder zu produzieren, da die Preise für Agrargüter freigegeben wurden. Banken waren wieder bereit, Landwirten Kredite zu geben, und die Bauern machten erstmals Gewinne. Seit auf dem Agrarsektor mehr Marktwirtschaft herrscht, exportiert die Ukraine wieder Getreide.

Natürlich kann sich der Staat nicht völlig aus dem Agrarbereich zurückziehen. Denn die Frage, wie produziert wird, mit welchen Methoden und mit welcher Ethik gegenüber Tieren und Natur, betrifft die gesamte Gesellschaft und nicht nur die Landwirte. Staatliche Ordnungspolitik muss klare Vorgaben geben, die für alle gleichermaßen gelten. So sollte Verbraucherministerin Renate Künast Tier- und Umweltschutzstandards für alle Landwirte verbindlich festsetzen. Das ist durch die Reform weniger Verordnungen möglich. Doch auf dieser Grundlage sollten die neuen Agrarunternehmer selbst um ihre Kunden konkurrieren. Denn der große Volksentscheid über die Ökologisierung der Landwirtschaft findet an der Ladentheke statt. Wer mehr Umweltschutz und weniger Tierquälerei will, muss – zumindest bei Fleisch und Wurst – höhere Preise akzeptieren. Er sollte auf die regionale Herkunft und Qualität der Produkte achten und die alten Genüsse neu entdecken.

Das Streben nach Vereinheitlichung innerhalb der EU ist in der Landwirtschaft auf ganzer Linie gescheitert. Hier fehlte föderalistischer Geist, das Denken in Regionen. Die Küche ist immer regional. Europäer kaufen zwar – wie Amerikaner – am häufigsten im Supermarkt. Doch sie wollen auf ihre Wochenmärkte nicht verzichten, wo die landschaftstypischen Weine und Brote, die traditionsreichen Käse und Würste angeboten werden. Für uns sind die bunten Wochenmärkte auf europäischen Plätzen die schönste Form der Marktwirtschaft.

»Eine Welt ohne Unterschiede, in der sich alles nach dem kleinsten gemeinsamen Nenner richtet, ist für uns uninteressant.«
SIR MICHAEL PERRY

Erfolg und Lebensqualität: Produkte Made in Germany

Lufthansaflug von München nach Genf. Der vordere Kabinenteil wird von der BMW-Mannschaft gehalten, hinten ist alles in Audi-Hand. Rechts sitzt ein Herr aus Ingolstadt, links ebenfalls. Tohuwabohu in dem überbuchten Flugzeug. Durchsage der Crew: »Sind alle Passagiere sicher, dass sie nach Genf wollen?« Einer muss raus. Allgemeine Heiterkeit. Mit einer halben Stunde Verspätung geht es los. Fast alle sind auf dem Weg zum Genfer Autosalon. Manager und Techniker, Werber und Presseleute nutzen die Frühjahrsshow alljährlich als kleine Flucht von ihren Schreibtischen. Was Bayreuth den Wagner-Fans, das ist Genf der Autobranche. Hier werden gleichsam die Autofestspiele gefeiert: gesellschaftlicher Aufmarsch, sehen und gesehen werden, Jobbörse und Geschäfte im Séparée. Das Ganze auf neutralem Boden, die Schweiz besitzt keine eigene Autoindustrie. Jeder siebte Arbeitsplatz ist allein in Deutschland direkt oder indirekt vom Automobil abhängig. Insgesamt sind etwa fünf Millionen Menschen rund um das immer noch geliebte Automobil beschäftigt. Um die Zukunft der Automobilindustrie zu sichern, werden gigantische Investitionen in Forschung und Entwicklung gesteckt, allein in Deutschland etwa 30 Milliarden Mark pro Jahr.

Einen immer höheren Anteil daran hat die Informationstechnologie und Software, die Mikroprozessoren und Speicherchips befähigt, Aufgaben im und um das Auto herum zu lösen. »Alte« konventionelle Produkte, die es schon lange vor dem Computer gab, werden dadurch wieder neu, dass sie sich mit der neuen Technologie verbünden. Ein Paradebeispiel dafür ist das Auto. Die Verbindung mit Telematik und Navigationssystemen eröffnet für das Auto als Bestandteil eines vernetzten Systems verschiedener Verkehrsträger wieder neue Perspektiven. Der Anteil von Mikroelektronik macht bei Kleinwagen mittlerweile schon mehr als 20 Prozent des Gesamtpreises aus. Dazu zählen heute effiziente Motorsteuerung, Airbags und Antiblockiersysteme, morgen Abstandsradar und selbst- oder mitlenkende Bedienungssysteme. Die elektronische Durchdringung der konventionellen Technik wird immer tiefer.

An Bord des Lufthansafluges nach Genf diskutiert ein paar Reihen weiter vorne BMW-Designchef Chris Bangle, ein jugendlich wirkender Amerikaner, gestenreich mit Kollegen. Design und Konstruktion von Automobilen sind ohne elektronische Darstellungs- und Konstruktionssysteme überhaupt nicht mehr denkbar (Computer-Aided Design, kurz: CAD). Das entsprechende Know-how setzt BMW mittlerweile sogar in der Medizintechnik ein, wo künstliche Hüftgelenke mit Methoden des Prototypenbaus passgenau hergestellt werden. Bangles Arbeitsstätte ist das Münchener BMW-Forschungs- und Ingenieurzentrum, kurz »FIZ« genannt. Das FIZ ist im Grunde ein sich selbst weiter entwickelnder Organismus. Es geht darum, mehr Ideen schneller in die Realität umzusetzen. Der geistige Vater des FIZ, der ehemalige Entwicklungschef bei BMW, Wolfgang Reitzle, wollte beim Bau des FIZ nicht nur eine technische, sondern auch eine soziale Erfindung realisieren: Wie lässt sich überhaupt Kreativität organisieren? Wie lässt sich Abenteuer- und Experimentierlust fördern, wie entsteht ein offener Arbeitsgeist? Wie sehen Systeme aus, in denen Menschen den höchsten Grad an Eigenverantwortung und Motivation entfalten?

Der Anspruch dahinter: Eine automobile Fabrik, die sich Bewegung auf die Fahnen geschrieben hat, darf nicht ausgerechnet im Denken erstarren. Das FIZ ist deshalb auch zu einem Spiegel für die Zukunft der BMW-Mitarbeiter selbst geworden: In ihm sollten Szenen ihrer künftigen Berufs- und Arbeitswelt aufblitzen. Denn es steht fest, dass sich der Inhalt und die Art unserer Arbeit permanent verändern werden. Manches bleibt aber auch wie es ist: So fanden kluge Köpfe am Massachusetts Institute of Technology (MIT) heraus, dass Menschen im persönlichen und nahen Kontakt miteinander die besten Einfälle haben. Bei Ingenieuren entstehen 80 Prozent der Ideen gleichsam Auge in Auge mit dem Kollegen. Merke: Der Computer ist zwar ein nützlicher Helfer, aber nicht besonders inspirierend. Sind Arbeitsplätze mehr als dreißig bis fünfzig Meter voneinander entfernt, sinkt die Zahl der Sozialkontakte exponentiell und damit die Kreativität. Selbst Telefone, Aufzüge und Türen stehen dem menschlichen Kommunikationsverhalten im Weg.

Die Architekten des FIZ lernten daraus: Diejenigen Mitarbeiter, die am meisten miteinander kommunizieren, sitzen und arbeiten möglichst dicht beieinander. Gewohnte Hierarchien, etwa die feine, aber kontraproduktive Abgrenzung zwischen Modellbauern an der Werkbank und Ingenieuren am Reißbrett spielen keine Rolle mehr. Schließlich arbeiten beide auf unterschiedliche Weise am selben Objekt. Das FIZ ist ein Gebäude mit eingebauten Kettenreaktionen. Am Anfang stand die neue Raumordnung. Es liegt in der Natur der Sache, dass nach den räumlichen auch personelle Hierarchien in Zweifel gezogen oder neu geordnet werden. Und schließlich ist es nur noch eine Frage der Zeit, bis auch finanzielle Schranken auf den Prüfstand kommen. Die Menschen sollen nach ihrer Leistung bezahlt werden und nicht danach, ob sie dem Unternehmen im blauen Overall oder im weißen Kragen zu Diensten sind. Der Grundriss des Gebäudes ähnelt dem alter Zisterzienserklöster. Die Ähnlichkeit ist überhaupt nicht zufällig: Kommunikationsverhalten, das heute durch aufwändige empirische Untersuchungen dingfest gemacht wird, wurde offensichtlich schon sehr viel früher instinktiv erfasst.

Anhand von zahlreichen weiteren Beispielen aus Natur, Kunst, Architektur und Technik zeigt eine Ausstellung im FIZ selbst organisierende Strukturen. Von Miles Davis bis

Leonardo da Vinci, von Joseph Beuys bis Paul Klee, von russischen Malern bis zu Pariser Stadtplanern reichen die Beispiele grenzüberschreitenden Wirkens. Europäische Kultur wird hier auch als gesellschaftliches und ökonomisches Kapital lebendig. Der übergreifende Blick wird geschult, ganzheitliches und synergetisches Denken in Gegensatz zu mechanistischem Denken gesetzt. BMW agierte als Bauherr für ein neues Gebäude der Technischen Universität München und steuerte zusätzlich 30 Millionen Mark bei. Ein Automobilhersteller sorgt für staufreie Wissensvermittlung und optimale Rundenzeiten im Studium. Solch grenzüberschreitendes Wirken verdeutlicht, was man sich unter mobilen Unternehmen der Zukunft vorzustellen hat.

Ohne ihre Traditionen aufzugeben, haben europäische Autohersteller in den letzten zehn Jahren ihre Strategie gründlicher gewandelt und globaler ausgerichtet, als dies viele für möglich gehalten hatten. Eine Flut neuer Modelle, das kultivierte europäische Design, hocheffiziente Technik und Produktionsanlagen sowie Vertriebsorganisationen in aller Welt ermöglichten das Revival. Auch Renault in Frankreich macht nach einer harten Sanierungskur im Konzert der wenigen verbliebenen Automobilkonzerne eine gute Figur. Die Briten wiederum haben nach dem Niedergang ihrer Automobilindustrie einen neuen Tummelplatz für ihre Talente entdeckt: die Formel-1-Weltmeisterschaft. Mit Ausnahme von Ferrari werden beinahe alle Formel-1-Fahrzeuge in einem Hightech-Cluster nördlich von London zusammengebaut, darunter Williams-BMW und McLaren-Mercedes. Dort, in der Nähe der traditionsreichen Rennstrecke Silverstone, schlägt das Herz der Rennserie, die weltweit in 206 Ländern viele Milliarden Zuschauer vor die Fernseher lockt. Der Umsatz des Unternehmens Formel 1 beträgt jährlich beinahe 2 Milliarden Euro. Ted Kunkel, Generaldirektor des australischen Bierherstellers und Formel-1-Sponsors Foster erklärt: »Es gibt heute keinen Sport in der Welt, der von sich behaupten kann, globaler zu sein als die Grand-Prix-Rennen.«

Der Amerikaner Chris Bangle, zuvor in Diensten von Fiats Centro Style, ist fasziniert davon, wie Italiener den Werkstoff Blech beherrschen: »Ferrari ist da unschlagbar.« Das strenge und kühle Design von Audi-Automobilen lässt sich ebenso kulturell deuten wie die kraftvolle Art der Porsche-Sportwagen. Selbst das kleinste Detail hat Geschichte: Das Porsche-Zündschloss liegt – anders als bei allen anderen Autos – immer links vom Lenkrad. Der Trick ersparte beim 24-Stunden-Rennen von Le Mans einst ein paar Zehntelsekunden (die Fahrer mussten beim Start über die Rennstrecke zum Auto sprinten). »Porsche hält Herkunft und kulturelle Wurzeln wach«, schrieb dazu ein Motorjournalist, »der schwäbische Landeskonservator wird es wohlgefällig vermerken.«

Made in Europe hat einen ausgezeichneten Klang in der Welt und profitiert vom reichen kulturellen Hintergrund des Kontinents. Deutsche Autos, Schweizer Pharmaka, italienisches Design, finnische Handys und französische Konsumprodukte sind feste Bestandteile des globalen Warenkorbs geworden. Ein Blick in die Einladungen für die Dinnerveranstaltungen im Rahmen des Genfer Salons erscheint wie eine Werbebroschüre für die Vorzüge des europäischen Savoir-vivre. Der »Michelin«-Restaurantführer zeigt in der Region Genf sowie im benachbarten Jura einen beeindruckenden Dreisterne-Cluster: Kaum irgendwo auf der Welt ballen sich Spitzenköche und -restaurants so wie in dieser Region. Und da sie alle gut zu tun haben, werden anlässlich des Genfer Salons sogar noch qualifizierte europäische Gastarbeiter eingeflogen. Im Auftrag eines Autoherstellers wird auf dem Schiff »Montreux« beispielsweise der Tiroler Sternekoch Hasi Unterberger die Gänge einlegen: Rehparfait im Gänselebermantel; Steinbuttfilet und Hummer auf Fenchelscheiben; Taubenbrust mit Kartoffelschuppen in der Artischocke auf Morchelcreme; geeiste Zitronentartalette; dazu Château Pichon Compresso Lalande (Pauillac) 1990.

Genf erscheint in wirtschaftlich turbulenten Zeiten wie eine Insel der Seligen. Das Taxi vom Flughafen zum Hotel: ein Mercedes S-Klasse. Gegenüber vom Hotel parkt unbewacht ein Bentley Continental R. Er steht auch am nächsten Tag noch dort. Keine Kratzer, keine Einbruchspuren, nur ein Strafmandat. Still ruht der Genfer See, eingerahmt von den Ausläufern der Alpen und des Jura. Die hohen Berge wirken so, als habe der schweizerische Bankverein sie zur Bewachung der am Fuße lebenden Millionäre und Milliardäre abgestellt.

Der Blick auf Genf hat einen gewissen Placeboeffekt: Alleine vom Anschauen geht es allen besser. Genf stellt in gewisser Weise für Europa das dar, was Europa im großen Maßstab für die Welt bedeutet: ein wohlhabender Hort relativer Stabilität, keine sichtbare Armut, keine von Sicherheitsleuten bewachten Geschäfte oder Wohnviertel. Es ist wohl kein Zufall, dass sich die Vereinten Nationen mit zahlreichen UN-Institutionen in der gepflegten Idylle um den Genfer See angesiedelt haben. Die Schweiz, obwohl politisch nicht Bestandteil der Europäischen Union, zählt als Nation gleichwohl zu den ausgesprochen europäischen Markenprodukten. Eine wunderbare Landschaft, Wohlstand und Umweltbewusstsein, Stabilität und Zurückhaltung formen das Bild ebenso wie kantonale Basisdemokratie und funktionierende Dreisprachigkeit. Man sollte nicht unterschätzen, welch großartiger Standortvorteil hinter diesen Verhältnissen steckt.

Im Wettbewerb der Nationen und Kontinente sollte die Europäische Union darauf hinarbeiten, ein Markenprodukt wie die Schweiz zu werden. Die nächste Phase des Kapitalismus bringt die »Inwertsetzung der Lebensqualitäten« (Mathias Horx) und für diesen Wettbewerb hat Europa gute Voraussetzungen: Lebensqualität »made in Europe« kann sich sehen lassen. Europäische Stabilität und Umweltqualität müssen freilich durch Wohlstandsgewinne abgesichert werden. Hierfür brauchen wir erfolgreiche Projekte, Produkte und kreative Unternehmen »made in Europe«. Eine beispielhafte kleine Auswahl (ohne jeden Anspruch auf Vollständigkeit) von Global Players mit europäischen Wurzeln soll veranschaulichen, dass die Chancen dafür gar nicht so schlecht stehen.

Eines der erstaunlichsten europäischen Projekte wurde wiederum vor den Toren Genfs installiert: CERN. Hinter diesem Kürzel verbirgt sich das europäische Kernforschungszentrum. Es liegt am Fuße des Juragebirges, nordwestlich der Stadt, am Rande des Örtchens Meyrin, im schweizerisch-französischen Grenzgebiet. Das europäische Laboratorium für Teilchenphysik ist das größte seiner Art auf der Welt und wird von zwanzig europäischen Staaten unterhalten. 7000 Forscher und Techniker aus 83 Nationen beherbergt das Mekka der physikalischen Elite. Sie forschen fest am CERN oder kommen als arbeitende Gäste und Stipendiaten. Sage und schreibe die Hälfte der Atomphysiker der Welt betreiben ihre Wissenschaft mit Hilfe des CERN. Es geht um reine Grundlagenforschung. Was ist Materie? Wo kommt sie her? Was ist das Geheimnis des Universums und der Ursprung unserer Welt? Die winzigen atomaren Teilchen werden auf einer bis zu 27 Kilometer langen unterirdischen Kreisbahn beschleunigt und umkreisen diese Bahn bis zu 11000-mal in der Sekunde nahezu bei Lichtgeschwindigkeit. Viele unbeabsichtigte und unerwartete Nebenprodukte der CERN-Forschung sind inzwischen beispielsweise in die Medizin eingeflossen. Auch bei der Entdeckung des Internets für den zivilen Nutzen spielte CERN eine Schlüsselrolle. »Wir hängen zu 100 Prozent am Tropf der europäischen Gesellschaft«, sagt CERN-Forscher Rolf Landua, »jeder Bürger in Europa, auch der Säugling, bezahlt 3,30 Mark [1,69 Euro) pro Jahr für das Projekt CERN.« Und dafür, so meint der Physiker, sollten die europäischen Bürger auch das Recht haben, zu verstehen, wofür sie pro Jahr circa eine halbe Milliarde Euro ausgeben. Jedes Atom in unserem Körper ist 6, wenn nicht sogar 15 Milliarden Jahre alt und verdankt seine Existenz dem damals vermuteten Urknall. Eine Projektstudie soll nun die Möglichkeit eines »Big Bang Discovery Center« ausloten. Dort sollen die letzten Fragen der Menschheit und der Zusammenhang zwischen Mikro- und Makrokosmos einem breiten Publikum anschaulich gemacht werden.

Bekannter und auch leichter zu erklären ist das Tun der europäischen Raumfahrtagentur ESA. Sie wurde gegründet, um bei der Erforschung des Weltalls und der Satellitenerkundung der Erde nicht auf Gedeih und Verderb von amerikanischen Raketen oder Raumgleitern abzuhängen. Die Erfolgsstory der ESA seit 1975 ist beeindruckend und ein großes Verdienst der besonders engagierten Franzosen. Die gesamten Investitionen für die Trägerraketen vom Typ Ariane 1 bis Ariane 4 betrugen umgerechnet 4,2 Milliarden Euro, mit den daraus resultierenden Weltraumtransporten wurden aber umgerechnet 14,8 Milliarden Euro erwirtschaftet. Arianspace beherrscht über 50 Prozent des globalen Satellitentransportmarktes. Hunderte von Ariane-Raketen hoben inzwischen vom Weltraumbahnhof im Kourou, in Französisch-Guyana an der Küste Südamerikas, ab. Mit der Ariane 5 wird derzeit die neuste Trägertechnik auf Kiel gelegt. Am Bau der Ariane sind 150 Unternehmen aus zwölf Nationen beteiligt. Telekommunikationssatelliten, Erderkundung, Wettervorhersage, Klima- und Materialforschung stehen heute an erster Stelle der ESA-Tätigkeiten und verhelfen Europa zu einer ausgezeichneten Position auf diesen Gebieten. Die Firma MST-Aerospace in Köln vergibt für die ESA technisches Wissen an industrielle Nutzer. Etwa ein Viertel der lukrativen ESA-Transferprojekte betrifft Sensorik und Messtechnik. Mit 60 Prozent Anteil sind vor allem innovative kleine und mittlere Unternehmen Kunden der ESA. Mit dem hypermodernen europäischen Erdbeobachtungssatelliten ENVISAT startete im Sommer 2001 ein spektakuläres Projekt Richtung Weltraum, in das Klimaforschung und Umweltschutz große Hoffnungen setzen.

Eine bemerkenswerte europäische Erfolgsgeschichte schrieb auch das vor dreißig Jahren unter schwierigen Bedingungen gegründete Airbus-Konsortium. Das Kind mit ungewisser Zukunft und übermächtigen amerikanischen Konkurrenten mauserte sich zu einem der beiden weltweit führenden Unternehmen der zivilen Luftfahrt. Airbus liegt heute praktisch gleichauf mit Boeing. Die Teile der Flugzeuge werden an ganz verschiedenen Orten in Europa, darunter Hamburg und Toulouse, entwickelt und zusammengebaut. In Hamburg-Finkenwerder findet die Endmontage der Airbus-Typen A 319 und 321 statt, auch der künftige »Jumbo«-Airbus A 380 soll in Hamburg montiert werden. Die Flotte der Airbus-Maschinen reicht künftig vom hundertsitzigen A 318 bis zum A 380 für 850 Passagiere. Bislang liefen über 1 900 Maschinen »made in Europe« vom Stapel, 32 000 Menschen, darunter die besten Ingenieure, Techniker und Flugzeugmechaniker Europas, arbeiten für Airbus. Der weltweite Luftverkehr wird in den nächsten zwanzig Jahren voraussichtlich um jährlich 5 Prozent steigen, das Luftfrachtaufkommen sogar noch stärker. Europa hat dank seinem Projekt Airbus zur Weltspitze aufgeschlossen und wird von diesem Zukunftsmarkt profitieren. Airfrance, Singapore Airlines, Virgin Atlantic, Qantas, Federal Express und Qatar Airways haben schon den neuen großen Airbus bestellt.

Weitere führende europäische Unternehmen und Produkte, die den guten Ruf des »made in Europe« in aller Welt prägen:

Nestlé: Der weltgrößte Nahrungsmittelhersteller Nestlé blickt auf eine 132-jährige Tradition zurück. Heute gibt es kaum einen Ernährungsbereich, in dem der Schweizer Konzern nicht aktiv ist. Babynahrung, Mineralwasser, Milchprodukte und Tierfutter, aber auch Kosmetika gehören zum Sortiment. Nestlé vertreibt Marken wie Alete, Perrier, Nescafé, Maggi, Thomy, Smarties, Kitkat und viele mehr. Das Unternehmen hält außerdem eine Beteiligung am weltgrößten Kosmetikhersteller L'Oréal. Die Zukunftsmärkte liegen in Asien und Südamerika: In den Schwellenländern wächst der Markt von Konsumenten, die sich Milchprodukte, Eiskrem und Fertiggerichte leisten können, rasant. Nestlé ist ein dezentralisiertes Unternehmen. Ein wesentliches Geheimnis des Erfolgs liegt darin, dass es dem Global Player Nestlé gelungen ist, Marken und Produkte in lokalen Märkten zu verankern und sich damit stark am Kulturkreis und den Gewohnheiten der jeweiligen Kunden zu orientieren. Der Lebensmittelkonzern produziert in 500 Fabriken auf der ganzen Welt, in Argentinien, Finnland und Indonesien, sogar in China ist Nestlé mit dreizehn Fabriken vertreten. Im Jahr 2000 setzte Nestlé mehr als 81 Milliarden Franken um und erwirtschaftete dabei einen Konzerngewinn von beinahe 9 Milliarden Franken. Da die Kartellbehörden immer öfter gegen Firmenübernahmen durch Nestlé votieren, wissen die Schweizer buchstäblich nicht wohin mit ihrem Geld. Mit einer Mischung von ausgezeichnetem Management, hoher Liquidität und erstklassigen Marken sind die globalen Aussichten des Konzerns hervorragend.

Unilever: Wenn ein Kunde im Supermarkt die gekauften Waren auf das Laufband an der Kasse legt, sind mit ziemlicher Sicherheit Produkte von Unilever dabei. Omo, Sunil, Rama, Kuschelweich, Domestos, Iglo, Du darfst und Langnese gehören traditionell dazu, durch die Übernahme des amerikanischen Konzerns Bestfoods kamen unlängst auch Pfanni, Knorr oder Dextro-Energen hinzu. Auch der Diätspezialist Slimfast und die US-Kult-Marke Ben & Jerry's wurden ins Markenreich des niederländisch-britischen Konsumgüterherstellers aufgenommen. Bereits in den dreißiger Jahren aus dem Zusammenschluss eines niederländischen Margarine- und eines britischen Seifenherstellers entstanden, liegen die Firmenzentralen heute in London und Rotterdam. Als einer der bedeutendsten Markenartikelhersteller weltweit ist Unilever heute auf allen Kontinenten in über neunzig Ländern unter anderem mit Produkten aus den Bereichen Nahrungsmittel, Körperpflege, Haushalts- und Textilpflege sowie Kosmetik vertreten. Um sich gezielt auf wachstumsstarke Bereiche auszurichten, sollen die Marken von Unilever von circa 1600 auf 400 Bestseller reduziert werden. Die Zukunftsaussichten der tüchtigen europäischen Allianz erscheinen ebenso rosig wie die von Nestlé.

L'Oréal: Der französische Kosmetikkonzern wurde 1907 in Clichy gegründet. Daraus wurde inzwischen der weltweit größte Hersteller von Haarpflegeprodukten sowie Kosmetika und Produkten für die medizinische Hautpflege. L'Oréal besitzt die Rechte an vielen bekannten Marken: Giorgio Armani, Vichy, Helena Rubinstein, Maybelline, Ralph Lauren, Laboratoires Garniers, Biotherm, Redken und Lancôme. Der internationale Erfolg der Franzosen ist ungebrochen. Im Jahr 2000 konnte alleine in Japan der Umsatz um beinahe 50 Prozent gesteigert werden. In den aufstrebenden Ländern Asiens entdecken die Frauen einer sich herausbildenden Mittelschicht in großer Zahl Make-up, Shampoo, Lippenstift und Haarspray. Neue Märkte bedient L'Oréal mit einer innovativen Flut neuer Produkte: Alleine während der letzten zehn Jahre meldete das Unternehmen 2 000 neue Patente und 40 000 Anträge für Produkterweiterungen an die Patentbehörden.

LVMH: »Luis Vuitton Moet Hennesy« steht für europäische Konsumprodukte der Luxusklasse. Im boomenden Markt für Luxusgüter wurde die Erfolgsstory LVMH in den neunziger Jahren möglich. Obwohl die LVMH-Gruppe selbst erst seit 1987 besteht, können einige der Produkte, die sich heute unter ihrem Dach versammeln, Traditionen bis ins 16. oder 18. Jahrhundert vorweisen. Das Unternehmen schwebt auf einer Wolke aus Champagner, Mode und Parfum. Moet & Chandon, Pommery, Christian Dior und Kenzo gehören ebenso zum luxuriösen Arsenal wie die Edeluhrenschmiede Ebel und das französische Schmuckhaus Chaumet. Um die edlen Marken zu pflegen, investierte LVMH allein im Jahre 1999 über 10 Prozent des Umsatzes ins Marketing. Der Einsatz lohnt sich: Die elitären Spitzenprodukte europäischer Distinktion sind bei Reichen und Neureichen in aller Welt gefragt. Im Sommer 2001 nahmen kaufwillige Japaner auf den Champs-Elysées sogar Schlangestehen und lange Wartezeiten in Kauf, um bei Louis Vuitton eine Brief- oder Handtasche zu ergattern.

Vivendi: Heute ein führender Kommunikations- und Medienkonzern, war das französische Unternehmen 1853 als Wasserversorger unter dem Namen »Compagnie Générale des Eaux« gestartet. Nachdem bereits vor zwanzig Jahren der Einstieg in die Kommunikationsbranche erfolgte, positioniert Vivendi sich heute geschickt als Mischkonzern in großen globalen Wachstumsmärkten. Das Geschäft reicht von der Wasserversorgung bis zur Telekommunikation, von der Abfallwirtschaft bis zur Energieversorgung. Ihre Umweltsparte »Vivendi Environment« brachten die Franzosen im Jahr 2000 separat an die Börse. Sauberes Wasser und saubere Luft sind Ressourcen der Zukunft, für die immer mehr Geld ausgegeben werden wird. Mit den Bereichen Transport, Internet und Medien setzt der Pariser Konzern darüber hinaus auf den rasant wachsenden Austausch von Gütern und Informationen. US-Institutionen wie die Universal Music Group und die Universal Studios gehören inzwischen zu Vivendi. Zwar entfielen im Jahr 2000 zwei Drittel des Umsatzes auf die klassischen Unternehmensbereiche Wasser, Energie, Abfallwirtschaft und Bau und nur ein Drittel auf die Bereiche Medien und Kommunikation. Dennoch ist Vivendi Universal nicht nur zu einem der größten Medienkonzerne Europas aufgestiegen, sondern gilt auch als eines der führenden transatlantischen Unternehmen in der Unterhaltungsbranche.

Bertelsmann: Beinahe vier von fünf Erwachsenen auf der Welt können heute lesen und schreiben, jeder Zweite hat Zugang zu einem Radioempfänger, jeder Dritte zu einem Fernsehgerät. Immer mehr Kinder gehen zur Schule, der Hunger nach Information und Unterhaltung wächst rapide. Egal wo auf der Welt eine Zeitschrift oder Zeitung gekauft, ein Buch gelesen, eine Fernsehsendung eingeschaltet oder eine Webpage aufgerufen wird: Die Chance, dass dabei Bertelsmann die Hände im Spiel hat, ist denkbar groß. Von *Stern* bis *Geo*, von RTL bis Ariola, vom US-Verlag Random House bis zum Buchhändler Barnes & Noble gehören viele bekannte Namen zum weit verzweigten Bertelsmann-Reich. Die Geschäftsfelder des Unternehmens umfassen literarische, wissenschaftliche und Sachbuchverlage, Buch- und Musikclubs, Tageszeitungen, Publikums- und Fachzeitschriften, Musik- und Filmfirmen, Hörfunk und Fernsehen, Druckereien, Logistik- und Dienstleistungsunternehmen sowie Online-Shops. Die Bertelsmann AG, das internationalste aller Medienunternehmen, besetzt weltweit Spitzenpositionen. Mehr als 81 000 Mitarbeiter in über 400 Einzelfirmen vermarkten in sechzig Ländern Informationen,

Bildung und Unterhaltung. Der Umsatz beträgt rund 32 Milliarden Mark (1999/2000). Nach einer konsequenten Ausrichtung auf die Online-Welt versucht der neue Vorstandsvorsitzende Thomas Middelhoff derzeit, das Unternehmen durch eine Effizienzkur reif für die Börse und damit noch zukunftsfähiger zu machen.

SAP: »Eigentlich war es eine frivole Idee, sich 1972 mit Null Kapital auf dem Gebiet der Datenverarbeitung selbstständig zu machen«, erzählt einer der SAP-Gründer, Dietmar Hopp. Heute ist die Software-Schmiede eines der deutschen Vorzeigeunternehmen und in über fünfzig Ländern mit fast 24 000 Mitarbeitern präsent. Wer in Walldorf das SAP-Gebäude betritt und in den sechsten Stock hinauffährt, dem weht mitten im Badischen eine Brise Silicon Valley entgegen. Die Besucher werden auf Bildschirmen begrüßt, jeder im Haus weiß, wer zu Besuch ist, die Informationen sind allgemein zugänglich und die Türen stehen offen. Bei branchenspezifischen Software-Lösungen hat das Haus in Walldorf eine doppelt so starke Weltmarktposition wie die drei Verfolger zusammen. Die Software von SAP integriert verschiedenste Prozesse innerhalb eines Unternehmens und über Unternehmensgrenzen hinweg, und zwar für die Pharmaindustrie ebenso wie für Banken und Versicherungen, im Bereich Luft- und Raumfahrt oder für die öffentliche Verwaltung. Die Mitarbeiter bei SAP haben hohe Eigenverantwortung, unterstützt von flachen Hierarchien und der Arbeit in unabhängigen Projektteams. Geschickte Partnerschaften und rechtzeitige Internationalisierung, weit überdurchschnittliche Ausgaben für Forschung und Entwicklung und ein besonderes Gespür für die Bedürfnisse der Kunden begründen den Erfolg von SAP. Im Bereich der Internet-Software soll eine 2001 vereinbarte Zusammenarbeit mit IBM diese Position noch weiter ausbauen. SAP ist eine der wenigen großen europäischen Gründergeschichten der letzten Jahrzehnte.

Aventis, Bayer, BASF: Von Aspirin bis Alka-Seltzer (Bayer), von Pflanzenschutz bis zu neuen Werkstoffen oder Farben – im Bereich der Chemie und Pharmazie gehören die Europäer nach wie vor zu den erfolgreichsten Spielern auf dem Weltmarkt. Den stärksten Wandel machten die Mitarbeiter von Aventis durch, das Ende der neunziger Jahre aus einem Zusammenschluss der Chemieunternehmen Hoechst und Rhône-Poulenc hervorging. Die deutsch-französische Fusion nahm ihren Sitz in der Europastadt Straßburg und hat mit Hoechst Marion Roussel ein starkes Standbein in den USA. In dem zweisprachigen Corporate Center im Elsass herrscht eine prototypisch europäische Atmosphäre. Das weltweit agierende Unternehmen fokussiert seine Anstrengungen immer deutlicher auf den Pharmabereich und die wachsenden Gesundheitsaufwendungen älter werdender Gesellschaften, beispielsweise mit neuen Diabetes-Arzneien. Um am hart umkämpften Markt für Arzneimittel erfolgreich zu sein, verbindet Aventis Pharma neueste Technologie mit einem netzwerkorientierten Forschungsansatz. Im Jahr 2000 hat Aventis Pharma 2,7 Milliarden Euro in die Forschung und die Entwicklung neuer Medikamente investiert, das entspricht fast 20 Prozent des Umsatzes. Bayer und BASF setzen neben der Gesundheit auf ein breiteres Produktspektrum, in dem auch klassische Chemiebereiche wie Kunststoffe und Pflanzenschutz enthalten sind. Bayer, als Farbstoffbetrieb im Jahre 1863 in Wuppertal-Barmen gegründet, war schon früh über die Landesgrenzen hinweg aktiv: Bereits 1865 war das Unternehmen an einer Teerfarbenfabrik in den USA beteiligt, 1876 wurde eine Fabrikfiliale in Moskau eröffnet. Heute ist die Bayer AG mit 350 Gesellschaften weltweit vertreten. In Verbindung mit neuen Technologien ergeben sich in den klassischen Bereichen Gesundheit, Landwirtschaft und Chemie revolutionäre neue Zukunftsperspektiven. Das Sortiment der BASF reicht von hoch veredelten Chemikalien, Kunststoffen, Farbstoffen und Lacken bis zu Erdgas und Erdöl. Die BASF forscht im Verbund mit Hochschulen und Forschungsinstituten, geht Joint Ventures mit hoch spezialisierten Hightechfirmen ein und erschließt sich so in über 800 Forschungskooperationen neues Wissen.

Siemens: Auch das Münchner Traditionsunternehmen vereint zahlreiche Aktivitäten unter einem Dach: Energie,

Kommunikations-, Medizin-, Verkehrs-, Lichttechnik und vieles mehr. Die Siemens-Tochter Infineon gehört zu den zehn führenden und den am schnellsten wachsenden Halbleiterherstellern. Das Weltunternehmen Siemens blickt nicht nur auf eine 150-jährige Tradition technischer Neuerungen zurück – so stammen beispielsweise die erste elektrische Straßenbahn und die erste vollautomatische Verkehrsampelschaltung von Siemens –, auch das ausgeprägte Interesse des Unternehmensgründers Werner von Siemens an sozialen Belangen lebt weiter fort. Das Unternehmen, mit rund 460 000 Mitarbeitern in 190 Ländern aktiv, engagiert sich in einem breiten Spektrum gesellschaftlicher Aufgaben. Im Sommer 2001 kamen in Shanghai unter der Regie von Siemens, der Stadt Shanghai, der Weltbank und der Gesellschaft für Technische Zusammenarbeit Experten aus Politik, Wirtschaft und Wissenschaft zusammen, um die drängenden Probleme der Mega-Citys zu erörtern. Kompetent in verschiedensten Bereichen komplexer Infrastrukturlösungen, konnten Mitarbeiter von Siemens zu Fragen nachhaltiger Stadtentwicklung und städtischer Umwelt- und Verkehrspolitik wertvolle Beiträge leisten. Viele Börsenanalysten vergleichen Siemens von seiner Struktur her mit dem extrem erfolgreichen amerikanischen Konzern General Electric. Der beständige Umbau von Siemens hat zum Ziel, das europäische Unternehmen auch ähnlich profitabel wie die amerikanische Konkurrenz zu machen.

Nokia: Wenn's in der Brusttasche piepst und fiept, dann hat zuvor meist bei Nokia die Kasse geklingelt. Die Finnen sind eine der Säulen, auf denen Europas technische und zahlenmäßige Überlegenheit beim Mobiltelefonieren ruht. Vor zwanzig Jahren noch ein wenig fokussiertes Konglomerat, das u. a. Papier, Gummi und Fernsehgeräte produzierte, wandelte sich Nokia seitdem von einem Unternehmen mit bunter Produktpalette zum führenden Handyhersteller. In 55 F&E-Zentren in fünfzehn Ländern arbeiteten Ende 2000 über 19 000 Nokia-Mitarbeiter in der Forschung und Entwicklung. Heute macht Nokia die Hälfte seines Umsatzes in Europa, ein Viertel in den USA. 86 Prozent der Weltbevölkerung besitzen jedoch noch kein Handy. Es wird daher erwartet, dass sich der Markt für Mobiltelefone bis 2005 auf 600 Milliarden Dollar verdreifachen wird. Und deshalb sollte dem finnischen Handyhersteller trotz eines Einbruchs im Jahr 2001 eine große Zukunft beschieden sein. Nokia besitzt einen Weltmarktanteil von 30 Prozent und kann in seinen acht Produktionsstätten extrem günstig produzieren, dazu gehören Werke in Brasilien, Mexiko, China, Südkorea und Ungarn. Im Jahr 2000 verkaufte Nokia fast 130 Millionen Handys und damit mehr als die beiden nächstgrößten Hersteller Siemens und Alcatel zusammen. Die Marke Nokia ist heute so bekannt wie Microsoft, IBM oder Intel.

BP und Shell: Der niederländische Konzern Royal Dutch ist in Deutschland vor allem durch seine Shell-Tankstellen mit dem Muschel-Logo bekannt. Zu den Großaktionären gehört unter anderem das niederländische Königshaus. Neben dem Kerngeschäft, der Förderung und Verarbeitung von Öl und Gas, setzt das Unternehmen seit einigen Jahren mit Macht auf die Erschließung neuer Energien wie Wind- und Solarkraft. In Gelsenkirchen betreibt Royal Dutch beispielsweise die größte Solarzellenfabrik der Welt. Seit dem PR-Desaster mit der Erdölplattform Brent Spar hat Shell sich stark gewandelt und zählt zu einer erfolgreichen Avantgarde ökologisch orientierter europäischer Unternehmen. BP-Amoco sicherte sein Überleben in der Gruppe der weltgrößten Ölmultis unlängst durch die Übernahme des US-Konzerns Arco und des britischen Schmierstoffherstellers Castrol. Nach der Übernahme von Aral kontrolliert der britische BP-Konzern nun jede vierte Tankstelle in Deutschland. Aber auch BP investiert verstärkt in neue Energien. Und dies gilt auch für die Mitarbeiter: In einem radikalen Umstrukturierungsprozess wurden direkte Verantwortlichkeiten auf kleine Gruppen und Unternehmenseinheiten übertragen, die unter dem Schirm des Weltkonzerns weitgehend selbstständig agieren können. BP kultiviert dabei eine spezifisch europäische Variante der Dezentralisierung. Während die Ausgründung von Unternehmensbereichen andernorts oft durch den Willen zur Kostenersparnis motiviert ist, erwartet BP davon reinen Mehrwert: die bessere und erfolgreichere Nutzung von Wissen und Know-how.

Allianz und AXA: »Das wahre Herz der Deutschland AG«, meint ein französischer Bankenvorstand, »schlägt in München.« Die dort ansässigen Versicherer, darunter in vorderster Reihe die Allianz, bilden mit dem Geld ihrer Versicherten, mit den Beteiligungen an anderen Unternehmen und ihren Kontakten in die Wirtschaft eine so bedeutende Größe, dass keiner sie übergehen kann. In Zukunft werden ihnen riesige Summen für die fällige private Altersversorgung zufließen. Es sind die Versicherer, die sich heute eine Bank zulegen, nicht umgekehrt. Durch die Übernahme der Dresdner Bank durch die Allianz entsteht einer der größten Allfinanzkonzerne der Welt, der alleine in Deutschland zwanzig Millionen Privatkunden hat. Gemeinsam können die beiden Unternehmen künftig Versicherungen, Vermögensverwaltung und Bankgeschäfte aus einer Hand anbieten. Die Allianz Holding vereint weltweit eine große Zahl selbstständiger Versicherungsunternehmen und Firmenbeteiligungen. Auch die französische AXA gehört zu den ganz Großen. Gemessen an den Prämieneinnahmen ist sie sogar der größte Versicherer der Welt. Die Ableger in Frankreich, Deutschland, England und Belgien werden mit einem gemeinsamen europäischen Versicherungsportal online gehen. Alters- und Risikoabsicherung haben in Europa einen traditionell hohen Stellenwert, mit wachsendem Wohlstand beginnt nun auch bei den Menschen in den aufstrebenden Nationen die Suche nach Absicherung. Europäische Marken wie Allianz und AXA werden hiervon profitieren – ganz sicher.

»Die Einheit Europas war ein Traum weniger, wurde Hoffnung für viele und ist heute Notwendigkeit für alle.«
KONRAD ADENAUER

Im Kopf Europäer – im Herzen Basken, Bayern und Bretonen

Die spinnen, die Europäer, hätte Obelix wohl formuliert. Wie anders kann man die überaus widersprüchlichen Signale deuten, die im Juni 2001 von den Bevölkerungen der fünfzehn Mitgliedsländer ausgesendet wurden? An ein und demselben Tag stimmten die traditionell europabegeisterten Iren gegen den Vertrag von Nizza, doch die normalerweise EU-skeptischen Briten bescherten Tony Blair, der den Euro auf der Insel einführen will, einen grandiosen Wahlsieg und schickten die eurofeindlichen Konservativen in die Wüste. Ebenfalls im Juni präsentierten sich die Deutschen in der Meinungsumfrage »Eurobarometer« (im Auftrag der Europäischen Kommission) als schärfste Gegner der Osterweiterung (43 Prozent dagegen, 36 dafür). Und dies, obwohl sie seit Jahren mehr als alle anderen Europäer von der Öffnung des Eisernen Vorhangs wirtschaftlich profitieren. Die Italiener dagegen, die nur kurz zuvor eine national orientierte Regierung gewählt hatten, begrüßten zu 59 Prozent die Aufnahme der armen Nachbarn aus dem Osten (22 Prozent dagegen). In jenen Tagen wird sich mancher in Brüssel gefragt haben: Was – um Himmels willen – wollen uns die Bürger Europas damit eigentlich sagen?

Die meisten Europäer haben alles andere als eine klare Position zur EU. Ihre Gefühle und Meinungen sind überaus widersprüchlich. Für die Stimmung in der Bevölkerung gibt es nur Indizien und keine schlagenden Beweise. Selbst ein Referendum, wie es in Irland zum Nizza-Vertrag durchgeführt wurde, kann manchmal wenig aussagekräftig sein. Die Beteiligung lag bei unter einem Drittel der Wahlberechtigten und diese waren überaus schlecht darüber informiert, worum es im Nizza-Vertrag eigentlich ging. Obendrein hatten sich die Regierung und die meisten anderen Befürworter des Vertrags in der Meinungsschlacht kaum engagiert und überließen das Feld EU-feindlichen Splittergruppen. Schon heute wird in Irland vom nächsten Referendum gesprochen – und Kenner der Szene erwarten ein (N)everendum, d. h. viele Runden von Referenden, bis die Zustimmung erreicht ist.

Die Pro-EU-Iren wiegten sich in vollkommener Sicherheit, denn schließlich hatten ihre Landsleute 1972 zu 83 Prozent für den Beitritt votiert und 1992 zu 70 Prozent für die Einheitliche Europäische Akte und den Vertrag von Maastricht. 80 Prozent der Iren gaben in Umfragen an, die EU sei gut für ihr Land. Und genau deshalb, so vermuten Analysten, stimmte ein Teil der Iren im Juni 2001 mit »No«. Diese Ablehnung galt vielleicht weniger dem Vertrag von Nizza als vielmehr der Osterweiterung. Denn die neuen Mitglieder könnten in den Genuss von Strukturfördermitteln gelangen, die bisher der Grünen Insel zugute kamen. Obwohl die meisten Europäer finden, die EU sei gut für ihr Land (56 Prozent), möchten sie natürlich, dass ihre Heimat besonders stark vom Brüsseler Milliardenbasar profitiert.

Europas Bürger handeln europäisch: beim Kaufen, beim Reisen, bei der Wahl des Arbeitsplatzes und des Ehepartners. Sie denken europäisch: In vielen Bereichen, vom Thema soziale Sicherung über Umweltschutz bis zu den Moralvorstellungen, grenzen sich die Europäer klar von Amerika und Asien ab. Doch sie fühlen nicht europäisch. Nur 19 Prozent empfinden sich als Bürger Europas, angeführt von den Franzosen (27 Prozent). Weniger als ein Fünftel der Deutschen ist stolz darauf, ein Europäer zu sein. Dagegen sind fast Dreiviertel der US-Bürger stolz darauf, Amerikaner zu sein.

Zwischen den europäischen Völkern gibt es erhebliche Unterschiede in der Frage, ob man die EU-Mitgliedschaft besonders schätzt oder für nicht so wichtig hält. Die Linie zwischen Europaenthusiasten und Europaskeptikern verläuft im Wesentlichen parallel zur Linie zwischen Nettozahlern und Nettoempfängern. So wünschen sich die romanischen Länder, aber auch Griechenland, dass die EU in Zukunft wichtiger werden soll. Die Bürger der skandinavischen Mitgliedsstaaten, Briten und Deutsche möchten das Gegenteil. Innerhalb der Staaten ergibt sich kein einheitliches Bild: Die Jüngeren, Gebildeteren, besser Verdienenden sind in der Regel proeuropäisch, während die ärmeren, älteren und weniger gebildeten Mitbürger nationaler denken.

In großen und erst recht in multinationalen Unternehmen wird ganz selbstverständlich europäisch gedacht. So ist es kein Wunder, dass insbesondere die in Großbritannien ansässigen japanischen und amerikanischen Autokonzerne die Regierung in London zum Beitritt in die Eurozone drängen. Die proeuropäischen britischen Liberaldemokraten rechneten aus, dass seit 1997 circa 240 000 Arbeitsplätze im Vereinigten Königreich wegen währungsbedingter Exportnachteile weggebrochen sind.

In Deutschland sank im Jahr 2001 das Ansehen der EU auf den tiefsten Stand seit 1994. Ob es an der BSE- und MKS-Krise liegt, an der näher rückenden Osterweiterung oder am germanischen Hang zum Zukunftspessimismus, ist nur schwer zu ermitteln. Laut einer Allensbach-Umfrage vom Mai 2001 sehen jedenfalls 42 Prozent der Deutschen die Einigung Europas mit »Sorge« und nur 28 Prozent mit »Freude«. 57 Prozent sahen die »Gegensätze und unterschiedlichen Interessen« der EU-Staaten im Vordergrund (nur 22 Prozent die »Gemeinsamkeiten«). Beim Nettozahler Deutschland ist es auch kein Wunder, dass 66 Prozent meinten, die finanziellen Kosten seien zwischen den Staaten »nicht gerecht verteilt«, und zwar zu Lasten der Deutschen (58 Prozent). Insgesamt erwarten mehr Bundesbürger (37 Prozent) von der Mitgliedschaft in der EU »Nachteile«. Nur 10 Prozent rechnen mit »Vorteilen« für ihr Land.

Die Osterweiterung ist bei den Deutschen besonders unbeliebt. Sie wird allerdings auch von den Bürgern Frankreichs, Großbritanniens und Österreichs abgelehnt. In allen ande-

Meinung der Deutschen zu Europa

Frage: *»Wenn Sie einmal an die Zukunft denken: Wird Deutschland durch seine Mitgliedschaft in der Europäischen Union in Zukunft mehr Vorteile oder eher mehr Nachteile haben, oder würden Sie sagen, Vorteile und Nachteile gleichen sich aus?«*

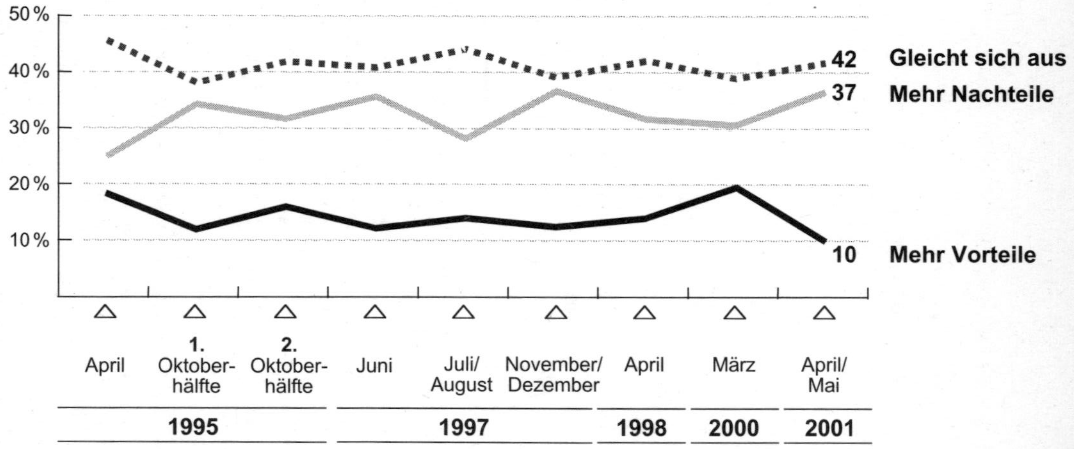

Quelle: Allensbacher Archiv, IfD-Umfragen

ren elf Mitgliedsstaaten ist die Mehrheit für eine Aufnahme der mittel- und osteuropäischen Länder. Im Durchschnitt sind 44 Prozent der EU-Bürger dafür und 35 dagegen. Differenziert man nach den einzelnen Aufnahmekandidaten, stellt sich heraus, dass die Ungarn in Deutschland besonders beliebt sind (82 Prozent sind für ihre Aufnahme), gefolgt von den Tschechen (69 Prozent Zustimmung) und den Polen (66 Prozent), drei Staaten also, die zur ersten Riege der Beitrittskandidaten zählen.

Besonders unbeliebt ist bei den Deutschen die gemeinsame Währung, der Euro. Sie trauern ihrer Mark nach. Im Frühjahr 2001 hatte nur noch ein Fünftel der Bevölkerung Vertrauen in den Euro (Allensbach-Umfrage). 60 Prozent der Befragten erklärten, es sei »keine gute Entscheidung« gewesen, den Euro einzuführen. Doch auch hier fällt auf, dass einige gesellschaftliche Gruppen diese Einschätzung nicht mehrheitlich teilen: Junge Leute, Berufstätige in leitenden Positionen, Wähler der Grünen und der FDP schätzen den Euro – Gruppen also, die normalerweise als aufgeschlossen gegenüber Reformen und Veränderungen gelten und die oftmals Haltungen vorwegnehmen, die erst später von der Mehrheit aufgenommen werden. Von unseren Nachbarn sind nur die Dänen, Briten und Schweden in Sachen Währung so pessimistisch wie wir Deutschen. Dabei sorgt der Euro nicht nur für transparente Preise, er vereinfacht den Austausch von Waren enorm. Davon profitieren letztendlich alle Verbraucher innerhalb der EU.

Unter Führung der Universität Köln wurden 15 000 Europäer nach ihrer Meinung zur gemeinsamen Währung befragt. »Durchweg herrscht eine diffuse und überwiegend pessimistische Vorstellung über die Folgen der Währungsunion«, resümiert die Ökonomin Anke Müller-Peters, die die Idee zu dem Projekt hatte. Die Deutschen sind allerdings »skeptischer als die meisten anderen«. »Das Gefühl, bei der Willensbildung zur Einführung des Euro übergangen worden zu sein«, so ein Fazit der Kölner Wissenschaftler, »hinterlässt einen Eindruck der Hilflosigkeit, der zu Abwehrreaktionen führt.« Im Klartext: Die Bürger Europas schätzen es nicht, von Brüssel und ihren nationalen Regierungen bevormundet zu werden. Sie möchten endlich mitbestimmen, was in Europa läuft.

Die Euro-Skepsis und die Europamüdigkeit der Bevölkerung sind das langfristige Ergebnis eines Politikstils, der sich schon vor Jahrzehnten breit gemacht hat und der heute zum festen Muster in vielen Regierungsparteien der EU-Staaten zählt: die Strategie der Schuldvermeidung durch das Abwälzen unpopulärer Entscheidungen auf Brüssel. Motto: Wir waren es nicht, die EU war es. Wer ständig so argumentiert, muss sich nicht wundern, wenn die Bürger immer weniger von Brüssel wissen wollen, scheint es sich doch um eine obskure Schaltzentrale zu handeln, in der alles Schlechte ausgebrütet wird.

So war es bei allen Bonner Landwirtschaftsministern der achtziger und neunziger Jahre sehr beliebt, Reformen, die von großen Mehrheiten gewünscht wurden (etwa im Tierschutz), immer wieder mit dem Argument abzubügeln, da könne man nichts machen, da müsse Brüssel entscheiden. Doch als die Angst vor BSE und MKS eine neue und entscheidungsfreudige Ministerin ins Amt brachte, galten ökologische und tierschützerische Reformen plötzlich als möglich. Deutlicher konnte der Beweis kaum erbracht werden, wie sehr die alten Agrarminister ihren eigenen Beharrungswillen immer hinter Brüssel versteckt hatten.

»Diese Politik des Sachzwangs«, schrieb Waltraud Schelke in der *Frankfurter Allgemeinen Zeitung,* »riskiert die populäre Zustimmung zur europäischen Integration. Was als Konstruktionsfehler des Brüsseler Molochs allseits beklagt wird, erweist sich als ein von Regierungen gewolltes Konstruktionsmerkmal ... (Es) erlaubt der nationalen Politik, die EU wechselweise zur schicksalhaften Quelle von Sachzwängen oder zum Sündenbock zu erklären. Darin liegt für die Regierungen jedoch die Gefahr, bei ihren Wählern weniger Reformbereitschaft als die Europaskepsis zu schüren.«

Jenseits dieser bedenklich wachsenden Europaskepsis hat der europäische Geist dennoch ein festes Fundament in der

Bevölkerung. Im »Eurobarometer« vom Frühsommer 2001 wurde deutlich, dass selbst in den vier Ländern, in denen eine Mehrheit die Osterweiterung ablehnt, die Mitgliedschaft in der EU auf solide Zustimmung trifft. In Frankreich und Deutschland ist fast die Hälfte der Bevölkerung für die Teilnahme ihres Landes an der europäischen Einigung. Das ist keine schlechte Grundlage. Wenn sich bald der Euro auch im Alltag als stabil erweist und wenn unsere Politiker endlich damit aufhören, alle ungeliebten Entscheidungen auf die EU abzuwälzen, dann wird der europäische Einigungsprozess immer tiefere Wurzeln schlagen.

Denn entgegen allen Unkenrufen war das Interesse an Europa noch nie so wach wie heute. Viele Jahre lang hatte etwa eine Zweidrittelmehrheit der Deutschen bei Umfragen angegeben, dass sie an der Europapolitik »keine Interesse« habe. Doch im Jahr 2001 gaben erstmals 47 Prozent an, sich für die Europapolitik zu interessieren (gegenüber 39 Prozent Desinteressierten). »Ein überraschend erweitertes Interesse der Deutschen für Europa«, kommentierte Elisabeth Noelle-Neumann dieses Ergebnis. »Das ist die Phase, in der sich Einstellungen bilden und dann oft lange Zeit nicht mehr umzuwenden sind.«

Bei aller Sorge, aller Skepsis und aller Angst vor einem Verlust der nationalen Identität – fragt man die Deutschen ganz konkret, welche Sachfragen sie gern EU-weit und einheitlich geregelt hätten, so kommt ein klarer Wunsch nach »mehr Europa« dabei heraus. So möchte eine große Mehrheit (82 Prozent) einheitliche Strafgesetze und eine einheitliche Rechtsprechung. Auch die Mehrwertsteuer wollen die meisten Deutschen harmonisiert haben, ebenso wie Autobahngebühren oder die Höhe der Renten- und Sozialversicherungsbeiträge. Fragt man also ganz konkret, werden aus vielen europaskeptischen Deutschen plötzlich sehr entschiedene Befürworter der Einheit. »Das sind die zwei Ebenen«, schreibt Noelle-Neumann, »die man schon seit langem im Auge haben musste, wenn man das Verhältnis der Deutschen zu Europa verstehen will. Da gibt es einmal das kurzfristige, das aktuelle Verhältnis, und das ist oft durch Verärgerung getrübt. Es ist geprägt von der öffentlichen Diskussion um Europa, bei der sich beinahe alles um Geld zu drehen scheint.« Doch es gibt auch eine »zweite, vernachlässigte Ebene: die langfristige Liebe der Deutschen zu Europa, die weit in die Zukunft geht und weit zurück in die Vergangenheit reicht«.

Eines ist sicher: Es gibt in Deutschland und in den meisten anderen Mitgliedsstaaten klare Mehrheiten, die keinen Superstaat mit Hauptstadt Brüssel wollen, sondern ein föderales Modell, in dem die einzelnen EU-Länder möglichst viel selbst entscheiden. Zwei Drittel der Befragten wünschen sich mehr Kompetenzen der einzelnen Mitglieder, ein Europa der Subsidiarität – jenseits von Brüssel. Allensbach fragte im Frühjahr 2001 die Deutschen: »Es gibt ja zwei verschiedene Möglichkeiten, wie Europa in Zukunft aussehen soll. Es kann ein gemeinsamer Staat sein mit einer zentralen Regierung und gemeinsamen Gesetzen, oder aber ein Bündnis einzelner selbständiger Staaten. Was meinen Sie, wie sollte es sein? Sollte es einen gemeinsamen europäischen Staat geben oder ein europäisches Bündnis selbständiger Staaten?« Die Antworten ließen an Deutlichkeit nichts zu wünschen übrig: Nur 16 Prozent wünschen sich Europa als Zentralstaat. Doch 67 Prozent möchten ein föderales Europa, ein Bündnis einzelner Staaten. Dies ist ein klarer Auftrag an die Politik.

3 Der europäische Geist

»Kultur ist kein Aspekt an Europa, keine Addition, kein Schönheitspflaster, kein äußeres Dekorum, Kultur hat Europa zu Europa gemacht.«
August Everding

Kultur – Europas entscheidender Standortvorteil

Warum waren die Menschen auf dem europäischen Kontinent so erfolgreich? Warum entwickeln sich manche Teile der Welt überaus rasant und andere so quälend langsam? Warum leben die Japaner in Wohlstand und die Madagassen in Armut? Warum gibt es so krasse geographische Unterschiede in der ökonomischen, technischen und gesellschaftlichen Entwicklung? Zu Beginn des 21. Jahrhunderts wird immer deutlicher, dass es Faktoren geben muss, die jenseits ökonomischer Systeme, geographischer Eigenheiten oder erblicher Mentalitätsunterschiede liegen. Malaysia und Kenia, Singapur und Ghana hatten ähnlich schlechte Voraussetzungen, als sich die britische Kolonialmacht zurückzog. Warum haben es die asiatischen Länder zu allgemeinem Wohlstand gebracht, nicht aber die afrikanischen? Staaten mit ähnlich kolonialer Vergangenheit und eng verwandten politischen Systemen entwickelten sich völlig unterschiedlich. Warum?

»Es muss etwas mit Kultur zu tun haben«, schreibt der polnische Schriftsteller Ryszard Kapuscinski. »Der kulturelle Faktor muss als ausschlaggebend für Wachstum oder Stagnation angesehen werden. Das heißt, dass der Kultur mehr Bedeutung zukommt. Die Kultur stellt uns vor ein Rätsel: In ihren Werten, Hierarchien und Inhalten ist vermutlich die Antwort auf die Frage zu finden, warum wir so sind und nicht anders, warum wir rückständig sind oder uns dynamisch entwickeln.« Die kulturellen Eigenheiten

Europas haben weit mehr zur ökonomischen Dynamik dieses Kontinents beigetragen als alle Bodenschätze, klimatischen und geographischen Vorteile zusammen.

Kultur kommt vom lateinischen »cultura« (Landbau). In den Anfängen der Landwirtschaft erforschte der amerikanische Anthropologe Jared Diamond die Ursprünge kultureller Ungleichheiten. Er vertritt die These, dass es in erster Linie die ökologische Ausstattung unterschiedlicher Lebensräume war, die die kulturelle Entwicklung menschlicher Gemeinschaften schon sehr früh vorbestimmte. Stämme, die in Regionen lebten, in denen es landwirtschaftlich nutzbare Pflanzen und Tiere gab, hatten einen ernormen Startvorteil.

Es gibt circa 270 000 Pflanzenarten, 3 000 davon sind essbar, 200 werden von Menschen kultiviert, doch nur fünfzehn bis zwanzig erlangten im Laufe der Geschichte wirtschaftliche Bedeutung. Und nur drei wurden zu den Hauptnährern der Menschheit: Weizen, Reis und Mais. Von den 4 630 Säugetieren und den 9 950 Vögeln sind nur sehr wenige so gut zur Domestizierung geeignet wie das Rind und das Huhn. In diesen Zwängen der Natur ist ein Großteil der kulturellen Entwicklung vorgegeben. Denn es war für unsere Urahnen ein gewaltiger Unterschied, ob sie etwa in Vorderasien lebten, wo es wilden Weizen und wilde Rinder gab, die man züchten und veredeln konnte. Oder ob ihnen die Umwelt solche Chancen einfach nicht bot, wie im Falle der australischen Ureinwohner, die weder eine Pflanzenart noch eine Tierart zu Verfügung hatten, mit denen Landwirtschaft möglich gewesen wäre. Dass die Entwicklung der Kulturen so unterschiedlich verlief, beruht also letztlich auf unterschiedlichen ökologischen Voraussetzungen in den Lebensräumen der Völker und nicht auf biologischen Unterschieden. »Die Einführung der Landwirtschaft«, schreibt Diamond, »war eine wichtige Etappe auf dem Weg, der zur militärischen und politischen Überlegenheit einiger Völker über andere führte.«

Die Kultivierung von Getreide brachte mehr Nahrungsmittelsicherheit. Aus Getreideüberschüssen entwickelten sich Märkte und mit ihnen die Schrift und die Rechenkunst. Pferdezucht erhöhte die Mobilität und führte zu militärischer Überlegenheit. Aus Märkten entstanden Städte. Aus Städten Staaten. Alles Weitere ergibt sich aus diesen Vorteilen, die die Umwelt einigen frühen Kulturen gewährte. Dass nicht der Inkaherrscher Atahualpa seine Truppen nach Spanien schickte, um König Karl I. gefangen zu nehmen, sondern umgekehrt, ist direkte Folge solcher kulturellen Unterschiede.

Wir Europäer hatten das große Glück, dass die wichtigsten Kulturpflanzen und Haustiere aus dem Nahen Osten zwischen 6000 und 3500 v. Chr. bei uns Einzug hielten. Und wir hatten später das Glück, dass die großen religiösen, ästhetischen und wissenschaftlichen Strömungen ungeachtet politischer Grenzen immer wieder den ganzen Kontinent erfassten. Schon früh gab es dafür eine gemeinsame Sprache, mit der sich die Gebildeten verständigen konnten: das Latein.

Europa wurde zu einem Hauptschauplatz der Weltgeschichte und zu einem Quell der Weltgeschichten. Und einige dieser Geschichten haben sich ins kollektive Unterbewusstsein des kleinen Kontinents eingeprägt. Die archaischen Erzählungen des Judentums und des Christentums, die Epen der mediterranen Antike, die großen Dramen und Romane der Neuzeit und Streitschriften der Aufklärung bestimmten den europäischen Geist. »Don Quichotte und Hamlet und Werther und Faust und Anna Karenina«, sagt der Anglist Dietrich Schwanitz, »gehören gewissermaßen zum gemeinsamen Bekanntenkreis Europas.« Sie stellen das kulturelle Gedächtnis des Abendlandes dar und definieren, was europäisch ist: eine gemeinsame Geisteshaltung, auf die sich mehr als zwei Dutzend Völker im Laufe der Jahrhunderte informell geeinigt haben. »Die europäische Entdeckung der Geschichte«, schrieb Mathias Schreiber in der *Frankfurter Allgemeinen Zeitung*, »die Verschmelzung antiker Harmonie-Ideale mit Luthers heftiger Subjektivität, die Autonomieträume der abendländischen Kunst, die Freiheit und Lebendigkeit der europäischen Stadt, das römische

Recht, die Demokratie, das selbstbewusst mit der Natur experimentierende Ich, all dies hängt mit der Kultur der Person zusammen, die Europa ausmacht.« Diese Person, der Europäer, ist für die ökonomische Entwicklung des Kontinents auch heute die wichtigste Ressource.

»Europäer haben den Rest der Welt verändert«, sagte Bill Clinton, als er den Karlspreis erhielt, »durch Unternehmergeist, Fantasie und ihre Fähigkeit zu Wachstum – Eigenschaften, die die Identität Europas immer sehr viel genauer beschreiben werden, als es ein Kartograph je könnte.« Europa ist kein räumlich definierter Begriff. Im strengen geographischen Sinne ist Europa nicht einmal ein Kontinent, sondern nur ein Zipfel der asiatischen Landmasse, wie Indien oder Südostasien. Oder wie der Schriftsteller Paul Valéry schrieb: »Ein kleines Vorgebirge des asiatischen Kontinents.« Europa ist vielmehr ein kultureller Raum, eine – wenn auch heterogene – Wertegemeinschaft. Kein fanatischer Religionsstaat, keine blutrünstige Diktatur und keine korrupte Clanherrschaft haben das Recht, sich europäisch zu nennen, auch wenn sie rein geographisch in Europa lägen.

»Die Globalisierung«, so Schwanitz, »ist ja in Wahrheit eine Europäisierung. Die Welt hat unsere kulturellen Erfindungen übernommen, den Staat, die rationale Verwaltung, die moderne Wissenschaft, also Dinge, die im 16. oder 17. Jahrhundert in Europa erfunden worden sind. Der europäische Bildungskanon ist ein besserer Zugang zum Verständnis der Globalisierung als irgendwas sonst.« John C. Kornblum, Ex-Botschafter der Vereinigten Staaten in Deutschland, bestätigt: »Man kann ohne Übertreibung sagen, dass Europa fast 400 Jahre lang die originäre Quelle der Globalisierung war. Seine Forscher, seine Ideale und seine praktischen Errungenschaften veränderten die Welt für immer.«

Europäisch sein, das heißt, eine »aktive, offene und kreative Haltung« einzunehmen (Kapuscinski). Europäertum bedeutet, mit anderen Kulturen zusammenzuleben, von ihren Besonderheiten zu profitieren. Zu den europäischen Tugenden zählen Freiheitsliebe, Toleranz und die Fähigkeit zur Selbstkritik, aber auch technische Wissbegier und der Ehrgeiz, mangelhafte Zustände zu verbessern. Eine tief verwurzelte kulturelle Eigenheit Europas bestand in der historischen Tatsache, dass es immer eine relativ große Zahl von Menschen gab, die ihr schöpferisches Talent in die Verbesserung von Produktionsmitteln investierten. Oftmals nicht durch materiellen Anreiz motiviert, sondern aus persönlicher Leidenschaft. Aus dieser einzigartigen Mischung entstand der kulturelle Standortvorteil, den Europa zu Beginn des industriellen Zeitalters erreicht hatte und der sich heute noch als Fortschrittsmotor erweist, obwohl ein Großteil der Welt in diesem Sinne »europäisch« geworden ist.

Viele Jahrhunderte lang war Europa technisch und kulturell hinter Asien zurückgeblieben. Doch ab dem 14. Jahrhundert traten in Europa Veränderungen ein, die den kleinen Kontinent später zur Geburtsstätte der Industriellen Revolution werden ließen. Europa überholte alle anderen Teile der Welt. Das geschah zunächst im Bildungsbereich. Nirgendwo konnten mehr Menschen schreiben. Und höhere Bildung geht stets mit höherem Konsum und höheren Investitionen einher. Bildung und Wissen sind Produktionsfaktoren, die durch ihren Einsatz nicht vermindert werden. Und der Wissensvorsprung machte das unentwegte Tüfteln, Verbessern, Rationalisieren, Optimieren und Ausprobieren zu einem entscheidenden Wesensmerkmal europäischer Kultur. Es waren, so schreibt der Autor Eric Lionel Jones, »jene unspektakulären, alltäglichen, nüchternen und biederen Verbesserungen der einfachen Technologie, der gängigen Dienstleistungen, des Rechtswesens und der Verwaltung«, die Europa auf den Weg zur Industriellen Revolution brachten. Solche unspektakulären, alltäglichen Verbesserungen mündeten dann früher oder später in spektakuläre Durchbrüche. Diese häuften sich im vorindustriellen Europa wie sonst nirgends auf der Welt: Die Niederländer revolutionierten die Techniken des Fischfangs und der Fischverarbeitung. An vielen Orten kam es zu technischen Verbesserungen und erheblichen Produktivitätssteigerungen in der Landwirtschaft und in der Textilindustrie. In Florenz wurden die ersten Kanalschiffe entwickelt, die mit Schwerlastkränen ausgerüstet waren. Die Wegenetze und Transportmittel für Holz, Salz und Metalle wurden immer effizienter. In Venedig trat Ende des 15. Jahrhunderts das erste förmliche Patentgesetz in Kraft. Die Renaissance beflügelte eine Kultur des Entdeckens.

All das stand in direktem Zusammenhang mit dem ungewöhnlich hohen Bildungsstand der einfachen Europäer. »Bedenkt man, dass seit langem gewisse Kenntnisse in den entlegendsten Landstrichen vorhanden waren«, schreibt Jones, »wo es Wassermühlen mit komplizierter Übersetzung gab, und bedenkt man die aufs Praktische gerichtete Wissbegier vieler Menschen, die in anderen Gesellschaften ihre Muße einseitig ihrem Vergnügen oder bestenfalls zweckfreiem Philosophieren gewidmet hätten, so ist der anhaltende Fortschritt gar nicht so erstaunlich.« Dieser kulturelle Standortvorteil Europas hat bis heute nichts von seiner Bedeutung verloren. »Europas Hauptvorteil ist«, schreibt der amerikanische Wirtschaftswissenschaftler Lester Thurow, »dass fast jeder gut ausgebildet startet.« Breite Volksbildung – vielleicht das wichtigste Merkmal der europäischen Kultur – konnte nur durch eine relativ egalitäre Ethik gedeihen, die aus den jüdisch-christlichen Wurzeln Europas erwuchs.

Wie erstarrte Herrschaftssysteme technischen Fortschritt verhindern, zeigt sich sehr deutlich am Beispiel der wohl wichtigsten Maschine der Neuzeit, der Druckerpresse. Obwohl reaktionäre Fürsten und die von Arbeitslosigkeit bedrohten Schreiberzünfte die technische Revolution des Druckwesens verhindern wollten, standen bereits fünfzehn Jahre nach Gutenbergs Tod in jedem europäischen Land außer Russland Druckerpressen. Die Anzahl der jährlich in Europa gedruckten Titel betrug 1600 mehr als 2000, zwei Jahrhunderte später jedoch schon das Zehnfache. Preiswerte Sammlungen technischen Wissens beflügelten allerorten die Kreativität von Handwerkern und Manufakturbetreibern. Obwohl auch asiatische Kulturen das Potenzial dafür hatten, wurde dieser bedeutende technisch-kulturelle

Fortschritt durch Herrscherwillkür gebremst. 1726 wurde die erste Druckerpresse in Konstantinopel in Betrieb genommen. Doch die osmanischen Herrscher verboten bereits 1730 das Betreiben von Druckereien. Bis 1780 durften keine Druckschriften mehr hergestellt werden. Und zwanzig Jahre später trat ein neuerliches Druckverbot in Kraft. Das Ergebnis: Zu Beginn des 19. Jahrhunderts konnten in Westeuropa zehnmal so viele Menschen lesen und schreiben wie im Osmanischen Reich.

»In Europa«, bemerkt Jones, »waren die Herrscher nie so absolut, wie sie gern gewesen wären.« Einerseits wurde ihre Macht durch die adeligen Großgrundbesitzer beschränkt, andererseits durch die Märkte ausgehöhlt. Doch um möglichst viele Steuern eintreiben zu können, mussten die Fürsten Märkte zulassen und sogar fördern. Märkte, Freihandel und Freizügigkeit vertragen sich aber schlecht mit despotischer Herrschaft. So wurde die Willkür der gekrönten Häupter in Schranken gehalten. Ihrerseits achteten die Fürsten im Eigeninteresse darauf, dass die ihnen unterstellten Adeligen nicht zu mächtig wurden. Diese wechselseitige Machtbeschränkung genügte bereits, damit sich der technische und ökonomische Fortschritt den Weg bahnen konnte. »Um einen Staat aus dem Zustand niedrigster Barbarei zu einem Höchstmaß des Wohlstands zu führen«, schrieb Adam Smith, »braucht es wenig mehr als Frieden, geringe Steuern und eine erträgliche Rechtsprechung; alles andere ergibt sich im natürlichen Lauf der Dinge.«

Nun waren solche friedlichen und politisch stabilen Verhältnisse auch in Europa lange Zeit nicht die Regel. Doch – und das merkten auch die jeweiligen Landesfürsten – immer wenn Frieden und Ordnung herrschten, nahmen Produktion und Handel einen Aufschwung. Und weil dies gut fürs Steueraufkommen war, verkniffen sich immer mehr Machthaber die eigenen Raubgelüste und hielten die kriminelle Energie ihrer Untertanen im Zaum. So wurde die Wirtschaft nach und nach vor ruinösen Willkürakten geschützt. Die klügeren unter den Herrschern kümmerten sich darum, den Handel zu erleichtern. Auf Märkten wurde der Gottesfrieden ausgerufen und Klöster übernahmen die Schirmherrschaft über Messen. Am besten gedieh die Wirtschaft dort, wo sich Produzenten und Händler der Obrigkeit entziehen konnten. Im ausgehenden Mittelalter blühten die dynamischsten Cluster der Ökonomie in den Grenzregionen zwischen Fürstentümern und Staaten. Doch der Weg zur freien Marktwirtschaft war lang und steinig und es gab viele Rückschläge zu verzeichnen. So entledigte sich Philipp der Schöne von Frankreich zu Beginn des 14. Jahrhunderts seiner Schulden, indem er seine Bankiers auf dem Scheiterhaufen verbrannte.

Das Glück begrenzter und zersplitterter Herrschaft war nicht der einzige Vorteil, der die wirtschaftliche Entwicklung Europas erleichterte. Geographische und ökologische Vorzüge kamen hinzu. Die Ausstattung mit natürlichen Ressourcen war von Region zu Region sehr unterschiedlich, was Austausch und Handel dringend notwendig machte. So hatte Schweden während des ganzen Mittelalters das Monopol auf Kupfer, aber kein Salz, um Vorräte haltbar zu machen. Die Transportkosten waren verglichen mit den riesigen Weiten Asiens relativ gering. Außerdem wurde der Fernhandel durch die große Zahl schiffbarer Flüsse erleichtert.

Jenseits von Politik und Geographie waren es immer wieder Bildung und Kultur, die den Standortvorteil Europas ausmachten. Und sie sind bis heute der entscheidende Faktor geblieben, der den westlichen Zipfel Asiens vom Rest der Welt unterscheidet. Der amerikanische Autor Jeremy Rifkin sieht darin den entscheidenden Antrieb für die Ökonomie der Zukunft, die er als Netzwerkökonomie definiert, in der materielle Produkte an Bedeutung verlieren und Zugänge in Form von Mitgliedschaften, Abonnements und Lizenzvereinbarungen immer wichtiger werden. »In einer Wirtschaft der Netzwerke«, so Rifkin, »ist Zeit der wertvollste Rohstoff. Märkte handeln mit industriellen Produkten, Netzwerke mit Wissen und Kultur.« Die Kultur Europas, egal ob klassisch oder im modernen Gewand als Popmusik, Mode, Design oder Online-Content ist ein härterer Wirtschaftsfaktor als jede noch so ausgetüftelte Optimierung der EU-Verwaltung in Brüssel. Sie schafft das geistige Klima für Erfindungen, Trends und neue Lebensstile, die neue Produkte hervorbringen. Arnold Toynbee betonte, dass das Schicksal von großen Gemeinschaften immer wieder von schöpferischen Minderheiten abhängt. Europa ist der Kontinent der schöpferischen Minderheiten, die heute mehr kooperieren, voneinander lernen, sich vermischen und experimentieren denn je. Das ist das geistige Klima, das Europa vereint. Jean Monnet, der große Architekt der europäischen Einigung, betonte im Rückblick auf sein Werk die Bedeutung des Kulturellen und warnte vor einer Überschätzung des Ökonomischen: »Als ich die europäische Einigung angestoßen habe, habe ich mit der Wirtschaft begonnen. Heute würde ich mit der Kultur beginnen.«

»Als Heinrich Heine Deutschland verließ,
da ging er zwar nach Paris,
aber er floh nach Europa.«
MARCEL REICH-RANICKI

Wegbereiter europäischer Identität

Der Deutsche Kurt Tucholsky liegt in Schweden begraben, der Brite Oscar Wilde in Frankreich, der Russe Mikhail Bakunin in der Schweiz, der Deutsche Karl Marx in England und der Schweizer Jean-Jacques Rousseau in Frankreich. Künstler, Literaten, Bohemiens, Philosophen und Revolutionäre waren schon immer »vaterlandslose Gesellen«. Das Gleiche gilt für die Elite der Wissenschaft, deren »Heimat« Queen's College, Sorbonne oder Humboldt-Universität heißt. Die großen Geister Europas ließen sich von nationalstaatlichen Gartenzäunen nie einengen. Wurden sie von den Kleingeistern ihrer Vaterländer ins Exil getrieben, brauchten sie meistens nicht sehr lange, um dort ein neues Zuhause zu finden, und konnten ebenso produktiv dichten, forschen und philosophieren wie zuvor. Solche Grenzgänger waren die Wegbereiter des geistigen Kontinents, lange bevor Europa ein Wirtschaftsthema wurde.

Einer der größten Europäer seiner Zeit war Heinrich Heine. Sein Grab liegt auf dem kleinen Friedhof im Pariser Stadtteil Montmartre. Es ist immer mit frischen Blumen geschmückt und wird von vielen Touristen besucht. Eine unruhige Ruhestätte, doch einem großen Geist würdig, dem alles Engstirnige und Provinzielle verhasst war. »So verliebt er in das Deutsche war«, schrieb Marcel Reich-Ranicki über Heine, »so liebte er zugleich und nicht weniger stark Europa. Als er 1830 Deutschland verließ, da ging er zwar nach Paris, aber er floh nach Europa. Er schwärmte für die

Französische Revolution und die französische Kunst, er schrieb über England und Italien. In Frankreich rühmte er die deutsche Romantische Schule und die Geschichte der Religion und der Philosophie in Deutschland. Den Blick der gebildeten Deutschen lenkte er auf Europa, und auf überraschende, auf ungeahnte Weise steigerte er das Interesse Europas an deutschem Geist, an deutscher Kultur.«

Heines Haltung war für die damalige Zeit gar nicht so exotisch, wie es den Anschein haben mag. Bis zum Ersten Weltkrieg galt es für viele Gebildete als selbstverständlich, den eigenen Horizont in Italien, Frankreich oder England zu erweitern. Goethe war nie in Berlin, aber er war in Italien, und er fühlte europäisch. »Wenn wir Deutschen nicht aus dem engen Kreis unserer eigenen Umgebung hinausblicken«, schrieb er, »so kommen wir gar zu leicht ... in pedantischen Dünkel. Ich sehe mich daher gerne bei fremden Nationen um und rate jedem, es auch seinerseits zu tun. Nationalliteratur will jetzt nicht viel sagen, die Epoche der Weltliteratur ist an der Zeit, und jeder muss jetzt dazu wirken, diese Epoche zu beschleunigen.«

Nicht nur für Dichter und Literaten, auch für Handwerker wie Kunstschmiede und Schreiner gehörte es zur Berufsehre, auf Wanderschaft zu gehen. Kein Talent konnte sich mit dem Wissensstand begnügen, der ihm im eigenen Land zur Verfügung stand. Mobilität war die Voraussetzung, um seine Begabungen zu vervollkommnen. Wer Anerkennung finden wollte, musste wissen, welche Innovationen in den Nachbarländern erfolgreich waren. Für die Aristokraten gehörte eine kosmopolitische Lebensart ohnehin zum guten Geschmack. Die europäischen Adelshäuser verheirateten ihre Sprösslinge quer über den Kontinent hinweg und in mancher Monarchie stand streng genommen ein Ausländer an der Spitze.

Europäische Gesinnung war zwar ein Minderheitenprogramm, doch es waren erfolgreiche und einflussreiche Minderheiten, die sich als Europäer fühlten. Heine gehörte dazu, aber auch Georg Friedrich Händel (1685 – 1759), der sich mit offenen Sinnen die deutsche, italienische und englische Musiktradition aneignete und in allen drei Ländern lebte und komponierte. Ein geradezu idealtypischer Europäer des 19. Jahrhunderts war der Naturforscher Alexander von Humboldt. Er war der angesehenste Wissenschaftler seiner Zeit und wie sein Bruder Wilhelm Liberaler aus Gesinnung. Humboldt sprach und schrieb in drei Sprachen: Deutsch, Französisch und Englisch. Im Alter von 29 Jahren ließ er sich sein Erbe ausbezahlen und reiste fünf Jahre lang durch die Neue Welt; sein Reisegefährte: ein französischer Arzt; seine Gesprächspartner: Politiker wie Thomas Jefferson; seine Expeditionsleistung: die Besteigung des Chimboraso (6329 m) bis auf 500 m unter den Gipfel. Zwei Generationen lang galt der Chimboraso als der höchste Berg der Welt.

In der kurzen Spanne zwischen den beiden großen Kriegen des 20. Jahrhunderts wurde der Typus des bewussten Europäers von Wissenschaftlern wie Albert Einstein und Literaten wie Kurt Tucholsky verkörpert, der zutiefst deutsch fühlte, aber auch in Frankreich und Schweden zu Hause war. Viele Intellektuelle der politischen Linken definierten sich damals als Europäer und empfanden es – wie der Brite George Orwell – als Pflicht, im spanischen Bürgerkrieg die Republik zu verteidigen. Die Zwischenkriegszeit brachte aber auch Visionäre hervor, wie Richard Graf Coudenhove-Kalergi, der 1922 einen bis heute legendären Artikel schrieb. Sein Titel lautete: »Paneuropa – ein Vorschlag«. Darin argumentierte der damals 28-Jährige, dass ein europäischer Staatenbund die einzige Alternative zu einem neuen Weltkrieg sei. Er sollte Recht behalten. Graf Coudenhove-Kalergi konnte große Geister seiner Zeit für die europäische Idee gewinnen, darunter die Schriftsteller Heinrich und Thomas Mann und die Politiker Gustav Stresemann und Aristide Briand. Hitler dagegen beschimpfte ihn als »Allerweltsbastard«.

Der Graf ging ins Exil und lehrte später Geschichte in den USA, wo er eine europäische Verfassung formulierte und den Entwurf der berühmten Zürcher Rede schrieb, in der Winston Churchill 1946 die Jugend aufrief, »eine Art Vereinigte Staaten von Europa zu errichten«. Ironischerweise war es wenige Jahre später ausgerechnet Großbritannien, das sich am stärksten gegen diese Idee sträubte. Es waren hauptsächlich Franzosen, Italiener und Deutsche, die sich an die Arbeit machten, um Churchills Vision Schritt für Schritt zu verwirklichen. Vielleicht kein Zufall, denn Frankreich, (teilweise) Italien und Deutschland gehörten zu jenem Kerneuropa oder auch Kleineuropa, das bereits Karl der Große vereinigt hatte. Sein »Imperium Romanum« umfasste einst die Vorfahren der Westdeutschen, der Franzosen, der Norditaliener, der Österreicher, der Schweizer, Belgier und Niederländer. So wurde Karl der Große zum Urvater aller späteren Visionen europäischer Einheit. Nicht ohne Grund trägt heute das Gebäude in Brüssel, in dem die EU-Generaldirektion für Erweiterung, Außenhandel und Außenbeziehungen residiert, den Namen »Charlemagne«.

Was Karl der Große im 8. Jahrhundert mit dem Schwert erzwang, gelang den modernen Architekten Europas durch politische Klugheit, Ausdauer und Verhandlungsgeschick. Es waren vier Männer, denen wir das politische Meisterstück des 20. Jahrhunderts verdanken. Jeder von ihnen hatte im Laufe seines Lebens Einsichten und Talente erworben, die zusammen genau die richtige Mischung ergaben. Als Sohn eines Spirituosenhändlers aus Cognac war der Chef der französischen Planungsbehörde Jean Monnet von Jugend an gewöhnt, Produkte international zu vermarkten. Der Ex-Bürgermeister Konrad Adenauer hatte das Gespür für das Spannungsverhältnis zwischen nationaler, regionaler und kommunaler Politik. Robert Schuman, der französische Außenminister, wuchs in der lothringischen Stadt Metz auf, die in seiner Jugend deutsch war. Den Ersten Weltkrieg hatte er als deutscher Soldat erlebt. Der Italiener Alcide de Gasperi machte ganz ähnliche Lebenserfahrungen wie Schuman. Er wuchs im Trentin auf, das damals zur Donaumonarchie gehörte.

Frankreichs Außenminister Robert Schuman war weit weniger vom europäischen Gedanken beseelt als sein Mitarbeiter Monnet. Der französische Autor Jacques Fauvet schrieb über ihn: »Von Geburt Luxemburger, deutsch erzogen, immer katholisch und französisch im Herzen, war er dazu ausersehen, einer der Prinzen Europas zu werden.« Zunächst als Finanzminister, kurzzeitig als Premierminister und schließlich als Außenminister schien er ein traditioneller französischer Patriot zu sein. Aber Monnet fand sein Ohr und überzeugte ihn, dass ein nationalstaatlich zerteiltes Europa ein historischer Anachronismus sei. Schuman machte sich diese Ansicht zu Eigen und ließ sich von der Idee einer Zusammenlegung der Kohle- und Stahlindustrie begeistern. Als er am 9. März 1952 vor die Nationalversammlung trat und das verkündete, was einmal als Schuman-Plan in die Geschichte eingehen sollte, bezeichnete er die Montanunion bereits als »konkrete Grundlage für eine gemeinsame wirtschaftliche Entwicklung, als ersten Schritt für eine Föderation in Europa«.

Auch Alcide de Gasperi, Chef der italienischen Christdemokraten und Premierminister von 1945 bis 1953, setzte sich entschieden für Monnets Ideen ein. De Gasperi sah in einem föderalen Europa den sichersten Garanten für Frieden und Demokratie, die er als Untertan des Habsburger Reiches und als Gefangener Mussolinis lange schmerzlich vermisst hatte.

Der Dritte im Bunde war ein Deutscher, ein Rheinländer, dem die westlichen Nachbarn näher standen als Preußen: Konrad Adenauer. Der Schuman-Plan bildete die Geburtsstunde der Europäischen Gemeinschaft als ökonomisches und politisches Konkretum. Adenauer und de Gaulle schufen das dafür notwendige populäre Gemeinschaftsgefühl und prägten eine Epoche der Freundschaft zwischen Bonn und Paris. Bei seinem ersten Besuch in Paris, 1951, erklärte der deutsche Kanzler tief bewegt, warum ihn seine erste offizielle Auslandsreise an die Seine führe: »Ich will damit dokumentieren, dass ich das französisch-deutsche Verhältnis für die Kernfrage jeder europäischen Lösung halte. Wir müssen neue Wege beschreiten lernen. Nur wenn uns dies gelingt, kann ein neues Europa entstehen, in dem die Kleinstaaterei und der nationale Egoismus überwunden werden.« Was heute selbstverständlich klingt, war damals ein großartiger politischer Aufbruch. Schließlich hatten die Deutschen Frankreich wenige Jahre zuvor wieder einmal überfallen, besetzt und drangsaliert. Kaiserreich und Nazidiktatur hatten mit propagandistischem Dauerfeuer das schöne Gesicht Frankreichs in der Vorstellung der Deutschen zur Fratze des »Erbfeinds« verzerrt. Solche Hetze, das war Adenauers großes Ziel, sollte nie mehr Erfolg haben können und, besser noch, nie mehr möglich sein. In einem Hintergrundgespräch forderte Adenauer 1951 Journalisten auf, »dem deutschen Volk etwas sehr Positives« über die Montanunion zu sagen: »Beachten Sie bitte, dass dieser Vertrag ... zu einer gemeinsamen Arbeit zwingt ..., er zwingt geradezu die Völker, gemeinsam zu arbeiten, und der gemeinsamen Arbeit wird ein gemeinsames Denken folgen, wird eine wirkliche Annäherung der beiden Völker Frankreichs und Deutschlands erzwingen.« Auch hier wieder – wie bei Monnet – das Kalkül, über die Ökonomie zunächst die hungrigen Bäuche, dann die Köpfe und schließlich die Herzen der einstmals verfeindeten Völker zu erreichen.

Waren Schuman, de Gaulle, de Gasperi und Adenauer die Hauptdarsteller auf der europäischen Bühne, so war Monnet der Regisseur. Die treibende Kraft hinter den Kulissen war ein erfahrener Technokrat, der im Laufe einer schillernden Karriere enorme Erfahrungen gesammelt hatte. Ein Grandseigneur aus der französischen Provinz, der ohne akademische Bildung schon sehr früh in nationale und internationale politische Schlüsselpositionen aufstieg. Meist blieb er dabei in der zweiten Reihe, verstand es aber wie kein anderer, den prominenten Frontmännern der Politik die Auswege anzubieten, die sie suchten, aber selbst nicht fanden. Im Ersten Weltkrieg hatte er sich Verdienste ums Vaterland erworben, weil er die Rüstungsanstrengungen Frankreichs und Englands geschickt koordinierte. Bereits mit dreißig hatte er es zum Vizegeneralsekretär des Völkerbundes gebracht und mit vierzig als Bankier zum Millionär. Als Hitler den Kontinent versklavte, organisierte

Monnet den amerikanischen Waffennachschub für die britische Armee und den französischen Widerstand. John Maynard Keynes sagte über diese Leistung Monnets, dass sie den Zweiten Weltkrieg um ein Jahr verkürzt habe. Nach dem Krieg sorgte er als Leiter der Pariser Planungsbehörde dafür, dass die Marshallplan-Gelder der Modernisierung von Frankreichs Wirtschaft dienten.

Jean Monnet, der Mann, der das Konzept für die Europäische Gemeinschaft für Kohle und Stahl entwickelt hat, ahnte, dass er Europa von Grund auf verändern würde. Er war davon überzeugt, dass es illusorisch wäre, mit einem Schlag ein fertiges institutionelles Gebäude zu errichten. Dies hätte in allen beteiligten Nationen derartige Widerstände hervorgerufen, dass jede weitere Initiative von vornherein zum Scheitern verurteilt gewesen wäre. Die Menschen – die sich ja zum Teil noch wenige Jahre zuvor als feindliche Soldaten gegenübergestanden hatten – waren nicht so leicht bereit, sich auf ein geeintes Europa einzulassen, in dem die Staaten wichtige Souveränitätsrechte abgaben. Um Erfolg zu haben, so riet er seinem Chef Robert Schuman, müsse man die Ziele auf begrenzte, strategisch wichtige, aber psychologisch akzeptable Bereiche beschränken und einen gemeinsamen Entscheidungsmechanismus einrichten, an den schrittweise neue Zuständigkeiten übertragen werden könnten. Diese kluge Selbstbeschränkung, die jedoch allzeit von Ausbaufähigkeit begleitet wurde, entpuppte sich als das Erfolgsrezept der europäischen Einigung.

Der begrenzte, aber wichtige Bereich, auf den die Wahl fiel, war die Schwerindustrie. Für eine gemeinsame wirtschaftliche Anstrengung, die einen besseren Lebensstandard verhieß, konnte man die Herzen der Völker gewinnen. Die Menschen waren nach dem Zweiten Weltkrieg erschöpft und hatten von politischem Pathos und ideologischer Weltbeglückung die Nase gestrichen voll. Der die Einigung begleitende Ton ökonomischer Sachlichkeit klang für viele nach einer lang ersehnten, von Vernunft bestimmten Normalität. Wirtschaftskooperation könnte die Gegensätze überbrücken und die einstigen Feinde zur Zusammenarbeit anleiten. Darüber hinaus hofften viele, mit vereinten Kräften schneller zu Wohlstand zu kommen, die Früchte der Arbeit im wechselseitigen Austausch friedlich zu genießen und den eigenen Nutzen im Vorteil des anderen zu finden. Not und Elend der Nachkriegszeit waren bedrückend. Der Pragmatiker Monnet schätzte die Stimmung der Menschen richtig ein und handelte, wie es in einer berühmten Zeile von Schiller heißt: »Gebt ihm zu essen, zu wohnen. Habt ihr die Blöße bedeckt, gibt sich die Würde von selbst.«

Monnet hatte seine Einfälle auf ausgedehnten Spaziergängen, berichtet sein Biograf François Duchêne. In langen Diskussionen im Kreise seiner Mitarbeiter erhielten die Ideen dann die Form, in der er sie seinem Minister vorschlug. In der Wochenzeitung *Die Zeit* analysierte Christoph Bertram das Visionäre im Denken des kleinen Mannes aus Cognac sehr treffend: »Anders als Bürokraten und Diplomaten, die internationale Vereinbarungen als umfassendes Regelwerk verstehen, das alle Ungewissheiten abdeckt, vertraute Monnet auf die Kraft des richtigen ersten Schrittes. Im Schuman-Plan waren dies die Institutionen, das Entscheidungsverfahren. Damit war der Prozess für künftige Lösungen eingeleitet.«

Mit dem Inkrafttreten des EGKS-Vertrags übernahm Monnet als Erster das Präsidium der Hohen Behörde der Montanunion, die dann 1967 mit den Exekutivbehörden der EWG und der Euratom zur EG-Kommission fusionierte. 1976 – drei Jahre vor seinem Tode – ernannte ihn der Europäische Rat zum »Ehrenbürger Europas«. Kein anderer wäre dieses Ehrentitels würdiger gewesen.

Auch Deutschland hat einen »kleinen Monnet« hervorgebracht: Walter Hallstein, die graue Eminenz in Adenauers Außenpolitik. 1958 bis 1968 war Hallstein Präsident der Kommission in Brüssel, wo es ihm trotz vieler Schwierigkeiten gelang, die damalige Sechser-Gemeinschaft zu konsolidieren und Adenauers Politik der Verankerung Deutschlands im Westen voranzutreiben. Hallsteins Ziel war ein wahrhaft geeintes Europa. Er erreichte es nicht, aber durch einen zügigen Abbau der Zollschranken und die Zusammenlegung europäischer Behörden ebnete er den Weg dorthin.

In den späten achtziger Jahren trat ein anderer Franzose in die Fußstapfen Monnets: Jacques Delors. Wenn Monnet die Flamme Europas entzündete, so war es Delors, dem es gelang, das absterbende Feuer von neuem zu entfachen. Als Präsident der Europäischen Kommission gelang es ihm, gegen alle Widerstände die Erweiterung auf fünfzehn Nationen durchzusetzen. Auch die Verwirklichung eines wahrhaft gemeinsamen Marktes und der Währungsunion steuerte Delors sehr zielbewusst und erfolgreich an.

Auf höchster Ebene nahmen in den siebziger und achtziger Jahren Valéry Giscard d'Estaing und Helmut Schmidt, später François Mitterrand und Helmut Kohl die Fackel auf, die de Gaulle und Adenauer entfacht hatten. Langsam, aber sicher kam in der Vernunftehe der beiden Völker zwar keine euphorische Liebe, aber immerhin wachsende Zuneigung auf. Vom ersten bis zum letzten Tag seiner langen Kanzlerschaft war die Vertiefung der Europäischen Union Kohls großes Ziel, an dem er stetig arbeitete und das er nach der Wiedervereinigung Deutschlands mit noch mehr Nachdruck verfolgte. Vielleicht wird dies als seine wichtigste Leistung in die Geschichte eingehen, mehr noch als die politische Bewältigung des Mauerfalls, der ja mehr ein historisches Geschenk und weniger Resultat gezielter Strategie war.

Die Visionäre, Wegbereiter und Architekten Europas verdienen Dank und Anerkennung. Wir können den Blick schweifen lassen, neue Horizonte anpeilen, weil wir auf ihren Schultern stehen. Es gehört heute zum guten Ton, Heine und Goethe für ihr Europäertum zu preisen. Diejenigen aber, die die Visionen der Dichter in konkrete politische Schritte umsetzten, werden leider oftmals als Technokraten abgestempelt oder sind – wie Hallstein – schon fast vergessen. Zu Unrecht, denn Europa ist ein Gesamtkunstwerk, das von Kreativität und Technik lebt, von Realismus und

Optimismus, von großen Würfen und kleinen Schritten. Viele verlieren dabei den Überblick. Viele nehmen den Fortschritt nur rückblickend wahr. Weitsichtige Pragmatiker, visionäre Technokraten, revolutionäre Reformer gibt es in den politischen Eliten nicht allzu viele. Monnet und Delors waren Glücksfälle. Die belastbaren Freundschaften deutscher Kanzler mit französischen Präsidenten waren es ebenfalls. Europa braucht Persönlichkeiten, die unerschütterlich wie Sisyphos den Stein bergauf rollen. Es lohnt sich. Schon Camus hat gesagt, dass man sich Sisyphos als glücklichen Menschen vorzustellen habe.

»Die Einigung Europas gleicht dem Versuch, ein Omelett zu backen, ohne Eier zu zerschlagen.«
PAUL LACROIX

Europa damals und heute

Das »europäische Haus« existiert nicht. Zu fest gefügt klingt diese Metapher, zu fertig, zu vollendet. Robert Schuman hatte es sich 1950 so vorgestellt. Er prophezeite damals ein »fest geeinigtes und solide gebautes Europa«. Es kam anders. Europa blieb vielmehr bis heute eine Baustelle, ein provisorischer Komplex, in dem bereits einige wohnen, Arbeiter und Architekten aber noch ein und aus gehen und Wohnungssuchende sehnlich auf den Einzugstermin warten. Nichts ist richtig fertig, doch das Zusammenleben funktioniert überraschend gut, das Wasser fließt aus der Leitung, die Stromversorgung klappt und der Müll wird abtransportiert. Während die Architekten immer neue Pläne ausbrüten und verwerfen, während die Mieter immer wieder murren oder sich für ein paar Tage beleidigt in ihre vier Wände zurückziehen, machen die Bauarbeiter munter weiter. Trotz allem Gejammer und Geklage möchte kein Mieter zurück in sein altes Häuschen am Stadtrand.

Das vereinte Europa ist in erster Linie die Geschichte eines Aufschubs, eines steten Fortschreitens trotz fortwährender Bremsmanöver. Die Baustelle Europa ist eine Erfolgsgeschichte im Schneckentempo. Sie kennt keinen Freudentaumel und keine Hochgefühle. Es gibt ziemlich selten solche Momente wie in den fünfziger Jahren, als Studenten aus Frankreich und Deutschland, Belgien und den Niederlanden – unter ihnen Helmut Kohl – die Schlagbäume an den Grenzen demonstrativ öffneten.

Doch eigentlich ist es gar nicht so wichtig, ob es die Vereinigten Staaten von Europa je geben wird. Allein die Idee, dass es sie geben könnte, hat das Leben in Europa für alle Bürger um Klassen verbessert. Trotz vergeudeter Milliarden, trotz unsinniger Subventionspolitik, trotz wirrer Bürokratie ist das vereinte Europa ein unschlagbares Erfolgskonzept. Gerade wir Deutschen können uns glücklich schätzen, erstmals in unserer Geschichte nicht von Feinden, sondern von Freunden umgeben zu sein. Der lang anhaltende Aufschwung unserer Wirtschaft, der Wohlstand für alle brachte, wäre niemals möglich gewesen ohne die Liberalisierung des Industriehandels zwischen den Staaten Europas. Selten begreifen wir unser Glück, denn Jammern auf hohem Niveau ist vielen Deutschen zur zweiten Natur geworden. Auch zeigen unsere Politiker gern auf den Sündenbock Europa, um von eigenen Fehlern und Versäumnissen abzulenken. Die Vorzüge von Freihandel, Freizügigkeit und gemeinsamer Währung sind einfach so selbstverständlich geworden, dass sie von den meisten Menschen gar nicht mehr mit Europa in Verbindung gebracht werden. Über ein halbes Jahrhundert Frieden, freie Fahrt über Grenzen, ein üppiges Warenangebot in den Läden: All das haben wir der Baustelle Europa zu verdanken.

Die glänzende Idee, ein gemeinsames Haus zu bauen, stammte übrigens nicht von den Mietern. Es waren zwei Nachbarn, ein freundlicher und ein unheimlicher, die die späteren Mieter dazu brachten, sich doch besser zusammenzutun. Der französische Historiker Joseph Rovan nannte die Sowjetunion »unfreiwillige Mutter der europäischen Neuordnung«. Die Abwehr des Kommunismus war zweifellos eine der wichtigsten Triebkräfte der europäischen Einigung. Der entschiedene Antikommunismus bürgerlicher und sozialdemokratischer Politiker Westeuropas war nur allzu gut begründet. Anfang der fünfziger Jahre hieß der Führer der UdSSR immer noch Josef Stalin. Man musste schon sehr naiv sein, um nicht zu fürchten, dass der blutrünstige Diktator früher oder später seinen Machtbereich weiter ausdehnen wollte. Schließlich hatte er in Frankreich, Italien und damals auch noch in Deutschland willige

Hilfstruppen in Form starker und straff organisierter kommunistischer Parteien.

Neben diesem indirekten Druck zur Einigung aus Moskau kam ein ganz direkter aus Washington. Außenpolitiker der Vereinigten Staaten fürchteten ganz zu Recht, dass ein isoliertes Deutschland früher oder später Stalins Beute werden würde, und drängten auf Integration. Für den Publizisten und ehemaligen Berater Willy Brandts, Klaus Harpprecht, ging die Rolle Amerikas bei der europäischen Einigung weit darüber hinaus. Ebenso wichtig war der tief greifende kulturelle Wandel, der oftmals als Amerikanisierung Europas geschmäht wird. »Man kann mit guten Gründen behaupten«, so Harpprecht, »dass die Europäisierung Europas nur durch seine Amerikanisierung möglich wurde. Das galt nicht nur für die Organisation seiner Sicherheit in der Atlantischen Allianz. Von den Vereinigten Staaten breitete sich – darin erwiesen sie sich in der Tat als das neue Rom – eine Weltzivilisation aus, die jeden Winkel Europas und danach des Erdkreises durchdrang: durch seine Musik, seine Filme, seine Literatur, seine Tänze, seine Sprache, zumal in der Werbung, durch seine sozialen Leitbilder, das bunte Gemisch seiner Rassen, seine überragende Technik und schließlich durch die Gewohnheiten seines Alltags von den Jeans über Coca-Cola, Hamburger bis hin zu Joints.« Ironischerweise konnte Europa nur zur Zusammenarbeit finden, weil das europäische Zeitalter vorüber und das amerikanische angebrochen war.

Der amerikanische Wunsch nach gemeinsamer Abwehr der kommunistischen Bedrohung traf sich glücklicherweise mit den Interessen Frankreichs, wo man sich aus bitterer historischer Erfahrung gern Einsicht und Kontrolle in die rüstungswichtige deutsche Schwerindustrie wünschte. Was lag näher, als die deutsche Wirtschaft stärker in den europäischen Raum einzubinden? Deutschland dagegen wollte endlich seinen schlechten Ruf als unberechenbarer Nachbar und aggressionslüsterner Militärstaat loswerden. Es nutzte die Chance, sich als gleichberechtigter Staat in einem internationalen Bündnis darstellen zu können. So wurde der kühne Plan von Jean Monnet, dem Leiter der französischen

Planungsbehörde, in Angriff genommen, die Kohle- und Stahlindustrie der westeuropäischen Kernländer zu integrieren. Dieses Vorhaben wurde elf Monate lang verhandelt, im Frühling 1951 unterschrieben und hieß EGKS (Europäische Gemeinschaft für Kohle und Stahl), besser bekannt als Montanunion. Frankreich, Deutschland, Italien und die Beneluxländer bildeten dieses »Kleineuropa«, wie man es damals nannte, immerhin der erste freiwillige und freiheitliche Zusammenschluss europäischer Staaten. Die Montanunion sah für die Dauer von fünfzig Jahren die Schaffung eines gemeinsamen Marktes der Kohle und Stahl erzeugenden Industrie vor. Binnenzölle sollten aufgehoben, Außenzölle angeglichen werden. Ein kleines Wunder war geschehen: Traditionell verfeindete europäische Staaten verzichteten auf nationale Hoheitsrechte, die sie auf eine supranationale Behörde übertrugen. Nicht alle waren begeistert davon, so witterte der westdeutsche KPD-Chef Max Reimann hinter der Annäherung Westeuropas einen Plan, um das »Kriegspotenzial der westlichen Länder zusammenzufassen«. Der *Spiegel* witterte den Ausverkauf nationaler Interessen und warnte unter der Überschrift »Das größte Abenteuer«: »Diese Zerschlagung der historisch gewachsenen Verbundwirtschaft an Rhein und Ruhr ist irreparabel, wenn die Montanunion in Kraft tritt ... werden Rhein und Ruhr auf fünfzig Jahre die Daumenschrauben angelegt: Jede Korrektur dieser Ruhrzerschlagung bedarf dann der Zustimmung der Hohen Behörde des Schuman-Plans ... Mit anderen Worten: Der größte Kohlelieferant Europas wird abhängig von der Stimmenmehrheit der Kohleabnehmer.«

Die Institutionen der EGKS waren der heutigen EU-Administration schon recht ähnlich. Als oberste Instanz diente die »Hohe Behörde« mit Sitz in Luxemburg. Als Bindeglied zwischen den nationalen Regierungen und der Hohen Behörde fungierte der Ministerrat. Er musste bei allen grundsätzlichen Entscheidungen gehört werden. Als Kontrollinstanz wurde die Gemeinsame Versammlung eingerichtet, das Parlament der EGKS. Ihr gehörten damals 78 Abgeordnete aus allen Mitgliedsstaaten an. Streitigkeiten innerhalb der Montanunion sollten durch einen aus neun Richtern bestehenden Gerichtshof entschieden werden.

Durch den schleichenden ökonomischen Bedeutungsverlust der Schwerindustrie, billige Importkohle aus den USA und Öl aus dem Nahen Osten wurde die Montanunion geschwächt und verlor zusehends an Bedeutung. Die beteiligten Staaten hatten jedoch erkannt, wie wertvoll dieses funktionierende und für das zwischenstaatliche Klima förderliche System war, und beschlossen, es fortzusetzen. So passten sie es der veränderten Wirtschaftslage an und schufen mit den Römischen Verträgen (Unterzeichnung 1957) die Europäische Wirtschaftsgemeinschaft (EWG) und die Euratom (Europäische Atomgemeinschaft). Die Römischen Verträge bedeuteten die Ausdehnung der Montanunion auf die gesamte Wirtschaft. In Konkurrenz zur EWG gründeten Großbritannien, Irland, Norwegen, Schweden, Österreich, die Schweiz und Portugal 1960 die EFTA (Europäische Freihandelsassoziation) nach ähnlichem Modell. Als die EG und später die EU gegründet wurden, traten aber alle bis auf Norwegen und die Schweiz über.

Im Deutschland der sechziger Jahre wird das Kürzel EWG durch die damals beliebteste Unterhaltungssendung im Fernsehen populär: das Quiz »Einer Wird Gewinnen« mit Hans-Joachim Kulenkampff. Wie der »Grand Prix Eurovision« war auch »EWG« eine Eurovisionssendung, also ein Programm, das in mehreren Nachbarländern gleichzeitig gesendet wurde. Symbol und Erkennungsmelodie der Eurovision wurden die ersten wirklich populären Europasymbole, lange vor dem blauen Sternenbanner und der offiziellen Europahymne (Beethovens »Ode an die Freude«). Interessiert und amüsiert lernten die deutschen Zuschauer ihre europäischen Nachbarländer in Form freundlicher junger Quiz-Kandidaten kennen. Dies wollten sie auch bald ganz persönlich tun. Und so wurden der VW-Käfer oder der Opel-Rekord bepackt, um die italienischen Adriastrände, Südfrankreich oder die spanische Sonnenküste zu erkunden. Die Reisewelle wuchs von Jahr zu Jahr. In die Gegenrichtung fuhren die Arbeitsemigranten aus Italien, Spanien und Griechenland, die

Stufen der ökonomischen Integration

Stufe (Grad der Integration ↑)	Beispiele
Vollkommene ökonomische Integration	Bundesstaaten der USA, Kantone der Schweizer Föderation
Wirtschaftsunion	Europäische (Wirtschafts-)Gemeinschaft (»Binnenmarkt«) seit 1993
Gemeinsamer Markt	BeNeLux-Union vor 1960
Zollunion	Deutscher Zollverein im 19. Jahrhundert
Freihandelszone	EFTA, NAFTA
Vorzugszölle	Großbritannien und das Commonwealth nach 1919

Quelle: Encyclopaedia Britannica, McKinsey-Research

Europa auch in den Fabrikhallen und in der Gastronomie alltägliche Wirklichkeit werden ließen. 1968 wurden die letzten Binnenzölle abgeschafft und der gemeinsame Arbeitsmarkt begründet, der den Arbeitnehmern aller sechs Mitgliedsstaaten Freizügigkeit in der Wahl des Arbeitsplatzes über die Grenzen hinweg gewährte. Die volle klassische Souveränität des Nationalstaats existierte nicht mehr. Doch irgendwie hatte es keiner so recht bemerkt und sie wurde auch von niemandem vermisst – abgesehen von einigen Politikern am linken und rechten Rand des europäischen Parteienspektrums.

Das vereinigte Europa hatte sich in den Alltag der Menschen eingeschlichen, ziemlich unspektakulär und ohne Pauken und Trompeten. In dieser pragmatischen Bescheidenheit liegt wohl auch das Erfolgsrezept des Konzepts Europa. Es gab keinen konstitutionellen Akt, keine feierliche Gründung der Europäischen Union, keinen Tag, von dem man sagen könnte, an ihm wurde das vereinte Europa gegründet. Stattdessen kamen die Impulse von der Montanunion bis heute aus der wirtschaftlichen Zusammenarbeit in immer mehr Bereichen. Dies bewirkte einen Schneeballeffekt, der schließlich zur heutigen Wirtschaftsgemeinschaft führte.

Das erhabene Ziel der politischen Union blieb zumeist rein deklaratorisch und erwies sich als praktisch wenig belastbar. Es wurde deshalb immer wieder kritisiert, dass bei der europäischen Einigung die Wirtschaft das Primat über die Politik habe. Diese Kritik ist richtig, denn die real existierende EU ist eine Wirtschaftsgemeinschaft. Doch ist diese Beschränktheit auf die Ökonomie gerade das Erfolgsrezept der Gemeinschaft. Dass sich die Einigung Europas im Grunde auf einen gemeinsamen Markt beschränkte, liegt an den unterschiedlichen nationalen Einzelinteressen, die eine politische Union immer wieder ausbremsten. Das wurde bereits 1954 klar, als die Gaullisten gemeinsam mit den Kommunisten in der französischen Nationalversammlung gegen die geplante Europäische Verteidigungsgemeinschaft stimmten. Das eigentliche Ziel der Gründer, die nationalen Egoismen gemeinsam zu überwinden, wurde verfehlt. Bis heute steckt die nationalstaatliche Interessenvertretung den Rahmen der möglichen Integration ab. Konkrete Entwicklungsschritte konnten immer nur dann verwirklicht werden, wenn es den Diplomaten gelang, ein Paket zu schnüren, bei dem alle Mitglieder das Gefühl hatten, möglichst viel für ihr Land herausgeholt zu haben. Bei diesem zähen Abgleich der Einzelinteressen kamen selten große politische Fortschritte, aber immer mehr wirtschaftliche Integration heraus.

In einem größeren historischen Kontext betrachtet, kann sich das Ergebnis auch politisch sehen lassen. Vergessen wir nicht: In den vorangegangenen 300 Jahren waren die Staaten Europas dutzende Male übereinander hergefallen. Für ganze Generationen war Krieg der Normalzustand und Frieden nur eine Atempause: der Dreißigjährige Krieg, der Siebenjährige Krieg, die Napoleonischen Kriege, der Deutsch-Französische Krieg und schließlich die beiden Weltkriege, von denen der erste acht Millionen Opfer forderte und der zweite vierzig Millionen. Das ganze Grauen, die dazugehörige Hetze, die nationalen Räusche, die tief sitzenden Vorurteile wurden in weniger als einem halben Jahrhundert europäischer Einigung zu verstaubten Gespenstern der Vergangenheit.

Sicherlich war die Europäische Gemeinschaft zu keiner Zeit eine Volksbewegung. Sie entstand nicht als demokratischer Prozess von unten. Die Bevölkerung der betroffenen Länder war an der in ihrem Namen und zu ihrem Wohl geschaffenen EU kaum beteiligt. Sie wurde größtenteils von bürokratischen Eliten ersonnen, am grünen Tisch geplant und beschlossen, wie in einer aufgeklärten Monarchie, in der der König dem Volk sein Glück verordnet. Die Avantgarde bestand nicht aus charismatischen Volkstribunen, die mit der blauen Europafahne in der Hand den Massen voranstürmten. Es waren Beamte, trockene Experten, blasse Kommissare, visionäre Intellektuelle und europäisch gesinnte Staats- und Regierungschefs, die das Zusammenwachsen der Völker einfädelten.

Dennoch wurde aus bürokratischen Blaupausen ein lebendiger Prozess: Man isst in Europa beim Italiener um die Ecke und diskutiert dort auf Englisch über französische Schriftsteller. Man reist mit dem deutschen Auto zum Urlaub nach Spanien, wo der holländische Animateur einen irischen Abend ausrichtet. Das ist der wunderbare Erfolg Europas. In der technokratischen Sprache der Brüsseler Behörden klingt erfreuliche Realität nicht mal als leise Ahnung an. Dennoch ist die von Millionen Menschen gelebte alltägliche Integration zumindest zum Teil die Folge zäher und staubtrockener politischer Entwicklungsgänge. Ralf Dahrendorf hat die EGKS als »Europa durch die Hintertür« abgetan, als technokratischen und daher von vornherein fehlerhaften Ansatz. Viele Europaskeptiker teilen diese Sicht. »Aber«, fragte Christoph Bertram in der *Zeit* sehr zu Recht, »beweist nicht gerade die Wankelmütigkeit der nationalen Parlamente und öffentlichen Meinungen in Europa die Weisheit des ›technokratischen Ansatzes‹, der die Sachzwänge auf Europas Mühlen leitete?«

Der lebendigen Dynamik des europäischen Prozesses konnte sich nicht einmal mehr Großbritannien entziehen. Zusammen mit Irland und Dänemark trat es 1973 bei. In den achtziger Jahren folgten Griechenland, Spanien und Portugal, in den neunziger Jahren Finnland, Schweden und Österreich. Die letzten zwei Jahrzehnte des vergangenen Jahrhunderts brachten noch einmal mehrere Reformschübe, die jeder für sich – wie üblich – weniger erreichten als von vielen Europäern erhofft, jedoch insgesamt zur völligen wirtschaftlichen Einheit Europas und zu einer Stärkung der gemeinsamen demokratischen Institutionen führten. Zunächst 1986 die Unterzeichnung der Einheitlichen Europäischen Akte, die die Entwicklung zu einer Union und die Verwirklichung des Binnenmarkts bis 1992 festlegte. Gleichzeitig wurden die Kompetenzen der gemeinsamen Institutionen erweitert und die Entscheidungsverfahren verbessert. Mit dem Vertrag von Maastricht wurde 1992 die Europäische Union besiegelt und das Ziel einer weiteren politischen und sozialen Integration festgeschrieben. 1995 trat dann das Schengener Abkommen in Kraft und die Kontrollen an den Binnengrenzen wurden nach und nach abgebaut. 1999 wurde schließlich die dritte Stufe der Europäischen Währungsunion verwirklicht, die die Wechselkurse festlegte und 2002 als Euro auch physisch für jedermann sichtbar wurde. Eigentlich keine schlechte Bilanz, wenn man bedenkt, dass sie aus vielen kleinen, diplomatisch höchst diffizilen Konsensfindungen und einem misstrauischen Kuhhandel nationaler Partikularinteressen geboren wurde. Fortschritt durch Aufschub könnte man darunter schreiben. Die Baustelle lebt.

Die wohl wichtigste politische Entwicklung auf dem langen Marsch von der Gründung der EGKS bis zum Vertrag von Amsterdam (1997) war das allmähliche Erstarken des europäischen Parlaments. War es anfangs mehr oder weniger ein gepflegter Debattierclub ohne größere Kompetenz, so ist es heute ein demokratischer Machtfaktor, in dem sich der Wille der Bevölkerungen Ausdruck verschafft. 1970 errang das Europaparlament die Budgetrechte und konnte fortan gemeinsam mit dem Ministerrat die Haushalte verabschieden. 1979 wurde die Abgeordnetenversammlung im Palais de l'Europe in Straßburg erstmals vom Volk gewählt. Von 1986 (Einheitliche Europäische Akte) bis 1997 (Vertrag von Amsterdam) wurden die Mitwirkungsrechte des Parlaments immer mehr erweitert, so dass heute der Ministerrat und die EU-Kommission an den gewählten Volksvertretern nicht mehr vorbeikommen. Die Zeit, als Straßburg nur ein Abstellgleis für die personellen Altlasten der Parteien war (gemäß dem zynischen Politikerspruch: »Hast du einen Opa, schick ihn nach Europa!«), ist gottlob vorbei. Profilierte, engagierte und wirkungsstarke Europaparlamentarier wie der Grüne Daniel Cohn-Bendit und der (parteilose) Grünenabgeordnete Reinhold Messner finden in fast allen Ländern der Gemeinschaft Gehör und tragen die Straßburger Debatten in die Medien der Mitgliedsländer.

Dieser beachtliche Erfolg einer Idee, die alles andere als volkstümlich ist, kam gerade dadurch zustande, dass die Architekten der EU sich der Grenzen ihres Strebens meist sehr bewusst waren. In einem halben Jahrhundert geriet der Integrationsverbund wirtschaftlich zum vollen Erfolg, gewann an demokratischem Gehalt, aber verlor – und das ist gut so – an zentralistischer Gestalt. Die Ordnung Europas muss dem Pluralismus seiner Teile Rechnung tragen. Diese wichtige Maxime drückt sich seit Anfang der neunziger Jahre in zwei Schlüsselbegriffen der Diskussion um die Weiterentwicklung der Gemeinschaft aus: »Subsidiarität« und »Flexibilität«. Das Bestehen auf »Subsidiarität« ist den Briten zu verdanken, die stets großen Wert darauf legten, dass Brüssel nichts regeln sollte, was besser in London erledigt werden kann. Nur »soweit die Ziele der in Betracht gezogenen Maßnahmen auf Ebene der Mitgliedsstaaten nicht ausreichend erreicht werden können«, soll die EU tätig werden, heißt es im Maastrichter Vertrag. Ein klassisch föderales Prinzip, mit dem wir auch in der Bundesrepublik Deutschland meistens sehr gut gefahren sind. Wie alle Bürokratien neigt Brüssel zu unnötigem Zentralismus, Wasserkopfbildung und der ständigen Versuchung, die eigenen Kompetenzen auszuweiten. Das klare Bekenntnis zum »Subsidiaritätsprinzip« wirkt hier als heilsames Korrektiv. Die Flexibilitätsklausel kam in Amsterdam hinzu. Sie ist ein Kind der Osterweiterungspläne, die allen deutlich vor Augen führten, dass die EU nur als ausgeprägt föderalistisches Gebilde Zukunft haben kann. Ohne Flexibilität – die Möglichkeit, sich zu unterschiedlichen Zeitpunkten weiteren Einigungsschritten anzuschließen – wäre die Gemeinschaft dazu verdammt, bei jeder Vertiefung der Zusammenarbeit zu warten, bis alle Staaten auch willens oder in der Lage dazu sind. Das Warten auf die Schlusslichter war unter fünfzehn Mitgliedern noch möglich, doch bei vermutlich 28 Mitgliedern droht immer stärker die Gefahr eines totalen Baustopps auf der Baustelle Europa. Flexibilität bedeutet die Zulassung unterschiedlicher Integrationsintensität. Die klassischen Kernländer des Kleineuropa können so das Tempo vorgeben. Die anderen müssen sich dadurch nicht genötigt fühlen, denn ein späterer Einstieg in die neuen Bedingungen bleibt jederzeit möglich. Flexibilität birgt natürlich die Gefahr des Auseinanderfallens in das Lager der forschen Gestalter und das der lahmen Nachzügler. Doch dies ist der Gefahr eines Erstarrens im totalen Konsensprinzip unbedingt vorzuziehen.

Die langsam, aber stetig voranschreitende Einigung Europas ist unter dem Strich eine Erfolgsgeschichte, trotz Regulierungswut, trotz Bürokratenwahns, trotz Subventionsvergeudung. Für Wohlstand und Entwicklung der Länder war die wirtschaftliche Einigung unverzichtbar. Für die Menschen in Europa ist die Gemeinschaft ein Zugewinn ohne größere Verluste. Durch die Zugehörigkeit zur Union hat noch kein Italiener aufgehört, Italiener zu sein. Spanier, Holländer, Dänen, Franzosen, Deutsche und alle anderen gaben weder ihre Sprache noch ihre Kultur auf. Sie behielten ihre Eigenheiten, Spleens und Obsessionen. Das zu Recht viel geschmähte Europa ist für seine Bewohner ein Glück.

Besonders glücklich können sich die Deutschen schätzen, die endlich freundliche Nachbarn geworden sind und ihre dunklen Sonderwege verlassen haben. Und das so unverkrampft und selbstverständlich, dass sie es selbst kaum bemerkten. »Wir würden uns erst des europäischen Glücks entsinnen«, schreibt Klaus Harpprecht, »wenn man uns seine Vorteile für eine kleine Weile entzöge.« Ein paar Monate mit geschlossenen Grenzen, ohne Pasta und Vin Rouge, ohne den Griechen an der Ecke und das finnische Mobiltelefon. Danach käme ein deutscher Volksentscheid für die Europäische Union locker auf 95 Prozent.

»Die Gesellschaft schuldet ihren unglücklichen Mitgliedern den Unterhalt, indem sie ihnen entweder Arbeit verschafft oder denen, die außer Stande sind zu arbeiten, die Mittel für ihr Dasein sichert.«

ENTWURF DER FRANZÖSISCHEN VERFASSUNG VON 1793

Freiheit und Brüderlichkeit in Europa

Die älteste Sozialsiedlung der Welt liegt im Herzen der Stadt Augsburg und wird jährlich von einer Million Touristen besucht. Besonders die Amerikaner kommen bei einem Spaziergang durch die idyllische Fuggerei aus dem Staunen gar nicht mehr heraus. Schon im Jahre 1516 – Amerika war gerade erst entdeckt worden – schuf der reiche Augsburger Kaufmann Jakob Fugger eine Wohnstätte für unverschuldet in Not geratene Mitbürger, damit diese, so der Mäzen, »doch etlich armdürftige Bürger und Inwohner zu Augsburg, Handwerker, Tagelöhner und andere, so öffentlich das Almosen nicht suchen«. Die Miete betrug einen rheinischen Gulden, nach heutiger Kaufkraft etwa 88 Cent. Genau diesen Betrag zahlen die Bewohner der gepflegten schwäbischen Reihenhäuschen auch heute noch – wohlgemerkt pro Jahr. In 142 Wohnungen mit jeweils 60 Quadratmetern leben derzeit 200 alte Menschen, zwanzig Bewerbungen pro Jahr und Wohnung gehen bei der Stiftung ein.

Wie in Augsburg kommen Besucher und Touristen auch bei einem Abstecher ins europäische Herzland Burgund ins Staunen. Dort eröffnete unter der Ägide Philipps des Guten im 15. Jahrhundert das »Hospiz de Beaune«: der Welt erstes (nach damaligem Stand) hochmodernes Krankenhaus, in dem auch Bedürftige gepflegt wurden. Teile der historisch beispielgebenden Pflegeeinrichtung waren noch bis in die jüngste Zeit in Betrieb. Die Burgunder Stiftung bezieht ihre Mittel aus den zum Hospiz gehörenden Weinbergen und den dort wachsenden berühmten Tropfen mit dem Etikett »Hospiz de Beaune«.

Die Grundsätze des europäischen Wohlfahrtsstaats finden sich zum ersten Mal im Entwurf zur französischen Verfassung von 1793: »Die Gesellschaft schuldet ihren unglücklichen Mitgliedern den Unterhalt, indem sie ihnen entweder Arbeit verschafft oder denen, die außer Stande sind zu arbeiten, die Mittel für ihr Dasein sichert.« Europas soziales Netzwerk ist über die Jahrhunderte historisch gewachsen und als feste Größe im kollektiven Bewusstsein der Europäer verankert. Nehmen wir einmal stellvertretend Theodora Chantzara als Beispiel. Sie wuchs in Deutschland auf und arbeitet heute als Deutschlehrerin in einer griechischen Kleinstadt. Davon, was europäisch ist, hat sie ziemlich klare Vorstellungen: »Zusammenarbeit und Solidarität im Unterricht«, aber auch »nicht in einer Schlange stehen« und vor allem »keine Kinder die betteln«. Niemand soll gezwungen sein, wie es schon Jakob Fugger missfiel, »öffentlich das Almosen zu suchen«. Diese Haltung wurde verinnerlicht und zählt in Europa zum »bürgerlichen Anstand«. Europas Sozialkapital wird in aller Welt bewundert. Unsere heutigen Einrichtungen und ihre Ausgestaltung – Sozialhilfe und Krankenversicherung, Altersversorgung und Arbeitslosengeld – sind für die große Mehrheit der sechs Milliarden Menschen auf der Erde geradezu unvorstellbare Errungenschaften. Auch im dritten Jahrtausend existieren noch alle Furcht erregenden Stadien der Sozialgeschichte der letzten 500 Jahre – ungleichzeitig und verteilt über die Welt.

Europa hat es besser. Seine sozialen Systeme finden bei allem Streit über Auswüchse und Missbrauch praktisch in allen gesellschaftlichen Interessengruppen Rückhalt. Die Tatsache, dass man in Europa für Arme, Kranke, Behinderte zu sorgen begann, dass man Menschenrechte nicht als Vorrechte des Stärkeren, sondern als Schutz der Schwachen verstand, hat christliche Wurzeln, die das moderne Armen-, Kranken- und Erziehungswesen Europas prägen.

Das sollte sich im Grundsatz auch nicht ändern. Soziale Absicherung à la Europa war auch historisch nicht nur ein Ausdruck der Menschenliebe, sondern stets auch politisch und wirtschaftlich wohl kalkuliert. Schon die Fugger handelten nicht aus reiner Nächstenliebe. »Unmittelbarer Anlass für die wohl genialste Public-Relations-Leistung eines Wirtschaftsunternehmens waren die zunehmend schärferen Angriffe von Intellektuellen, Geistlichen und Politikern gegen die wirtschaftliche und finanzielle Übermacht des Augsburger Kaufmanns«, schreibt der Wirtschaftsautor Günter Ogger in einer Biografie des Hauses Fugger (»Kauf dir einen Kaiser«). Anders gesagt: Die Fugger, deren Handelsmacht über ganz Europa reichte, wollten an ihrem Heimatstandort stabile Verhältnisse. Dort wurden sie für Wucher und steigende Lebenshaltungskosten verantwortlich gemacht. Auch die staatliche Sozialversicherung in Deutschland wurde von Kaiser Wilhelm I. nicht ganz freiwillig dekretiert. Um den wachsenden Einfluss der Sozialdemokratie einzudämmen, hatte Reichskanzler Otto von Bismarck den Kaiser dazu gedrängt, Gesetze zur sozialen Absicherung der Arbeiter einzuführen. In den Jahren 1883 bis 1889 verabschiedete der Reichstag das Krankenversicherungsgesetz, das Unfallversicherungsgesetz und das Invaliditäts- und Altersversicherungsgesetz in Deutschland.

Hundert Jahre später ist uns das System immer noch lieb, allerdings ungeheuer teuer: Der preußische Staat verlangte von seinen Bürgern im Jahre 1891 geradezu lächerliche Steuersätze: zwischen 0,62 und maximal 4 Prozent vom Einkommen. Heute sind die Deutschen bei einer Staatsquote von rund 50 Prozent gelandet und über 40 Prozent des Bruttoinlandsprodukts werden für Steuer- und Sozialabgaben eingezogen (in Staaten wie Schweden, Finnland und Dänemark teilweise noch mehr). In den USA beträgt die Staatsquote nur rund 30 Prozent, dennoch möchte in Europa niemand amerikanische Verhältnisse. »Social Security« wurde dort erst in den dreißiger Jahren des vorigen Jahrhunderts unter Präsident Roosevelt ins Auge gefasst und auch heute lässt sich Europas Grad der Absicherung in keiner Weise mit dem der USA vergleichen. 45 Millionen Amerikaner haben keinerlei Krankenversicherung, darunter ist jedes vierte amerikanische Kind. Etwa die Hälfte der Angestellten kennt keine Lohnfortzahlung im Krankheitsfall. 10 Prozent der Bürger leben unterhalb des Existenzminimums.

Viele Amerikaner können sich in die Nöte und Ängste zu Zeiten der Fugger oder der Industrialisierung sehr viel besser hineinversetzen als Deutsche. Europa weist eine viel größere soziale Homogenität auf als die USA – oder gar der Rest der Welt. Das in den USA auch im Straßenbild sichtbare Gefälle zwischen Arm und Reich übersteigt bei weitem die europäische Toleranzschwelle. In Europa gibt es keine Schuhputzer. In Deutschland scheiterten Existenzgründer mit dieser Geschäftsidee gnadenlos, weil sich hierzulande niemand öffentlich von einem anderen die Schuhe putzen lässt.

Ein Deutscher, der von der Sozialhilfe lebt, hat einen deutlich höheren Lebensstandard als ein in einer unteren Lohngruppe vollbeschäftigter Amerikaner. Wobei die deutsche Absicherung mitunter kontraproduktiv wird: Ein deutscher Sozialhilfeempfänger lebt nicht nur besser als ein arbeitender Amerikaner, er erreicht unter dem Strich auch über 90 Prozent des Nettoeinkommens eines Deutschen der unteren Gehaltsklassen. Dies berechnete das Institut für Weltwirtschaft auf der Basis von Angaben des Statistischen Bundesamtes für ein Ehepaar mit einem Kind (Stand neunziger Jahre), wobei der Vater als kaufmännischer Angestellten der Leistungsgruppe 5 arbeitet.

Man muss bei Vergleichen zwischen den USA und Europa immer im Hinterkopf behalten, dass die europäische Geschichte lange Zeit in der Gefolgschaft von Königen und Herrschern stattfand. Die amerikanische Geschichte ist umgekehrt dadurch bestimmt, dass man vor diesen Herrschaften davongelaufen ist. Europa hat ein Grundvertrauen in die Obrigkeit bewahrt, während ihr in den USA traditionell ein tiefes Misstrauen entgegengebracht wird und immer noch New-Frontier-Denken herrscht. Die Menschen blicken nach vorn und erwarten große Dinge von der Zukunft und wollen dabei vom Staat unbehelligt bleiben. Die Regierung verfügt über ein schwaches Mandat. Der Staat wird vom Bürger so kurz gehalten, dass er seinen Angestellten schon mehrmals die Gehälter schuldig blieb – in Europa absolut undenkbar.

Die meisten Präsidenten der letzten Jahre, Jimmy Carter, Ronald Reagan, Bill Clinton und auch George Bush, führten jeweils einen Wahlkampf gegen das »Establishment« in Washington. Auf das Sozialwesen übertragen heißt dies: Im freien, großen, weiten Amerika gehört der Glaube an Selbstverantwortung zur mentalen Grundausstattung der Bürger, während der Europäer den Staat viel stärker in der Verantwortung sieht. Staatliche Sozialleistungen in den USA richten sich grundsätzlich an Bedürftige. Anders in Europa: Soziale Rechte haben vielfach den gleichen Rang wie wirtschaftliche und politische Rechte, sie vollenden gleichsam den Status des Bürgers. Soziale Rechte zählen in Europa faktisch zu den Bürgerrechten. Europäer wollen – zumindest auf nationaler Ebene – einen aktiven Staat. Sogar Bürgerinitiativen bilden sich in der Regel nicht, um etwas in die eigenen Hände zu nehmen, sondern um eine Leistung vom Staat zu verlangen.

Auch in der Definition dessen, was Armut ist, unterscheidet sich Europa vom Rest der Welt. Nach einer Definition der Europäischen Kommission aus dem Jahr 1981 sind alle arm, die weniger als die Hälfte des durchschnittlichen Einkommens verdienen. Damit kann die Armut in Europa per Definition niemals beseitigt werden. Nach den Maßstäben der Vereinten Nationen hingegen gilt als arm, wer weniger als einen Dollar am Tag zum Leben hat. Danach ist in Deutschland niemand arm, weltweit aber jeder fünfte (mehr als eine Milliarde Menschen). Doch weder die relative Betrachtungsweise noch ein absoluter unterer Einkommenswert führen hierbei letztlich weiter. Auch ein Mensch, der keinen nackten Hunger leidet, kann arm sein. Es geht darum, dass Menschen in ihrer Umgebung ein menschenwürdiges Dasein führen können, dass sie am allgemeinen Leben teilnehmen können, dass sie Chancen zur Verbesserung ihrer Lage haben und dass sie diese auch wahrnehmen können. Nach einem Urteil des Bundessozialgerichts müssen Sozialämter zum Beispiel die Schultüten der Kinder von Sozialhilfeempfängern bezahlen. Begründung: Ohne Schultüten würden Jungen und Mädchen sozial ausgegrenzt und in ihrem Selbstwertgefühl beeinträchtigt. Das Beispiel macht die Unterschiede der Einstellungen zwischen Europäern und Amerikanern deutlich. Europäer wollen keine Armut sehen, auch weil sie ihnen ein schlechtes Gewissen einjagt. »Eigentum verpflichtet«, heißt es im Grundgesetz der Bundesrepublik, »sein Gebrauch soll zugleich dem Wohle der Allgemeinheit dienen«, – in der amerikanischen Verfassung undenkbar.

Das Meinungsforschungsinstitut Allensbach fragte die Deutschen, ob es möglich sein sollte, dass Industrieunternehmer oder Fabrikanten 5 Millionen Euro im Jahr verdienen. Zwei von drei Befragten hielten diese Summe für zu hoch. Bei Spitzensportlern waren sogar vier von fünf Deutschen der Ansicht, dass 5 Millionen Euro pro Jahr zu viel seien. Amerikaner denken da ganz anders. Sie nehmen auch an offen zur Schau gestelltem Reichtum keinen Anstoß. Glücksritter und Superreiche prägten die Geschicke dieses Landes und werden eher mit Bewunderung als mit Neid bedacht. In Europa sind Leute wie der Milliardär Donald Trump ein rotes Tuch. Hannah Arendt hat die Wurzeln egalitärer Leidenschaften während der Französischen Revolution untersucht und kommt zu dem Schluss, dass auf Seiten des Adels ein »Überfluss, der im wahrsten Sinne des Wortes überflüssig war«, den Volkszorn erregte. Dieser »Reichtum ohne Aufgabe«, gepaart mit dem »Freisein von sozialen Pflichten«, habe das Fass zum Überlaufen gebracht: »Was als unerträglich empfunden wird, sind selten Unterdrückung und Ausbeutung als solche; viel aufreizender ist Reichtum ohne jegliche sichtbare Funktion, weil niemand versteht, warum er eigentlich geduldet werden soll.«

Je weiter nördlich der Reisende in Europa kommt, desto verpönter ist jede Form von Protz und Angeberei. In Skandinavien gilt der amerikanische Hang zu überdimensionierten Villen, Motorbooten, Swimmingpools und Langlimousinen als geradezu obszön. Norweger beispielsweise haben einen den USA vergleichbaren hohen Lebensstandard und sind ebenfalls sehr konsumorientiert. Analysen zeigen aber einen von den USA stark abweichenden Umgang mit Konsumgütern. Norweger kaufen Dinge in der Regel nicht, um sich voneinander abzuheben oder gar andere zu beeindrucken. Ganz im Gegenteil: Konkurrenzverhalten wird strikt vermieden. Der Saab oder Volvo sollte auf keinen Fall wesentlich teurer als der des Nachbarn sein. »Dieser Umgang spiegelt normative Grundprinzipien der norwegischen Gesellschaft wider, in denen Gleichheit einen höheren Stellenwert einnimmt als Individualismus«, analysieren die Ethnologinnen Joana Breidenbach und Ina Zukrigl.

Schweden denkt ähnlich. »Die Schweden spielen ihren Reichtum herunter«, hat der amerikanische Autor P. J. O'Rourke beobachtet, »aber sie fahren Saabs wie wir, sie kennen wie wir einen guten kalifornischen Chardonnay, haben Boote und Ferienhäuser am See.« Schweden war jahrhundertelang von einem unbestrittenen Könighaus und einer breiten, politisch starken Bauernschaft geprägt. Den Kaufleuten in den Städten wurde von allen Seiten Misstrauen entgegengebracht, das sich im Laufe der Zeit in einen starken gesellschaftlichen Vorbehalt gegen gewinnorientierte Unternehmungen wandelte. Für die Mehrheit der Schweden waren Profite nur dann statthaft, wenn sie zum öffentlichen Nutzen verwendet wurden, was in extrem hohen Steuern und einer absolut rekordverdächtigen Staatsquote von 75 Prozent gipfelte (Anfang der neunziger Jahre).

»Das schwedische System funktioniert wunderbar«, resümierte US-Autor O'Rourke, »außer dass es pleite ist.« Das war 1996. Inzwischen haben die Schweden für ihre Verhältnisse radikale Reformschritte eingeleitet. Beispielsweise wird seit dem 1. Januar 2001 ein Teil der Rentenabzüge in privaten Rentenfonds angelegt, entweder vom Bürger selbst oder vom Staat. Obwohl die Umlagefinanzierung der Renten noch überwiegend beibehalten wird, laufen die Beitragszahlungen ab sofort auf einem fiktiven Individualkonto auf, das die im Laufe des Lebens gezahlten Beiträge für jedermann transparent macht. Es dient als Grundlage für die Höhe der künftigen Rente und soll die fortschreitende Privatisierung des Systems möglich machen. Die Teilprivatisierung der Alterssicherung wurde im Parlament mit 80 Prozent der Stimmen angenommen. Die Bedeutung der Wende in Schweden kann man nach Meinung des *Wall Street Journal* für Europa gar nicht hoch genug einschätzen. Schließlich gilt das Land als die Inkarnation des europäischen Fürsorgestaats: »Wenn so etwas in Schweden durchsetzbar ist, dann ist es überall in Europa durchsetzbar.«

Im Vergleich zu anderen Nationen liegt die Staatsquote in Schweden aber noch immer ungewöhnlich hoch. Ein leitender Manager bei Ericsson oder Volvo wird hohe Steuern aber nicht unbedingt als Wachstumsbremse geißeln – solange der Gegenwert gute Bildungseinrichtungen oder Krankenhäuser sind. Es gibt aber auch in Schweden inzwischen Grenzen: Der Plan, den Besitz von Aktien zu besteuern, führte unlängst zu einem öffentlichen Aufschrei und verschwand wieder in der Schublade der Sozialdemokraten. 50 Prozent der Schweden besitzen Aktien, doppelt so viele wie vor zehn Jahren. Dadurch wird auch der Generalverdacht gegen gewinnorientierte Unternehmungen allmählich ausgeräumt.

Mentalitäten und Kulturen sind bedeutende Wirtschaftsfaktoren, die sich in keine reine Lehre pressen lassen. Deshalb widerspricht der empirische Befund in den Wirtschaftswissenschaften auch so häufig den theoretischen Modellen. Europa ist hierfür das schlagende Beispiel. Das nach der Thatcher-Revolution stark in Richtung USA gebügelte britische System lebt in friedlicher Koexistenz mit dem fast schon gemütlichen Korporatismus der Niederländer oder Dänen. Und alle drei Ökonomien funktionieren auf ihre Weise nicht schlecht. Das gilt auch für den individuellen Anarchismus Italiens oder das zentralistisch-dirigistische Frankreich (das mitunter sehr viel flexibler ist, als seine sozialistische Diktion befürchten lässt). Dänemark und Frankreich beispielsweise haben es geschafft, das Sozialniveau zu halten und dennoch die Arbeitslosenquote deutlich zu senken.

Wenn es um den Sozialstaat in Europa geht, muss die Devise wohl heißen »Chacun à son goût« – jeder nach seinem Geschmack. Der Havard-Ökonom Richard Freeman glaubt angesichts solcher Beispiele nicht daran, dass das gegenwärtige amerikanische Modell des Kapitalismus allein selig machend sein muss: »Einiges spricht dafür, dass auch diversifizierte Kapitalismusmodelle erfolgreich sein können.« Freeman sieht durchaus auch die Meriten des rheinischen Kapitalismus, man solle Erfolgsrezepte aber bloß nicht verallgemeinern: »Mit ihren Zeit raubenden Konsensrunden von Wirtschaft, Gewerkschaften und Regierung funktioniert die deutsche Wirtschaft möglicherweise besser als mit der amerikanischen Methode.« In den USA wäre schon das Wort »Bündnis für Arbeit« ein Ärgernis und das deutsche Modell absolut verheerend.

Dies heißt freilich nicht, dass das deutsche Modell nur ein Facelifting braucht. Es muss in seiner gesamten Konstruktion überarbeitet werden. »Nur wer sich ändert, bleibt sich treu«, formulierte Wolf Biermann einmal. Der deutsche Sozialstaat hat sich in den letzten 25 Jahren jedoch in Richtung eines für alle relevanten sozialen Lebensbereiche zuständigen »Vater Staat« verselbstständigt – und so war es von Ludwig Erhard und den Vätern der sozialen Marktwirtschaft nicht gedacht. Soziale Gerechtigkeit darf nicht gleichgesetzt werden mit Gleichmacherei. Es kann nur um Chancengleichheit gehen, Dreh- und Angelpunkt wird dabei ein zukunftsfähiges Bildungssystem sein.

Genau wie im Straßenverkehr, so müssen sich auch im Sozialleben die Sicherheitsvorrichtungen ändern. Einst fuhren alle mit dem Vorortzug zur Arbeit, in der Lokomotive saß ein paternalistischer Unternehmer, Vater Staat stellte die Weichen und die Gewerkschaft wachte über die Signalanlage. Heute sind alle im eigenen Auto unterwegs. Der Individualverkehr organisiert sich selbst, Weichen gibt es nicht mehr und Ampeln lassen sich umfahren. Das erfordert individuelle und intelligente Rückhalte- und Versicherungssysteme. Heraus kamen Gurte, Airbags und die private Autoversicherung – alles staatlich vorgeschrieben, aber nach individuellem Ermessen konstruiert und dimensioniert. Ähnliches lässt sich unschwer für die Zukunft der sozialen Absicherung vorhersagen. Wir brauchen eine zukunftsfähige Balance zwischen Freiheit vom Staat und Sicherheit durch den Staat. »Vormundschaftliche Machtanmaßung ist mit dieser Freiheit nicht zu vereinbaren«, so formuliert es Kurt Biedenkopf. Man stelle sich vor, in jedem Auto säße Vater Staat am Steuer und ein Gewerkschafter auf der Rückbank – nur, damit Vater Staat am Steuer weiß, wo es langgeht.

Die in Europa zunehmend älter werdenden Gesellschaften, die rasante Entwicklung der Technologie und der im Zuge der Globalisierung verschärfte Standortwettbewerb erfordern neue Ideen und Regeln für die Absicherung des Einzelnen. Als Bismarck vor hundert Jahren die Sozialversicherung lancierte, kamen auf einen 75-jährigen Menschen in Deutschland 79 junge Menschen. Im Jahre 2040 werden es nur noch etwa sechs sein. Den vollen Ernst der Lage zeigt jedoch eine andere Bezugsgröße: Auf einen Rentner kommen dann nicht einmal zwei Berufstätige. Es führt deshalb kein Weg daran vorbei: Die in hohem Maße kollektivistische soziale Absicherung wird durch individuelle Vorsorge ergänzt und teilweise abgelöst werden müssen. Die in Deutschland eingeleitete Rentenreform zielt prinzipiell in die richtige Richtung, reicht aber nicht aus. Alle Berechnungen zeigen, dass bei einem Beitragssatz von 20 Prozent bis zum Jahre 2030 gegenüber dem heutigen Versorgungsniveau eine Lucke von etwa 400 Euro monatlich entsteht. Und diese Lücke muss geschlossen werden. Das weiß längst auch die Bevölkerung, weshalb sie kein Vertrauen mehr in Vater Staat hat: 75 Prozent halten die gesetzliche Rentenversicherung für ungeeignet, ihre Sicherheit im Alter zu gewährleisten. Solange die Dinge ungelöst weitertreiben, setzt sich eine Abwärtsspirale in Gang: Je mehr Menschen der staatlichen Alterssicherung misstrauen, desto mehr werden versuchen, sich dem System zu entziehen. Das muss zwangsläufig in einer selbst erfüllenden Prophezeiung enden.

Das deutsche Sozialversicherungssystem ist obendrein auf traditionelle lohnabhängige Beschäftigung bei einem einzigen Arbeitgeber zentriert, eine Konstellation, die in Zukunft eher die Ausnahme sein dürfte. Der klassische Arbeitnehmer wird ein seltener Zeitgenosse, die Angestelltengesellschaft löst sich auf. In den USA arbeiten heute schon rund 8 Prozent der Erwerbstätigen von zu Hause aus. Das sind viermal so viel wie vor zehn Jahren. Die Bezahlung wird immer häufiger für in Eigenverantwortung erzielte Arbeitsergebnisse erfolgen, die alleine oder für wechselnde Auftraggeber erbracht werden. Für diese Selbstunternehmer müssen neue Formen der sozialen Absicherung kreiert werden. Das haben auch fortschrittliche Gewerkschaftler begriffen. Neu gegründete Organisationen wie die amerikanische »Working today«, die sich um die Bedürfnisse von »Home Office Workers«, »Free Agents« und »Temporary Workers« kümmern, haben in den USA großen Zulauf, denn immerhin gehört dort fast schon ein Drittel der Erwerbstätigen zu den genannten Kategorien. Ulrich Klotz, bei der IG Metall als Vorstand für Forschungs- und Technologiepolitik zuständig, prophezeit: »In der zunehmend fragmentierten, ›flüssigen‹ Arbeitswelt schwimmen den Tarifparteien die Geschäftsgrundlagen weg, weil die tradierten Regulationskonzepte kaum mehr anwendbar sind. Alle Versuche, der Neuen Ökonomie das zeitliche und räumliche Korsett des Industrialismus anzulegen, tragen mit dazu bei, dass man sich langfristig der eigenen Gestaltungsmöglichkeit beraubt, weil dann genau das passiert, was man eigentlich verhindern wollte.«

In wenigen Jahren werden 80 Prozent der Menschen in Deutschland in der Dienstleistungsbranche arbeiten. Dort beträgt der Organisationsgrad der Gewerkschaften gerade einmal 20 Prozent. Junge Informatiker, Juristen oder Finanzfachleute interessieren sich nicht mehr für das Tarifgeschehen. Und wie viele Gewerkschaftsmitglieder sind Arbeitslose oder Rentner? Bei der Auseinandersetzung um das VW-Beschäftigungsmodell 5 000 x 5 000 wurde schlagartig klar, dass Gewerkschaften keineswegs die Interessen der Arbeitslosen vertreten. Lieber keine Arbeitplätze als flexiblere Arbeitsplätze, lautete in diesem Fall das offensichtliche Motto der IG Metall. Wie wäre es mit einer ganz neuen Gewerkschaftsorganisation? Der DGB könnte als Muttergesellschaft einer großen, gemeinnützigen Mitglieder- und Beratungsorganisation fungieren, die sich um die Eckpfeiler der sozialen Sicherung der Schwachen in der Gesellschaft kümmert. Tochtereinrichtungen nehmen sich der speziellen Probleme von Arbeitnehmergruppen an.

Etwa eine Teilzeitgewerkschaft, die sich um die besonderen Probleme der Teilzeitarbeiter als Partner oder oft auch Gegenspieler der Zeitarbeitsfirmen betätigt. Eine Gewerkschaft der (Schein-)Selbstständigen, die Wege sucht, wie Selbstständigen der unteren Stufe Schutz vor zu hohen Risiken widerfährt. Die australische APMESMA (Association of Professional Engineers, Scientists and Managers) hat sich beispielsweise in eine Beratungsagentur gewandelt, die ein breites Serviceangebot von der professionellen Weiterbildung über die Steuer- und Rechtsberatung bis hin zur Jobvermittlung bietet. Der amerikanische Arbeitsforscher Thomas Malone sieht Anzeichen für eine »Rückkehr der Gilden«. Wie sich Handwerker und Kaufleute im Mittelalter organisierten, so werden sich künftig auch qualifizierte Freiberufler zusammenfinden, um ihre Qualifikationen zu fördern und gemeinsam Sicherheit zu finden. Die neue deutsche Dienstleistungsgewerkschaft ver.di richtet jetzt ein eigenes Referat »Freie« ein, um demnächst »Mikrounternehmer« zu organisieren.

Neues Denken ist das Gebot der Stunde, denn die sich wandelnde Arbeitswelt kann man nicht mit den Mitteln von gestern bewältigen. Gerade in Ostdeutschland kommen immer weniger ältere Arbeitslose im Produktionsprozess unter. Die Qualifikation dieser Menschen und die Anforderungen, die die moderne Wirtschaft stellt, sind einfach immer weniger kompatibel. Deshalb sind viele Menschen auf dem ersten Arbeitsmarkt nur schwer unterzubringen. Sie werden vom Arbeitsamt quasi verwaltet, werden von ihrem Betreuer, der weiß, dass er sie nicht vermitteln kann, zu Unternehmen geschickt, die wissen, dass sie niemanden einstellen können, und der Arbeitslose weiß von Anfang an, dass er nach dem Vorstellungsgespräch seinem Betreuer wieder gegenübersitzt. Das ist unwürdig! Wie wäre es stattdessen, wenn wir es ermöglichen würden, dass die im Laufe eines langen Lebens erworbene soziale Kompetenz derjenigen Menschen, die in der modernen Arbeitswelt nicht mehr unterkommen, für die Gesellschaft und für sie selbst sinnvoll eingesetzt werden könnte?

Wir könnten darüber nachdenken, ob es nicht wünschenswert wäre, einen zweiten Arbeitsmarkt im Bereich der Solidarität und der Zuwendung zu den schwachen Mitbürgern zu etablieren. Die Menschen, die auf dem ersten Arbeitsmarkt schwer unterzubringen sind, könnten ihre sozialen Fähigkeiten in diesem zweiten Arbeitsmarkt erfolgreich einbringen. Bezahlen könnte man sie in einer Art Kombilohn, zum einen Teil in Geld, zum anderen Teil in Form von Betreuungsansprüchen im Alter oder Krankheitsfall. Dieses genossenschaftliche Prinzip wird bereits heute von engagierten Bürgern bundesweit in verschiedenen Modellen praktiziert. Seniorengenossenschaften beispielsweise in Baden-Württemberg und Hessen machen vor, wie das geht: Die aktiven Mitglieder, darunter viele junge Menschen, stellen einen Teil ihrer Freizeit in den Dienst der Allgemeinheit. Sie leisten Nachbarschaftshilfe und erhalten dafür Zeitgutschriften, die sie eines Tages wieder für sich selbst abrufen können. Passive Mitglieder zahlen einen jährlichen Beitrag, fördernde Mitglieder unterstützen das Projekt durch Spenden. Alle partizipieren von Hilfsangeboten im Alter oder bei Krankheit.

Unsere Überlegungen gehen sogar noch einen Schritt weiter. Heute werden Zivildienstleistende für vielfältige Betreuungsaufgaben eingesetzt. Wäre es nicht möglich, besagten älteren Menschen anzubieten, ihre hohe soziale Kompetenz hier einzubringen? Vielleicht werden wir in den nächsten Jahren nicht mehr umhin können, solche Modelle in Angriff zu nehmen. Im Zuge der Strukturreform der Bundeswehr werden rund 30 000 Stellen von Zivildienstleistenden bis zum Jahr 2003 wegfallen. Schon heute warnen fast alle Sozialorganisationen vor einer Gefährdung ihres Versorgungsauftrags, wenn die Zivildienstleistenden nicht mehr in der bisherigen Zahl zur Verfügung stehen. Stellen wir uns mal kurz vor: Würde die Wehrpflicht und mit ihr der Zivildienst komplett wegfallen – und in nahezu der Hälfte der Natostaaten ist diese Entscheidung bereits getroffen oder wenigstens eine Diskussion darüber im Gange –, dann würden sozialen Einrichtungen wie Krankenhäusern oder Altenheimen von heute auf morgen etwa 140 000 Mitarbeiter fehlen. Der Zivildienst in Deutschland hat auch deshalb seine bedeutende Rolle entwickelt, weil er die Illusion erzeugt hat, er könne fast zum Nulltarif eine Versorgungs- und Personallücke im sozialen Bereich schließen. Ein grandioser Irrtum: Die Kosten – einschließlich der Steuerausfälle und staatlichen Zuschüsse – für einen Zivildienstleistenden belaufen sich für die öffentliche Hand auf rund 30 000 Euro pro Jahr.

All dies beflügelt doch die Fantasie. Könnten wir die jungen Leute, die keinen Wehr- oder Zivildienst mehr abzuleisten bräuchten, nicht für die modernen Dienstleistungsberufe in der Kommunikationsgesellschaft begeistern? Aus den Wehrpflichtigen und Zivildienstleistenden könnten wir die dringend benötigten Computerspezialisten machen und wären weniger auf die Greencard angewiesen, deren Erfolg ohnehin zweifelhaft ist. Ein Vorschlag, der ohne weiteres umzusetzen wäre, denn weder die angehenden Soldaten noch die Zivildienstleistenden sind zu Beginn ihrer Aufgabe qualifiziert ausgebildet, sondern wachsen nach dem Prinzip »learning by doing« in ihren Job hinein.

Das Beispiel zeigt, wie notwendig und erhellend es ist, eingefahrene Strukturen unseres Sozialstaats einmal vorurteilsfrei auf den Prüfstand zu stellen. Die Frage lautet: Wer sichert künftig in unserer Gesellschaft das soziale Miteinander, die Solidarität von Starken und Schwachen? Weder die Globalisierung noch Roboter und Computer werden dieses Problem lösen – sie zwingen uns ganz im Gegenteil zu neuen und kreativen sozialen Antworten. Der Gegenwert der im Ehrenamt oder bei sozialer Hilfe unentgeltlich geleisteten Arbeit beträgt in Deutschland circa 40 Milliarden Euro und entspricht damit 8 Prozent der gesamten Nettolohnsumme. Der Soziologe Ulrich Beck hat mit seinem Konzept der »Bürgerarbeit« eine fruchtbare Diskussion angestoßen: »Warum nicht Themen wie Bildung, Umwelt, Gesundheit, Sterbehilfe, Betreuung von Obdachlosen, Asylbewerbern, Lernschwachen sowie Kunst und Kultur zum Gegenstand selbst organisierter, grundfinanzierter Bürgerarbeit unter der Regie eines ›Gemeinwohlunternehmers‹ machen?« Ehrenamt oder »Volunteering« sind in ganz Europa weit verbreitet. Eine Untersuchung im Auftrag der Robert Bosch-Stiftung ermittelte in zehn europäischen Ländern ein Potenzial von mindestens fünfzig Millionen Menschen, die für diesen dritten Sektor gewonnen werden könnten.

Das Sozialsystem braucht eine weit offene Tür zum Arbeitsmarkt, beispielsweise zu Kombilöhnen, die Arbeitseinkommen für Geringverdiener mit sozialen Transfers verknüpfen. Anstatt neue Wege von vornherein mit dem Hinweis auf ihre Gefahren zu versperren, müssen die Möglichkeiten eines flexiblen Sozialstaats mit begrenzten Experimenten erkundet werden können – was nicht funktioniert, läuft eben wieder aus. Fritz Scharpf, Direktor am Max-Planck-Institut für Gesellschaftsforschung in Köln, plädiert für neue Experimentierfähigkeit und »policy learning« bis hin zur Zurückverlagerung ganzer Kompetenzbereiche an die Bundesländer: »Dann könnte Nordrhein-Westfalen, ohne auf die anderen Länder warten zu müssen, die Gründung von Computerunternehmen ohne Meisterprüfung zulassen. Baden-Württemberg dürfte im Alleingang Ausbildungsverträge für neue Berufe einführen. Bayern wäre in der Lage, den Kündigungsschutz zu liberalisieren. Sachsen wäre es gestattet, flexiblere Bestimmungen für Zeitarbeit zu schaffen. Hamburg und Berlin könnten, wenn sie denn wollten, den Ladenschluss ganz außer Kraft setzen oder auch eine Ausbildungsabgabe einführen.«

Beispiele für Experimentierlust und »policy learning« gibt es längst überall in Europa. Werfen wir einen exemplarischen Blick nach Dänemark: Dort ist es gelungen, die Arbeitslosigkeit erheblich zu senken. Im Tausch gegen soziale Verbesserungen, beispielsweise bei der Altersvorsorge, ließen sich die Gewerkschaften darauf ein, die Löhne im Wesentlichen auf Betriebsebene auszuhandeln. Beim Arbeitslosengeld wurden die Zumutbarkeitskriterien einer neuen Beschäftigung gesenkt. Zumutbar ist, was Aussicht auf eine Anstellung verspricht. Wer unter 25 Jahren ist und keinen Ausbildungsplatz findet, bekommt eine Stelle zugewiesen oder er verliert jegliche Unterstützung. »Gelungen ist das kleine Jobwunder«, schreibt der *Spiegel*, »weil die Dänen zwei Denkschulen kombinieren, die in Deutschland als unvereinbar gelten: ›den Wohlfahrtsgedanken skandinavischer Tradition und die Flexibilität nach amerikanischem Vorbild‹.« Auch Dänemarks Unternehmer ließen sich in die Pflicht nehmen. Viele Firmen praktizieren so genannte Jobrotation. Gleichzeitig gehen die Mitglieder der Belegschaft für einen bestimmten Zeitraum auf Fortbildungskurse. Das Arbeitsamt gibt Zuschüsse und sorgt für qualifiziertes Ersatzpersonal. Hinzu kommen »Leave from work«-Programme. Eltern-, Fortbildungs- und Sabbatical-Pausen verteilen die vorhandene Arbeit auf mehr Arbeitnehmer und werden zu 75 Prozent von Frauen in Anspruch genommen. Auch Deutschlands Unternehmen werden sich in Zukunft mehr den Wünschen der Beschäftigten öffnen müssen. Ein flexibler Arbeitsmarkt, flexible Löhne und Arbeitszeiten sind keine Einbahnstraße. Vaterschaftsurlaub, Sabbaticals oder Weiterbildungszeiträume werden künftig eine größere Rolle spielen. Bei McKinsey können Associates neben ihrem normalen Jahresurlaub alle zwei Jahre acht Wochen zusätzlich unbezahlten Urlaub nehmen. Viele legen diese Zeiten zusammen, machen Weltreisen, realisieren lange erträumte Projekte oder widmen die Zeit ihren Familien. Wenn diese Mitarbeiter ins Büro zurückkehren, sind sie hoch motiviert und sprühen vor neuen Ideen. Gerade beim Kampf um die besten Talente werden solche Freiräume, beispielsweise auch Betriebskindergärten, in verstärktem Maße den Ausschlag geben. Für europäische Spitzenkräfte gilt: Das Jahresgehalt zählt oft weniger als die Kompatibilität mit dem eigenen Lebensentwurf. Unflexible Unternehmen haben dann keine Chance mehr.

Europa hat seine soziale Kompetenz in einem langen Prozess von Versuch und Irrtum erworben – und nur mit dem Mut zur Veränderung kann es sie bewahren. Die Bürger der meisten europäischen Länder betrachten das Sozialsystem als Bestandteil eines Vertrags, den die Gesellschaft mit dem Staat geschlossen hat. Wenn dieser Vertrag einseitig und abrupt geändert wird, so wird dies als Vertragsbruch gesehen. Der Schlüssel zur Veränderung liegt daher in Neuverhandlungen mit einem erfreulichen Endziel. Einfach gesagt: Das neue Vertragsangebot muss interessanter sein als das alte. Und es liegt im Grunde auf dem Tisch. Selbstbestimmung ist für die junge Generation ein verlockendes Angebot. Unternehmerische Freiheit, Wachstum und Dynamik schaffen die Kraft, um die Starken zu fördern und die wirklich Schwachen zu schützen.

4 Europas Zukunftspfade

»Vor ein paar Monaten wurde ein reicher Geschäftsmann in einem Nachtclub erschossen. Kürzlich wurde ein reicher Geschäftsmann in einem Fitnessstudio erschossen. Wenn demnächst ein reicher Geschäftsmann in einer Bibliothek erschossen wird, hat es Bulgarien geschafft.«

JOHNY PENKOV

Die Chancen der Osterweiterung

In der kalten Jahreszeit, wenn die Bäume nackt sind, der Himmel grau ist und Regen das Schritttempo der Passanten beschleunigt, ist die Hauptstadt Bulgariens kein schöner Ort. Kein zeitgenössischer Dichter käme auf die Idee, Sofia eine »Perle des Balkans« zu nennen. Einsam thront die Alexander-Newski-Kathedrale im Zentrum und sendet ein wenig warmen Glanz aus der Vergangenheit. Der alte Charme der west-östlichen Metropole wurde zerstört, die Protzbauten des Kommunismus bröckeln bereits und die Wohnklötze der Außenbezirke wirken wie verwitterte Bunker. Doch überall weht die Fahne der Hoffnung: In Bulgarien ist sie blau mit einem Kranz aus gelben Sternen. Sie weht am Bahnhof und am Flughafen, an Läden, Büros und in den Straßen. Über zwei Drittel der Bulgaren wünschen sich, dass ihr Land möglichst bald einen weiteren Stern im Kranz der Europafahne hinzufügt. »Man hat den Eindruck, die Menschen hoffen auf den Beitritt zur Europäischen Union wie auf eine mythische Erlösung«, sagt Pancho Tsankow vom Euro-Bulgarian Cultural Centre, »doch sie wissen recht gut, dass noch viele Anstrengungen nötig sind, um nach all den verlorenen Jahrzehnten wieder im Westen anzukommen.«

Dem Land geht es schlecht, außerhalb Sofias stehen die Ruinen der Staatswirtschaft. In menschenleeren Fabrikhallen rosten museumsreife sowjetische Maschinen. Als Schlusslicht der EU-Beitrittskandidaten erreicht Bulgarien nur 23 Prozent des heutigen EU-Durchschnitts beim Bruttoinlandsprodukt pro Kopf. Seit dem Ende des Kommunismus schrumpfte das BIP um 32 Prozent. 15 Prozent aller Bulgaren waren zu Beginn des Jahres 2001 arbeitslos.

Doch das Schlimmste ist überstanden. An manchen Plätzen und einigen Straßenzügen erstrahlt Sofia wieder in altem Glanz. Das berühmte Türkische Bad wird renoviert, ein paar Schritte weiter geben Handwerker der Synagoge den letzten Schliff und in der Jugendstil-Markthalle pulsiert bereits das bunte Großstadtleben. Das Wirtschaftswachstum Bulgariens beträgt 4 Prozent. Der bürgerlichen Koalition, die bis zum Sommer 2001 regierte, gelang es, die Inflation auf 2,5 Prozent und das Budgetdefizit auf 1,4 Prozent zu drücken. Nach einer »Wild-Ost-Phase«, in der alte KP-Funktionäre als neue Mafiosi auf Raubzug gingen, kehrt die lang ersehnte Normalität langsam ein.

Zurzeit ist immer noch der graue Sektor, die informelle Basarwirtschaft, der dynamischste Teil der bulgarischen Ökonomie. Nach offiziellen Angaben werden dort zwischen 30 und 35 Prozent des Bruttoinlandsprodukts erwirtschaftet. Doch Georgi Stojew vom Institute for Market Economy in Sofia glaubt, dass es in Wahrheit weitaus mehr ist.

Ein Zentrum des grauen Sektors ist der Jenski-Basar hinter der Synagoge. Dort werden Wodka und CDs, Unterwäsche und Apfelsinen, Plastikfeuerzeuge und selbst gesammelte Pilze, falsche Markenkleidung und echtes Kunsthandwerk feilgeboten. »Jedes Land des ehemaligen Ostblocks hatte in den letzten anderthalb Jahrzehnten seine Basarphase«, stellte Karl Schlögel, Professor für osteuropäische Geschichte in Frankfurt/Oder, fest. »In manchen Ländern – wie in Polen oder Estland – ist sie vorbei, in anderen – wie in Russland oder der Ukraine – ist sie noch in vollem Schwung.« Die Basarwirtschaft ist, laut Schlögel, ein Gradmesser der Transformation der ehemals kommunistischen Staaten. Wo der Basar »verschwunden ist, ist der Prozess abgeschlossen, wo er noch da ist, wird er noch gebraucht«.

Auch in Warschau war der Basar, dort »Russenmarkt« genannt, zu Beginn der neunziger Jahre das umsatzstärkste Unternehmen von ganz Polen. Bis heute treffen sich die fliegenden Händler auf dem Oberring des Stadions Dsieciecolecia und feilschen auf Polnisch, Russisch, Ukrainisch und in allen weiteren Sprachen des Ostens. Hinter dem Stadion erhebt sich das neue Warschau, die gläsernen Hochhäuser rund um den alten, im Zuckerbäckerstil der Stalinzeit erbauten Kulturpalast. Wer dort arbeitet, besucht den Basar höchstens einmal als exotische Attraktion oder um ein skurriles Flohmarktschnäppchen zu erstehen. »Zwischen dem Russenmarkt mit seinen ukrainischen, weißrussischen und vietnamesischen Händlern und den Chefetagen in den Hochhäusern im Geschäftszentrum von Warschau liegt nicht nur die Weichsel, die seit jeher ›Polen A‹ und ›Polen B‹, den polnischen Westen von seinem armen Osten trennt«, schrieb der Autor Uwe Rada in der *taz*. »Links und rechts der Weichsel zeigt sich auch die Marktwirtschaft in ihren Extremen, hier der gläserne Protz der Global Player, dort die Armseligkeit osteuropäischer Überlebensökonomie.« Diese Ökonomie der Armut wird mehr und mehr durch solide Läden und Boutiquen, Supermärkte und Kaufhäuser abgelöst. Der Russenmarkt in Warschau hat bald ausgedient, denn Polen hat seinen Transformationsprozess weitgehend hinter sich.

Die Zahlen sprechen eine deutliche Sprache: Mit einem durchschnittlichen Wachstum von fast 5 Prozent zwischen 1992 und 2000 ist es Polen gelungen, seine Wirtschaftsleistung um 50 Prozent zu steigern. Das Bruttoinlandsprodukt pro Kopf (umgerechnet zu Kaufkraftparitäten) stieg in Polen von 4500 Euro im Jahr 1990 auf 8500 Euro im Jahr 2000. Das sind 40 Prozent des EU-Durchschnitts. Nach der umfassenden Liberalisierung und makroökonomischen Stabilisierung im Rahmen der »Schocktherapie«, die von einem großen Teil der postkommunistischen Sozialdemokraten mitgetragen wurde, sind junge Unternehmen zum Wachstumsmotor der Volkswirtschaft geworden. Die fast 140000 polnischen Privatunternehmen erwirtschaften 70 Prozent des Bruttoinlandsprodukts und haben die schleppend privatisierten Staatsbetriebe souverän abgehängt.

Polen ist keine Ausnahme: Osteuropa war im Jahr 2000 die Weltregion mit der höchsten wirtschaftlichen Dynamik. Das Wirtschaftswachstum der früheren kommunistischen Länder erreichte mit durchschnittlich 5 Prozent das beste Ergebnis seit der Transformation. Die Exporte steigerten sich um 17, die Importe um 15 Prozent. Viele Experten glauben, dass dieses Wachstum noch eine ganze Weile anhält. Die Baseler Prognos AG sagt eine »deutliche Beschleunigung des Expansionstempos« voraus und erwartet bis 2010 für die gesamte Region Mittel- und Osteuropa (das heißt inklusive der Nachzügler wie Weißrussland oder Ukraine) ein durchschnittliches Wirtschaftswachstum in Höhe von 3,3 Prozent. Exporte und Importe werden mit rund 7 Prozent jährlichem Wachstum dabei wesentlich schneller zunehmen als die gesamtwirtschaftliche Leistung. »Die besten wirtschaftlichen Perspektiven bei gleichzeitig hoher Stabilität« sieht Prognos dabei »für die EU-Kandidaten mit Ausnahme Bulgariens und Rumäniens«. Schon heute wird in Polen, Ungarn und Tschechien mehr investiert, als dies in Spanien und Portugal kurz nach deren EU-Beitritt der Fall war. Audi zum Beispiel baut bereits fast alle Motoren in einer hochmodernen Produktionsanlage im westungarischen Györ. Unter dem Dach der Volkswagen AG werden in Tschechien viel gelobte Skoda-Automobile hergestellt. Lastwagen der Marke DaimlerChrysler entstehen in der Slowakei. Fiat und Daewoo haben in Polen investiert. Nicht allein die Autobranche, auch westeuropäische Lebensmittelkonzerne (Nestlé), Elektronikunternehmen (Philips), Telekommunikation, Energieversorger und Banken sind mit Tochtergesellschaften oder mit großen Beteiligungen fast überall zwischen Ostsee und Balkan vertreten. Nach einer Umfrage des Kölner Instituts der deutschen Wirtschaft haben bereits 56 Prozent der deutschen Unternehmen in Ost- und Mitteleuropa investiert, kaum weniger als im westeuropäischen Ausland (60 Prozent). Bei den kleinen und mittleren Unternehmen ist es sogar umgekehrt: 55 Prozent im Osten, 43 im Westen. Kein Wunder: Die Löhne unserer östlichen Nachbarn liegen etwa bei einem Drittel des deutschen Niveaus. Fragt sich nur, wie lange das noch so bleibt, denn auch die Gehälter steigen mit der Wohlstandsentwicklung kontinuierlich an. Schon heute sagen viele Investoren, dass Tschechien, Polen und Ungarn als Billiglohnländer bereits ausgedient haben. Kostengründe allein seien von Jahr zu Jahr weniger Argument für das wirtschaftliche Engagement im Osten.

Dennoch wird mit der Angst vor Billigkonkurrenz Politik gemacht. Spanien fürchtet um seine milliardenschweren EU-Pfründe, wenn die Armen aus dem Osten dazukommen. Denn durch die Erweiterung der EU werden die armen Regionen Spaniens wie die Extremadura und Andalusien plötzlich rein statistisch reicher, ohne dass sich an ihrer konkreten ökonomischen Situation etwas ändert. Die Bemessungsgrenze für die heiß begehrten Strukturfonds liegt bei 75 Prozent des EU-Durchschnittseinkommens, das bei einem Beitritt der Mittel- und Osteuropäer natürlich drastisch sinken würde. Die Vorbehalte aus Madrid, die von anderen Mittelmeerländern unterstützt werden, sind verständlich: Es geht um simple Interessenpolitik im Dienste der eigenen Staatskasse.

Kaum rational begründbar sind dagegen die Befürchtungen und Vorbehalte in Deutschland. Ähnlich wie den Euro betrachten die Deutschen die Osterweiterung eher als Bedrohung denn als Chance. Die Unterstützung für den Beitritt ist in der deutschen Bevölkerung erschreckend gering. Handwerk, Bauwirtschaft, Gewerkschaften und – leider auch – Politiker in den Grenzregionen machen mit Fremdenangst Politik. Im Dienste eigener Interessen nutzen sie die Furcht vor ausländischen Billiglöhnern, die angeblich Arbeitplätze wegnehmen und unser Sozialsystem belasten würden. Der Gedanke an Freizügigkeit für Polen, Ungarn und Tschechen versetzt sie in Angst und Schrecken. Selbst Politiker, die es besser wissen müssten wie Bundeskanzler Schröder, stimmen in den Chor der furchtsamen Grenzschützer ein und fordern eine Verzögerung der Freizügigkeit auch nach dem Beitritt der östlichen Nachbarn. Im Frühjahr 2001 schwenkte sogar die EU-Kommission auf diese Linie ein und schlug vor, dass jede Regierung der bisherigen EU-Mitglieder für sieben Jahre die Zuwanderung aus den neuen Mitgliedsstaaten je nach Belieben drosseln oder ganz unterbinden darf. Die Horrorszenarien der Grenzlandlobbyisten künden von einer Flut von Fliesenlegern und Tapezierern, Elektrikern und Friseuren, die bereit seien, für Hungerlöhne zu schuften. Dieses hoch motivierte Arbeitsheer lauert angeblich hinter Oder, Neiße und Böhmerwald und wartet nur darauf, dass die Schlagbäume ein klein wenig gelupft werden. Noch werden wir von deutschen Grenzern davor geschützt.

Viele von uns wollen sich gar nicht schützen lassen, sondern schreiten dem Feind in vorauseilender Kapitulation entgegen. Denn die als Konkurrenten verhassten Nachbarn sind als Dienstleister hoch begehrt, wenn sich so mancher Mitbürger nach Feierabend vom Protektionisten zum Schnäppchenjäger verwandelt. Am Autobahngrenzübergang Görlitz-Zgorzelec entstand ein gigantisches Einkaufszentrum, das 24 Stunden geöffnet hat und ein schier unermessliches deutsch-polnisches Warenangebot anbietet. In dem polnischen Dorf Osinów Dolny versorgen 23 Friseursalons deutsche Kunden mit Modefrisuren ab etwa 3 Euro. Manche reisen sogar aus Berlin an, um die preisgünstige Kunstfertigkeit polnischer Friseurinnen auszunutzen. »Auf sehr pragmatischer Ebene leisten die Friseusen von Osinów Dolny Großartiges«, schrieb Dorothee Wenner in der *Zeit*, »denn das Verhältnis zwischen den Nachbarländern ist in Grenznähe von besonders tiefem Misstrauen geprägt. Insofern sind die Salons eine bemerkenswert tiefere Fortsetzung der früheren staatlich verordneten Völkerverständigung – Friseurbesuche sind nun mal Vertrauenssache.«

Die vertrauensbildenden Maßnahmen zwischen Waschen und Legen haben leider nur begrenzten Einfluss. Was wirklich auf uns Westeuropäer zukommt, ist schwer zu sagen, doch die Schreckensszenarien einer Invasion aus dem Osten sind mit Sicherheit heftig übertrieben. Als die damals armen westlichen Nachbarn, Spanien und Portugal, in die EU aufgenommen wurden, hatte man in Frankreich ähnliche Sorgen. Aber der massenhafte Zuzug blieb aus. Stattdessen setzte eine Rückwanderung von Spaniern und Portugiesen in ihre Heimat ein, wo sie sich durch den Beitritt und den damit verbundenen Aufschwung bessere Chancen ausrechneten. Seit Mitte der achtziger Jahre sind mehr Menschen aus der alten EU nach Spanien und Portugal gezogen als umgekehrt.

Schon aus sprachlichen Gründen wird die Einwanderung aus Ungarn, Tschechien und Polen nicht so gewaltig sein wie befürchtet. Von Kanzler Schröders Greencard-Initiative ließen sich jedenfalls nicht die erwarteten Tausende, sondern gerade einmal einhundert junge polnische Computerspezialisten nach Deutschland locken. Ein weiterer Indikator ist die derzeitige Auswanderungsrate der Polen, die ja bereits heute die zweitgrößte Gruppe von Ausländern in Deutschland bilden. Im Vergleich zur Endphase des Kommunismus hat die Emigration um etwa 40 Prozent abgenommen. Von den circa 900 000 Polen, die in den achtziger Jahren nach Deutschland ausreisten, sind in den neunziger Jahren 600 000 wieder in ihre Heimat zurückgekehrt. Die Ost-West-Wanderbewegung zwischen Polen und Deutschland wird inzwischen von einer fast ebenso starken West-Ost-Wanderung begleitet. Schon heute liegt die Arbeitslosenquote in Brandenburg höher als in Westpolen. Die Mehrheit derer, die derzeit in Deutschland arbeiten, waren in Polen keinesfalls arbeitslos, sondern sind Familienväter in ihren besten Jahren, die für eine begrenzte Zeit in Deutschland dazuverdienen wollen, um in Polen ein Auto, eine Wohnung zu kaufen, ein Häuschen zu bauen oder einen Kleinbetrieb zu gründen.

Die kursierenden Zahlen über die möglicherweise ausbrechende Wanderlust der Ost- und Mitteleuropäer sind also mit Vorsicht zu genießen, das wird schon an den erheblichen Unterschieden zwischen den verschiedenen Prognosen deutlich. Einige Warner drohen mit einer Völkerwanderung von sechs Millionen Menschen. Die EU-Kommission ist deutlich zurückhaltender und geht von einer jährlichen Zuwanderung von 335 000 Menschen aus den Beitrittsstaaten in die alten EU-Länder aus. Andere Wirtschaftsforscher schätzen die Zahl der Ausreisewilligen aus allen zehn Staaten von Estland bis Bulgarien, mit denen gegenwärtig über eine Mitgliedschaft verhandelt wird, auf 1,2 bis 1,8 Millionen. Nimmt man an, wie es die meisten Forschungsinstitute tun, dass sich in Deutschland bei völliger Freizügigkeit innerhalb von fünf Jahren etwa 100 000 Immigranten aus den neuen Mitgliedsländern ansiedeln, so wäre dies nicht einmal ein halbes Prozent der deutschen Erwerbsbevölkerung. Das Münchner Ifo-Institut prognostiziert, dass schon nach wenigen Jahren der Zustrom aus europäischen Partnerländern nicht einmal ausreichen wird, um den Arbeitskräfte- und Beitragszahlerbedarf in Deutschland zu decken. Eine Studie der Dresdner Bank kommt zu dem Ergebnis, aus ökonomischer Sicht gäbe es keinen Grund, die Freizügigkeit der Arbeitnehmer durch Übergangsfristen einzuschränken. Dabei wird Deutschland neben Österreich das bei weitem gefragteste Zielland der neuen EU-Bürger sein. Die anderen alten Mitgliedsländer können die Situation also noch viel gelassener sehen.

Neben der Angst um den Arbeitsplatz und vor unliebsamer Konkurrenz fürchten viele, dass die erweiterte EU noch mehr Steuergelder verschlingen wird. Diese Befürchtung ist nicht von der Hand zu weisen und durchaus berechtigt. Wenn die gewohnte Subventionspolitik nach Osten erweitert wird, wenn die ausufernde Agrar- und Regionalförderung ungebremst weitergeht, kann es richtig teuer werden. Schließlich sind in Polen immer noch fast 20, in Rumänien gar 40 Prozent der Bevölkerung in der Landwirtschaft beschäftigt. Dessen ist man sich auch in Brüssel bewusst. Deshalb will man die mittel- und osteuropäischen Bauern von direkten Einkommenshilfen, und damit von 80 Prozent der Agrarsubventionen, ausschließen. Fragt sich nur, wie lange sich die Landwirte in den Beitrittsländern als Bauern zweiter Klasse behandeln lassen.

In der bis 2007 laufenden EU-Finanzplanung sind 70 Milliarden Euro für die neuen Mitglieder vorgesehen. Das ist nur ein Viertel dessen, was sich die fünfzehn alten EU-Staaten in diesem Zeitraum allein ihre Landwirtschaft kosten lassen. Im Bereich Regionalförderung stehen den Alteingesessenen 280 Milliarden zur Verfügung, den Newcomern 50 Milliarden. Wie bei der Einwanderung gehen auch in der Kostenfrage die Prognosen extrem auseinander. Die Dresdner Bank rechnet damit, dass die in der EU-Finanzplanung vorgesehenen Summen bei weitem nicht ausreichen werden, wenn die bisherige Subventionspolitik im Agrarbereich weitergeführt wird. Eine Berechnung des Europaparlaments geht von einem zusätzlichen Finanzbedarf von bis zu 770 Milliarden in den ersten zehn Jahren der Osterweiterung aus. 80 Prozent davon entfallen laut dieser Vorhersage auf Landwirtschaft und Infrastruktur. Bundeskanzler Schröder hat vorsichtshalber schon einmal laut darüber nachgedacht, ob denn die Agrar- und Regionalpolitik – also vier Fünftel aller EU-Ausgaben – nicht wieder in die Zuständigkeit der einzelnen Staaten gelegt werden sollte. Auch Finanzminister Hans Eichel sinniert: »Wir müssen uns frühzeitig Gedanken über die Zeit nach 2007 machen. Vorrangiges Ziel ist es daher, die Finanzierbarkeit einer erweiterten Union auch langfristig zu sichern. Auf dem Weg dorthin müssen die Agrarpolitik und die Regionalförderung gegebenenfalls auf den Prüfstand gestellt werden.«

Besser heute als morgen, kann man sich im Sinne der europäischen Steuerzahler nur wünschen. Zwar hat sich die Förderung der Infrastruktur in der Vergangenheit oft bezahlt gemacht. Die mustergültigen Erfolge Portugals und Irlands gehen nicht zuletzt darauf zurück, dass die EU dort beim Aufbau moderner Kommunikations- und Verkehrsnetze geholfen hat. Im Agrarbereich allerdings ist die Vergeudung offensichtlich. All die Subventionsmilliarden haben nicht verhindern können, dass immer mehr Landwirte aufgeben. Sinnlose Überschüsse werden durch die Steuermittel der Bürger finanziert. Rabiate Produktionsmethoden verschmutzen die Umwelt und schinden die Nutztiere. Die Verbraucher sind völlig verunsichert und die Bauern zu bürokratisch gegängelten Bittstellern degradiert. Wenn dieses System jetzt auch noch auf die wesentlich stärker agrarisch geprägten mittel- und osteuropäischen Staaten ausgedehnt wird, ist der Bankrott so gut wie sicher. Daher ist es an der Zeit, sich so schnell wie möglich Gedanken darüber zu machen, wie die Landwirtschaftskompetenz regionalisiert werden kann. Die EU sollte sich vernünftigerweise um den Außenhandel mit europäischen Agrarprodukten kümmern. Es hat keinen Sinn, von Brüssel aus steuern zu wollen, wie und in welchem Ausmaß man in Mecklenburg Schweine mästet, auf Mallorca Oliven anbaut oder in der Provence Schafe züchtet. Warum soll sich die EU – und erst recht eine erweiterte EU – an solchen Fragen abnützen, die im regionalen Kontext viel besser lösbar sind?

Wenn es gelingt, in der Landwirtschaft wieder mehr Subsidiarität walten zu lassen, steht der Osterweiterung ökonomisch nichts mehr im Wege. Sie wird zu einer neuen Runde von Wohlstandsgewinn führen, angetrieben durch die Integration der Märkte und die höhere Beweglichkeit für Waren und Dienstleistungen, Arbeit und Kapital. Besonders für Deutschland eröffnet sich eine Jahrhundertchance. Unser Land hat bisher wie kein anderes vom Fall des Eisernen Vorhanges profitiert. Das zeigt unter anderem der solide Exportüberschuss gegenüber den mittel- und osteuropäischen Staaten. Der deutsche Export nach Ungarn, Polen und in die Tschechische Republik hat sich allein zwischen 1989 und 1995 mehr als verdreifacht. Doch nicht nur als Absatzmarkt und Produktionsstandort werden die neuen EU-Länder zu unserem Wohlstand beitragen. Die oftmals gut ausgebildeten und hoch motivierten Menschen aus Polen, Tschechien und Ungarn werden in unserer alterslastigen Bevölkerungsstruktur als Arbeitnehmer, Selbstständige, Unternehmer und Beitragszahler dringend benötigt. Der Nachholbedarf der armen Länder wird zum Wachstumsmotor für den Westen. »Woher sonst, wenn nicht aus Stettin mit seinen 420 000 Einwohnern, soll das menschenarme Vorpommern die Kraft für einen selbst tragenden

Wirtschaftsaufschwung beziehen?«, fragt das *Managermagazin.* »Wenn wir den Betrieb in Polen nicht hätten, wären wir wohl längst pleite«, sagt der 49-jährige Metallbauunternehmer Hermann Gloger. Er hat ein Werk in Frankfurt/Oder und eines in Polen aufgebaut. Obwohl die Arbeitslosenquote bei 17 Prozent liegt, findet er in Brandenburg nur schwer Mitarbeiter. »Die Leute hier sind nicht motivierbar«, stöhnt er. Seine polnischen Arbeitnehmer seien dagegen »motiviert und geschickt – die machen sich Gedanken«. Er würde sie gerne auch in seinem deutschen Betrieb einstellen, wenn er dürfte. Gloger würde sich »freuen, wenn Polen morgen EU-Mitglied wäre«. Mit dieser Ansicht ist er nicht allein. Und seit Juni 2001 hat das zermürbende Warten endlich eine Perspektive. Bis 2004 sollen die ökonomisch stärksten Kandidaten, darunter Ungarn, Tschechien und Polen, EU-Mitglieder sein.

Höchste Zeit, denn nicht nur im Westen gibt es Ressentiments gegen den Eintritt der Neuen in den Europaclub. Auch im Osten wächst die Zahl derer, die sich als arme Bittsteller in ihrem Stolz verletzt fühlen und dem Westen lieber wieder den Rücken kehren möchten. Altkommunisten und Nationalisten verbinden sich zu europafeindlichen Koalitionen. Je näher der Beitritt rückt, desto mehr Menschen fragen sich, ob er wirklich vorteilhaft für alle sein wird. Besonders die Bauern und die ländliche Bevölkerung befürchten, der Konkurrenz aus dem Westen nicht gewachsen zu sein. Andere kritisieren, dass eine EU-Mitgliedschaft zwangsläufig zu einer teilweisen Aufgabe der nach langer sowjetischer Besatzung gerade wieder erst errungenen nationalen Souveränität führt. Wir wechseln von der Sowjetunion in die Europäische Union, sagen manche Litauer. Die Euroskepsis wächst.

Man kann es den Menschen nicht verdenken, denn es führt natürlich zu Frustrationen, wenn man sich so lange und so sehr um Aufnahme bemüht und immer wieder vertröstet wird. In Ungarn kursiert der Witz, das Land sei immer genau fünf Jahre vom EU-Beitritt entfernt. So war es 1990, 1995 und 2000. Viele Tschechen betrachten die anvisierte Übergangsfrist für die Freizügigkeit von Arbeitnehmern als Versuch, sie zu EU-Bürgern zweiter Klasse zu stempeln. Dass dagegen der Grunderwerb durch Bürger der alten EU-Länder gleich nach dem Beitritt möglich sein soll, stößt angesichts der problematischen deutsch-tschechischen Vergangenheit bei vielen auf Unverständnis. Noch ergeben die Umfragen in den Kandidatenländern klare Mehrheiten für die Integration. Doch die Europa-Euphorie beginnt zu bröckeln. Bleibt zu hoffen, dass das im Frühjahr 2001 auf dem EU-Gipfeltreffen von Göteborg nun endlich mehr oder weniger verbindlich festgelegte Aufnahmejahr wieder für mehr Zuversicht in der Bevölkerung sorgt.

Wenn einige Osteuropäer sich dann in unserem Land niederlassen, ist das kein Grund zur Panik. Schließlich hat Deutschland mit arbeitswilligen Zuwanderern in der Vergangenheit beste Erfahrungen gemacht. Es war nicht zuletzt polnischen Arbeitern zu verdanken, dass das Ruhrgebiet im 19. Jahrhundert zur wichtigsten Industrieregion Europas aufstieg. Die Gastarbeiter der sechziger Jahre waren ebenso ein Wachstumsmotor der deutschen Wirtschaft wie die vielen kleinen Selbstständigen, die mit ihnen kamen, vom Eiskonditor bis zum Änderungsschneider. Schon lange vor dem Ersten Weltkrieg arbeiteten polnische Saisonkräfte massenweise auf deutschen Landwirtschaftsbetrieben und das deutsche Hotel- und Gaststättengewerbe hätte ohne Zuwanderung heftigste Probleme. Im 17. Jahrhundert wäre ohne Handwerker aus Holland und aus Frankreich geflohene Hugenotten der Aufbau des durch den Dreißigjährigen Krieg entvölkerten Preußen kaum vonstatten gegangen. Die Grundlage des damaligen Aufstiegs von Friedrich Wilhelm, dem Großen Kurfürsten, waren Niederlassungs- und Dienstleistungsfreiheit. Durch die Hanse florierte im 14. bis 16. Jahrhundert nicht nur der Handel, sondern es entstand eine einzigartige hansische Kultur, von der heute noch der Hildesheimer Dom, der Artushof in Danzig oder die Häuser der Schiffergesellschaften in Lübeck und Bergen künden. Freizügigkeit und Niederlassungsfreiheit waren Voraussetzungen für diesen Aufschwung und Deutsch war damals eine Verkehrssprache, die zwischen den Völkern vermittelte. Noch bis ins 19. Jahrhundert sprach die Bevölkerungsmehrheit in Riga Deutsch. Die hansische Kultur aber war keinesfalls eine deutsche Kultur. Sie war eine europäische, in deren Herzen ein Meer lag, die Ostsee, über die sie sich definierte und auf die sie sich bezog. Niemand fühlte sich damals als »deutsch«, »schwedisch« oder »polnisch« im heutigen Sinne, alle waren Hanseaten.

Leider haben es vierzig Jahre kommunistische Diktatur und sowjetische Besatzung vermocht, das Bewusstsein zu verdrängen, dass Europa ein Kontinent ist, der viele Jahrhunderte lang als Einheit wahrgenommen wurde. Besonders im reichen Westen haben dies viele Menschen vergessen, während die Osteuropäer die europäischen Freiheitsideale stärker wach hielten und unverdrossen nach ihnen verlangten. Genau genommen ist schon der Begriff Osterweiterung unsinnig, denn Prag und Ljubljana (Laibach) liegen westlich von Wien. Warschau, Bratislava (Pressburg), Budapest und auch Sofia liegen westlich von Athen. Es wird allerhöchste Zeit, dass diese Städte auch in den Köpfen der Westeuropäer wieder als das angesehen werden, was sie waren, sind und sein werden: ein Teil des Westens. Die Erweiterung wird Probleme und Schwierigkeiten bringen wie jede große Reform. Aber sie wird unendlich mehr Gutes bewirken, nicht nur für die Wirtschaft, sondern auch für die kulturelle Entwicklung und den geistigen Horizont aller Europäer. Es ist falsch, in ängstlicher Kleinkrämerei nur auf die möglichen Gefahren zu starren. Es ist falsch, die Freizügigkeit auf Jahre hin einzuschränken und damit Europäer zweiter Klasse zu schaffen. Wenn Brüssel sich endlich durchringt, das aberwitzige Projekt einer zentralen Agrarplanung aufzugeben und die Landwirtschaft wieder in die nationale und regionale Verantwortung entlässt, dann wäre die Aufnahme der Beitrittskandidaten auch ein begrenzteres finanzielles Risiko. Dafür braucht es den politischen Mut, den zahllosen Interessengruppen, die Brüssel besetzt halten, die Stirn zu bieten. Wenn die Erweiterung an Milchquoten und Olivenprämien scheitern sollte, wäre das der Offenbarungseid Europas.

»Meine Kuh will auch Spaß haben.«
Astrid Lindgren

Wege aus der Agrarkrise

1200000 Kilo Obst, 987 000 Kilo Brot, Gebäck und andere Getreideprodukte, 821 000 Kilo Gemüse, 652000 Kilo Kartoffeln, 605000 Liter Milch, 2100000 Eier, 377000 Kilo Schweinefleisch, 117000 Kilo Fisch, 93126 Kilo Rind- und Kalbfleisch, 86600 Kilo Geflügelfleisch: All das verschlingt Berlin an einem Tag. Der Slogan von Verbraucherministerin Renate Künast »Klasse statt Masse« klingt sympathisch, aber ist er auch realistisch? In Deutschland leben achtzig Millionen Menschen, in der EU über 300 Millionen. Wie sollen all diese Menschen ohne Massenproduktion von Lebensmitteln versorgt werden? Unser Freund, der Seidl-Almbauer in Kitzbühel, wird hoffentlich auch weiterhin mit seinen schmackhaften, handgefertigten Produkten dazu beitragen. Aber solche traditionellen Kleinbetriebe allein können Europa nicht satt machen. Wie könnte eine zukunftsfähige Reform der europäischen Agrarpolitik aussehen, die sich wieder am Markt orientiert, die die Ernährungssicherheit gewährleistet, die aber auch Qualität fördert, Umwelt- und Tierschutzstandards hebt, regionale Traditionen und Nischen erhält?

Auf dem Münchener Viktualienmarkt ist die Filiale der »Herrmannsdorfer Landwerkstätten« immer gut besucht. Die Metzgerei bezieht ihr Fleisch ausschließlich von Ökobauern aus der Region, die ihre Tiere vorbildlich halten und füttern. Die Kundschaft gehört zum gehobenen Münchener

Mittelstand, Menschen aus Hightechfirmen und der New Economy. Es sind die typischen Globalisierungsgewinner, die keine Probleme haben, sich in Tokio, Singapur oder Los Angeles zurechtzufinden. Doch gerade diese »Internationalisten« legen Wert auf regionale Spezialitäten und handgemachte Qualität. Sie möchten kein genormtes Einheitssteak, sondern die Produkte des oberbayerischen Metzgerhandwerks.

Man braucht kein großer Prophet zu sein, um zu prognostizieren, dass sich dieser Trend in den nächsten Jahren verstärken wird und die Großmärkte beziehungsweise Agrarmärkte aller Art sich weit stärker als bisher mit differenzierter Produktwerbung an den Kunden richten werden müssen. Der biologische Anbau ist dabei erst der Anfang. Bei gleichen Preisen siegt die Qualität, das heißt, die höherwertigen Nahrungsmittel werden ihren Siegeszug antreten. Trotz der gelegentlichen Verzögerungen auf der Herstellungs- und Vertriebsseite kann man davon ausgehen, dass dieses in den nächsten Jahren die wesentliche Marktveränderung sein wird. Auch die intensiv betriebene Landwirtschaft wird sich mit neuen Tierschutz- und Umweltstandards arrangieren müssen. Sie wird diese Vorgaben so ökonomisch wie möglich in ihre Produktionsabläufe integrieren und auch weiterhin in der Lage sein, Nahrungsmittel zu extrem günstigen Preisen auf den Markt zu bringen. Darüber hinaus werden viele Tausend Ökobauern Eier von frei laufenden Hühnern, Milch von Weidekühen und Fleisch von besonders tierfreundlich gehaltenen Schweinen anbieten.

Die Erfolgszahlen des Ökolandbaus überzeugen auch kühle Rechner. In den sechziger Jahren wirtschaftete nur eine Handvoll Biobetriebe in Europa. Mittlerweile sind bereits circa 100 000 Höfe nach EU-Bio-Verordnung registriert. Über 2,3 Millionen Hektar werden in der EU ökologisch bewirtschaftet, Tendenz rasant steigend. In Deutschland werden zwar erst 2,5 Prozent der Fläche ökologisch bewirtschaftet. Darunter sind Großbetriebe in Ostdeutschland, die mehrere Tausend Hektar umfassen. Spitzenreiter unter den Bundesländern ist Mecklenburg-Vorpommern, wo der Ökolandbau den größten Flächenanteil erobert hat. Großunternehmen wie der Babynahrungshersteller Claus Hipp aus Pfaffenhofen haben ihr Sortiment komplett auf Bioware umgestellt. Er bezieht seine Rohstoffe von circa 1 000 Biobauern in Europa.

Andere Länder haben Deutschland in Sachen Ökolandbau längst überholt. In Italien zum Beispiel, dem Land mit den derzeit größten jährlichen Zuwachsraten, beträgt der Anteil ökologisch bewirtschafteter Fläche bereits über 5 Prozent, beim Spitzenreiter Österreich sind es 8,4 Prozent. Nach Schätzungen von Marktkennern liegen zurzeit in Nordamerika, Europa und Japan die Umsätze von Ökolebensmitteln bereits bei jährlich 20 Milliarden Dollar – mit ebenfalls steigender Tendenz.

Wir haben in den letzten dreißig Jahren bei der Landwirtschaft die industrielle Erfahrungskurve erprobt. Mit jeder Verdoppelung des Outputs sinken die Entstehungskosten für das einzelne Produkt um etwa 20 bis 25 Prozent. Dies hat uns nicht nur enorm niedrige Verbraucherpreise beschert, sondern auch üppige Vielfalt übers ganze Jahr: Frische Kartoffeln, die es früher nur im August und September gab, sind jetzt das ganze Jahr erhältlich. Ebenso kann man Spargel, Gemüse, Obst und Südfrüchte immer kaufen. So wie seinerzeit beim Übergang von der Manufaktur zur industriellen Massenherstellung eine breite Versorgung der Bevölkerung mit Gebrauchsgütern möglich wurde, erleben wir heute, dass der Tisch praktisch für jedermann allzeit reichhaltig gedeckt ist. Industrielle Fertigung hat jedoch ihren Preis: Vereinheitlichung statt Differenzierung. Diese Normierung wird von immer größeren Konsumentenkreisen jedoch nicht mehr gewünscht. Die Zeichen der Zeit stehen auf mehr Differenzierung: regionale Produktion für die regionale Küche.

Die europäische Landwirtschaft stellt die zentrale Fehlentwicklung des Konzepts Europa dar. Der Wettbewerbsgedanke, die Produktionsgesellschaft mit ihrem Kapitaleinsatz und den berechenbaren Produktivitätschancen sowie

Skaleneffekte durch Größenstrukturen entsprechen der Landwirtschaft nicht. Der Landwirt, vor allem der auf den Familienbetrieb orientierte, ist Produzent, Pfleger der Kulturlandschaft, Tourismusunternehmer und Lieferant von speziellen Naturprodukten in einem. Er müsste sich eigentlich – im Zuge der gesellschaftlichen Entwicklung der modernen Industriestaaten – vom Produzenten zum Dienstleister, zum »Sicherheitsingenieur« unserer Natur entwickeln. Seine Vergütung erhält er jedoch nicht für diese Multifunktionalität, sondern immer noch im Wesentlichen über den Verkauf seiner Produkte. Deshalb ist er nach wie vor zur Massenproduktion gezwungen, die wiederum zu Lasten der natürlichen Umwelt und damit zu Lasten unser aller Lebensgrundlage geht.

Im Dienstleistungsbereich ergeben sich ganz automatisch regionale Märkte. Die Zahl der Berliner, die sich in Polen die Haare schneiden lassen, wird sich immer in Grenzen halten. Im Handwerks- und Baudienstleistungsbereich werden wir immer örtliche Märkte mit örtlichem Wettbewerb haben. Aber gibt es etwas Regionaleres als die Landwirtschaft und ihre vielfältigen Bezüge? Bäuerliche Betriebe werden in Zukunft noch sehr viel stärker als heute den Kontakt zu Menschen aus den benachbarten Städten pflegen. Schon heute suchen viele Wanderer und Jogger, Radfahrer und Paddler bei ihren Ausflügen gerne die dörflichen Gaststätten auf. Immer mehr Familien aus der Stadt machen Ferien auf dem Bauernhof, damit die Kinder Kühe, Pferde und Schweine nicht nur in der Haustierecke des Zoos kennen lernen.

Die teilweise immer noch kleinbäuerliche Struktur der europäischen Landwirtschaft – in Deutschland etwa sind 60 Prozent der Bauern Nebenerwerbslandwirte – stellt sicher, dass wir auch in Zukunft die Vielfalt der regionalen Küche genießen können. Dass es in Deutschland 1600 regionale Wurstsorten gibt, hängt mit dieser kleinteiligen Struktur und den vielen lokalen Metzgereien zusammen. In der Landwirtschaft ist die Beziehung zwischen Konsumenten und Produzenten am individuellsten. Immer mehr Menschen genießen es, frische Äpfel ab Hof zu kaufen, Erdbeeren selbst zu pflücken oder leckeren Honig direkt beim Imker zu holen.

Nicht nur die Vielfalt auf dem Teller wird durch die Bauern erbracht, sondern auch die Vielfalt der Landschaft. Echte Wildnisgebiete besitzt Europa seit vielen Jahrhunderten nur noch wenige. Fast jeder Hektar dieses dicht besiedelten kleinen Kontinents wurde schon einmal kultiviert. Zwar gibt es durch die Bemühungen des modernen Naturschutzes in verlassenen Alpentälern oder in Kernbereichen großer Waldgebiete wieder einige Wildnisreservate. Doch dies sind reizvolle Ausnahmen in einer ansonsten bäuerlich geprägten Kulturlandschaft. Der Liebreiz der Toskana, des Allgäu oder des englischen Lake District sind keine reinen Geschenke der Natur. Sie entstanden durch Agrarkultur. Wenn ein Europäer von sich sagt, er liebe das Wandern in freier Natur, so ist das zumeist nicht die wilde Natur, sondern eine ästhetisch reizvolle Kulturlandschaft. Und die verdanken wir unseren Bauern. Sie sollten endlich auch dafür bezahlt werden.

Es ist schon klar, welche Argumente jetzt kommen: Wie sollen die Großbetriebe in Ostdeutschland, Frankreich oder Großbritannien existieren, wenn ihre Produktion nicht für den weltweiten Wettbewerb subventioniert wird? Wir wissen von den globalen Konkurrenzkämpfen um Getreide- oder Sojalieferungen. Wir wissen auch, dass alle reichen Industrieländer ihre Landwirtschaft subventionieren, und zwar meist auf Grundlage der Produktion oder der Produktionsergebnisse. Trotzdem sollten wir in Europa das Modell wagen, eine regionale Landwirtschaftspolitik zuzulassen.

In Baden-Württemberg beispielsweise wurde recht erfolgreich ein so genannter Wasserpfennig eingeführt. Viele Millionen Mark wurden bei den Wasserverbrauchern eingesammelt, um Bauern dabei zu unterstützen, in Wasserschutzgebieten nicht zu düngen oder die Kulturlandschaften zu pflegen und zu erhalten. Wer wird bei der älter werdenden Bevölkerung noch die Bauernhöfe in den Gebirgs- und Mittelgebirgslagen unterhalten, wenn die schwere

Landschaftsarbeit in Feld und Forst nicht zumindest teilweise öffentlich finanziert wird? Wird es hier neue moderne Modelle für Public Private Partnership geben, um den Erhalt der landschaftlichen Vielfalt zu sichern? Diese ökologische Aufgabe muss in der lokalen Gemeinschaft organisiert werden. Das Arbeits- und Tarifrecht der Produktionsgesellschaft taugt dafür genauso wenig wie für die modernen selbstständigen Unternehmer im Bereich Softwareherstellung oder Logistiksysteme und in anderen Dienstleistungsbereichen.

Der Südtiroler Landesrat für Landwirtschaft Dr. Hans Berger kämpft in Brüssel für mehr Verständnis für die lokale Situation. Entnervt von den Auswirkungen der Förderung der landwirtschaftlichen Großbetriebe und der Ökohäuser im Bienenwabenstil, hat er für die Bauern vor Ort zum Programm gemacht, die Förderung der Landwirtschaft auf bis zu 2,5 Großvieheinheiten pro Hektar zu begrenzen – darüber hinaus soll jede weitere Förderung entfallen –, und für zukünftige Eigenheimbesitzer die Ökohaus-Förderung von der Erhaltung der Baukultur abhängig zu machen. Auch hier beweist Brüssel eine eigenartige Vorstellung von Subsidiarität. Nachdem man »vor Ort« in Südtirol feststellte, dass die landwirtschaftlichen Kleinbetriebe nicht mehr lebensfähig sind und die Zersiedelung der Landschaft durch Ökohäuser im Dutzendwarestil passierte, muss Berger in Brüssel antichambrieren und auf die vielfachen Gefahren für Tourismus, Bauern und Gewerbekultur hinweisen. Hätte man gerade in diesen Angelegenheiten die Schweizer Kantonalpolitik zum Modell genommen, so hätte es diese Fehlsteuerungen gar nicht erst gegeben.

Wir möchten den schnellsten und besten Computer zum niedrigsten Preis, das modernste UMTS-Handy, das sicherste und benzinsparendste Auto, die preiswerteste und bequemste Bahn- oder Flugreise. Aber wir möchten auch wieder mit Lust und Genuss essen und trinken und die Tiere in der Obhut von Menschen wissen, die nicht nach mathematischen Kurven die optimale Zahl der Legehennen pro Batterieeinheit errechnen. Manches kann die EU von dem

Nicht-EU-Mitglied Schweiz lernen, vielleicht auch, wie man regionale und lokale Agrarpolitik betreibt, ohne ein armes Land zu werden.

Die modernen Kommunikationsmittel und ihre Vernetzungen lassen es heute zu, dass der Sohn des Landwirts eine Software-Entwicklung online aus der Bauernstube heraus betreiben kann. Oft sind es die Kreativsten, die sich von der meditativen Ruhe ländlicher Umgebung inspirieren lassen. Im Westen der USA nennt man sie Cappuccino-Cowboys, Farmersöhne und -töchter und Ruhe suchende Städter aus der New Economy und kreativen Berufen, die es sich auf dem Land gemütlich machen und online Kontakt in alle Welt halten. Hightech aus der Bauernstube – schließt sich da ein Kreis?

Die Stärkung regionaler Strukturen muss keine totale Abkehr vom Weltmarkt bedeuten. Eine differenzierte und marktkonforme Agrarstruktur könnte beides leisten, global und regional stark zu sein. Holland geht in diese Richtung und den ersten öffentlichen Papieren und Erklärungen von Verbraucherministerin Künast und Bundeskanzler Schröder zufolge will auch die Bundesregierung den Weg der Differenzierung einschlagen. Um eine nachhaltige Agrarwende zu verwirklichen, soll die Landwirtschaft der Zukunft auf mehrere Säulen gestellt werden. Die gewerbliche, intensive Landwirtschaft soll in Zukunft ohne Subventionen auskommen und möglichst für den europäischen Markt und für den Weltmarkt produzieren. Denn die europäische Landwirtschaft wird sich der Verschärfung des internationalen Wettbewerbs nicht entziehen können. Die WTO-Verhandlungen werden früher oder später dazu führen, dass die Quotensysteme auslaufen und die Preisausgleichsprämien gesenkt werden. Wir brauchen auch in Zukunft international wettbewerbsfähige Betriebe, nur sollten sie wie ganz normale Wirtschaftsunternehmen behandelt werden und nicht mehr von öffentlichen Geldern abhängig sein. Um das Vertrauen der Verbraucher wieder zu gewinnen, müssen auch diese Betriebe in Zukunft strenge Umwelt- und Tierschutzauflagen erfüllen. Sonst wäre der Weg in eine Zweiklassenernährung vorgezeichnet: Käfigeier und Fleisch aus Massentierhaltung für die einen, ökologisch einwandfreie Feinkost für die anderen. Ansonsten sollten diese »weltmarktfähigen« Betriebe weiterhin den Weg der betriebswirtschaftlichen Effizienz gehen und alle Vorteile von Technisierung und Rationalisierung nutzen.

Wie das Beispiel Holland zeigt, kann eine effizienzorientierte und subventionsfreie Landwirtschaft sogar in hoch verdichteten »Agrarindustriezentren« realisiert werden. Schon lange wachsen Holland-Tomaten auf Steinwollquadern, die per Schlauchsystem mit Wasser und Dünger versorgt werden. Ihr schlechter Ruf lässt sich längst nicht mehr rechtfertigen: So setzen die Gewächshausproduzenten weniger als ein Drittel der Pestizide ein, die konventionelle Bauern derzeit noch auf die Felder sprühen. Im Treibhaus werden Schädlinge biologisch mit Marienkäfern oder Schlupfwespen bekämpft. Hummelvölker bewähren sich als konkurrenzlos effektive Bestäuber. Im Nährstoffgehalt stehen Salat, Paprika, Gurken oder Radieschen aus dem Treibhaus dem im Freiland angebauten Gemüse ohnehin in nichts nach. Auch beim Anbau von Pilzen oder Algen haben sich die Nahrungsmittelhersteller vom Acker und vom Klima emanzipiert. Die neuen Anbaumethoden dieser »industriellen Landwirtschaft« sind in vielfacher Hinsicht sauberer, sicherer und umweltfreundlicher als die herkömmlichen – und sie zerstören kaum Naturflächen. Das Gemüse der Zukunft könnte auf den Dächern städtischer Wohnblocks wachsen.

Auch für die Tierproduktion werden nicht unbedingt riesige Flächen benötigt. Mehrere landwirtschaftliche Hochschulen in der Schweiz, in Deutschland, Dänemark und anderswo in Europa haben nach den Maßgaben von Verhaltensforschern Stallsysteme entwickelt, in denen man Tiere artgerecht auf kleinstem Raum halten kann. Solche Stallanlagen könnten sogar als mehrstöckige Großkomplexe gebaut werden, wie derzeit im Hafen von Rotterdam geplant. Dort will man den Produktionsprozess ökologisch vernetzen: Die kohlendioxidreiche Luft aus den Ställen kann beispielsweise in Gewächshäuser geleitet werden und dort für Wärme und Wachstum sorgen. Aus Gülle und Fäkalien kann Biogas gewonnen werden. Sogar Synergien mit der Industrie sind denkbar. Im dänischen Städtchen Kalundborg gibt es heute bereits einen von Umweltschützern hoch gelobten agrar-industriellen Symbiosepark, wo der Abfall des einen zum Rohstoff des anderen wird. Solche Entwicklungen werden jedoch nur dann erfolgreich sein, wenn alle ihre Produktionsformen radikal offen legen. Wir brauchen gläserne Ställe und gläserne Schlachthäuser. Einen wirklich gläsernen Schlachthof gibt es bereits. Der rheinische Großmetzger Egidius Thönes installierte in seinem Betrieb eine Webcam, damit Kunden per Internet direkt bei der Arbeit zuschauen können.

Im Frühjahr 2001 drangen aus Brüssel Einzelheiten über streng vertrauliche Reformpläne, die hoffen lassen. Demnach will Franz Fischler jedem europäischen Bauern eine Pauschale von 5 000 Mark jährlich anbieten, wenn dieser im Gegenzug keine Flächen- und Viehprämien mehr beantragt und sich außerdem zu mehr Landschaftspflege verpflichtet. Dieses »Bauerngehalt«, mit dem die Industriegesellschaft die Leistungen der Landwirte entlohnt, die schließlich uns allen zugute kommen, würde die Agrarpolitik radikal entbürokratisieren. Die Verlierer wären die landwirtschaftlichen Großbetriebe, für die 5 000 Mark pro Jahr kaum zu Buche schlagen. Sie wären dazu gezwungen, unabhängig von Subventionen marktfähig zu wirtschaften.

Die im Prinzip sinnvolle Trennung zwischen weltmarktfähiger Agrarindustrie und den weiterhin subventionierten, regional orientierten und ökologischen Kleinbauern darf dennoch nicht zum Dogma werden. Dass Großbetriebe, wie viele meinen, grundsätzlich nicht ökologisch seien, trifft angesichts der Vielfalt der Betriebsformen in Europa nicht zu. Es gibt durchaus ökologische Großfarmen, die hocheffizient und Gewinn bringend wirtschaften – die besten Bespiele dafür findet man in Ostdeutschland. Ein Blick auf das Ökozentrum Werratal GmbH in Thüringen zeigt, dass »öko« auch in Groß funktionieren kann. In der Erntezeit fressen sich dort die Mähdrescher in Fünferreihen durch endlose Getreidefelder, die aber – ganz ökologisch – durch Feldgehölze und Heckenreihen unterbrochen werden. Die Ex-LPG in Vachdorf umfasst ein ganzes Tal und die Gemarkungen von drei Dörfern und arbeitet streng nach ökologischen Normen, aber zugleich effizient, hochtechnisiert und in großen Dimensionen: 1 800 Hektar Land werden dort bewirtschaftet, 1 500 Rinder stehen auf Weiden und in großzügigen, tierfreundlichen Laufställen, 1,8 Millionen Liter Milch verlassen jährlich den Betrieb.

Auf Gut Dalwitz in Mecklenburg-Vorpommern grasen 1 000 Rinder. Nach den Kriterien des Ökolandbaus wächst dort in artgerechter Haltung Biorindfleisch feinster Qualität heran. Tiermehl war dort schon immer verpönt und selbst Kraftfutter kommt auf Gut Dalwitz kaum zum Einsatz. Wie es sich für Wiederkäuer gehört, fressen die Tiere Gras und trinken Wasser. Die Rinder streunen im wilden Osten das ganze Jahr über auf rund 1 000 Hektar Weideland umher. Gerade einmal sieben Beschäftigte managen diese ökologische »Großranch«, die mit konkurrenzfähigen Produkten auf dem Markt bestehen kann. Wer die Diskussion über eine umwelt- und tiergerechte Landwirtschaft verfolgt, sollte solche Mut machenden Beispiele im Auge behalten.

Während der Kampf um die zukünftige Agrarstruktur voll im Gange ist, tobt gleichzeitig ein Glaubenskrieg um die Gentechnik auf dem Acker. Soll die europäische Landwirtschaft wie ihre Konkurrenz in den USA, Kanada, Brasilien und Argentinien die Möglichkeiten der modernen Biotechnik nutzen dürfen oder nicht? Um das zu entscheiden, hat Europa vielleicht noch ein bis zwei Jahre Zeit. Heute sind die ökonomischen Vorteile der grünen Gentechnik noch so gering, dass kein akuter Handlungsbedarf besteht. Europas Bauern kommen derzeit noch ganz gut ohne Gentechnik aus und haben andere, dringendere Probleme. Doch das könnte sich bald ändern. Wenn die Wissenschaftler ihre Ankündigungen wahr machen, wird es in absehbarer Zukunft Getreide und andere Feldfrüchte geben, die sich selbst düngen, indem sie den Stickstoff aus der Luft binden, wie es von Natur aus etwa der Klee und andere Leguminosen tun. Auch Pflanzen, die aus eigener Kraft ganz ohne Agrargifte schädliche Insekten und Pilze abwehren, stehen in der Entwicklung. Heute schon werden in Nordamerika, Australien, Argentinien und anderswo solche gentechnisch veränderten Sorten angebaut: Mais, der gegen die gefürchtete Maiszünslerraupe resistent ist, Reis, der sich von selbst gegen den Reisbohrer wehrt, Baumwolle, der der Baumwollkäfer nichts mehr anhaben kann. Ähnlich optimierte Pflanzensorten könnten schon bald für die europäischen Bauern interessant werden.

Die europäische Angst vor grüner Gentechnik hat weite Teile der Bevölkerung ergriffen. Das war vor wenigen Jahren bei der »roten Gentechnik« ebenso – gentechnisch erzeugte Medikamente aber werden heute von einer großen Mehrheit akzeptiert. Bei aller Skepsis gilt es zu bedenken, dass in Nordamerika noch kein einziger Mensch durch gentechnisch veränderte Nahrung krank geworden ist. Schließlich werden dort seit Mitte der neunziger Jahre auf über acht Millionen Hektar Ackerfläche solche Pflanzen angebaut. 60 bis 70 Prozent der industriell hergestellten Nahrungsmittel (und dazu zählt in den USA beispielsweise auch Brot) enthalten dort gentechnisch verbesserten Mais oder Soja.

Noch ein anderes Problemfeld des europäischen Agrarmarkts muss neu diskutiert werden. Die Abschottung gegen Agrarimporte aus Entwicklungsländern ist nicht nur unchristlich und ungerecht, sie widerspricht auch den Weltmarktinteressen einer exportorientierten Industrienation. Wenn wir offene Grenzen für unsere Technikprodukte wollen, müssen wir lernen, die wachsende Konkurrenz der nachholenden Entwicklungsländer auf dem Weltmarkt zu ertragen – auch auf dem Landwirtschaftssektor. Gerade die ärmsten Länder haben oft außer Agrarprodukten nichts zu verkaufen. Eine Öffnung der abgeschotteten Märkte Europas und Nordamerikas würde den Entwicklungsländern 40 Milliarden Dollar im Jahr einbringen – ein Betrag, der fast so hoch ist wie die gesamte Entwicklungshilfe des Nordens (53 Milliarden Dollar). Warum sollen Früchte, Gemüse und Getreide nicht einfach dort angebaut werden, wo die besten klimatischen Bedingungen herrschen? Trotz des Transports sind solche Importe vielfach auch in der Energiebilanz günstiger. Warum wird stattdessen aus mitunter minderwertigen europäischen Ackerflächen mit Hilfe von Dünger das Letzte herausgeholt? Deutschland subventioniert den Zuckerrübenanbau und schottet sich gegen den billigen Rohrzucker aus der Karibik ab. Hat eine industrielle Exportnation das nötig? Schon heute ist die nationale Landwirtschaft eine Illusion. Unsere Rinder und Schweine fressen sich – realistisch gesehen – in Brasilien satt, denn das Soja in ihren Trögen stammt vielfach von dort. Die erste Säule der zukünftigen Landwirtschaft – der agrarindustrielle Sektor – wird lernen müssen, auf dem Weltmarkt zu bestehen, ohne Schutzzölle, ohne Einfuhrbeschränkungen, und zwar in beiden Richtungen. Es ist nicht einzusehen, dass europäische Steuerzahler zur Kasse gebeten werden, um große französische oder deutsche Landwirtschaftsbetriebe gegen arme afrikanische Kleinbauern zu schützen.

Für die beiden anderen Betriebsformen der Zukunft, regionale Landwirtschaft und Ökolandbau, sieht die Situation natürlich anders aus. Sie sollen für ihre ökologischen, sozialen und kulturellen Leistungen bezahlt werden und müssen auf dieser Basis konkurrenzfähige Produkte erzeugen, für die Region oder – wenn die Qualität besonders hoch ist – manchmal sogar für den Weltmarkt. Schließlich wollen auch Restaurants in San Francisco und Sydney Parmaschinken, Bordeauxwein und Thüringer Bratwürste.

Es gibt viel zu tun. Bleibt zu hoffen, dass die Verbraucher wach bleiben, auch wenn der BSE-Schock wieder abgeklungen ist. Wir alle sollten die europäische Agrarwende nicht der EU-Kommission, den nationalen Regierungen und den Interessenverbänden überlassen. Jeder von uns kann einen Beitrag leisten, denn über die künftige Form unserer Landwirtschaft wird nicht nur im Wahllokal, sondern auch an der Ladenkasse abgestimmt. Möge deshalb aus der BSE-

Krise ein großes Volksbegehren der Verbraucherinnen und Verbraucher hervorgehen. Wie fantasievoll es dabei zugehen kann, haben die Schweden schon vor über zehn Jahren vorgemacht. Eine breite gesellschaftliche Mehrheit hatte dort mit einer Kampagne zur Verbesserung des Tierschutzes in der Landwirtschaft Erfolg. Initiatorin war die Pippi-Langstrumpf-Mutter Astrid Lindgren. In einer schwedischen Boulevardzeitung schrieb die Schriftstellerin und Bauerntochter eine Serie unter dem Motto: »Meine Kuh will auch Spaß haben.« Solche Initiativen sollten auch in anderen europäischen Ländern möglich sein. Dann haben auch die Bauern und die Verbraucher wieder mehr Spaß.

»Ich möchte, dass die EU bei der nachhaltigen Entwicklung eine Führungsrolle in der Welt einnimmt.«
ROMANO PRODI

Leuchtturmprojekte in der EU

Wer die Menschen für Europa begeistern will, muss europäische Visionen entwickeln. Wer liebt schon einen Binnenmarkt! Was Menschen begeistert, sind Symbole der Freiheit, der kreativen Entfaltung, der neuen Chancen. Offene Grenzen zum Beispiel, keine Passkontrollen, keine Zollformalitäten, mit einer Währung in der Tasche reisen und überall bezahlen können. Dazu gehören auch kulturelle Projekte wie die europäischen Kulturhauptstädte, die gemeinsame Bewahrung der Umwelt, aber auch Jahrhundertbauten wie der Eurotunnel, der Großbritannien mit dem Festland verbindet. All diese Projekte bringen den europäischen Fortschritt in vielfältiger Weise voran. Wir möchten hier exemplarisch Bereiche aufzeigen, die dazu beitragen könnten, einen neuen europäischen Elan zu erzeugen.

1. Die große europäische Verkehrsinitiative

Wer verreist, verabschiedet sich von Gewohntem und erfährt Neues. Gewohntes verbessern und neue Ideen ausprobieren – das ist auch die Voraussetzung für den Verkehr von morgen. Moderne Gesellschaften funktionieren nur, wenn immer mehr Menschen und Güter in Bewegung bleiben. Wenn dies geschehen soll, ohne dass ganze Regionen von Asphalt, Abgasen und Lärm erstickt werden, muss

Mobilität anders organisiert werden. Das gilt ganz besonders für den geographisch vielschichtigen und dicht besiedelten europäischen Kontinent.

Ein Wettbewerb der besten Fachleute und der besten Konzeptionen ist längst überfällig. Anstatt nach der Wende in Ostdeutschland eine neuartige Verkehrsinfrastruktur mit neuen Verkehrsmitteln zu schaffen, haben die Deutschen dem Osten lediglich ihr antiquiertes Straßenverkehrs- und Eisenbahnkonzept übergestülpt. Welch eine verpasste Chance für eine zukunftsfähige Entwicklung! Dass Verkehrspolitik kein unlösbarer gordischer Knoten sein muss und dass man durchaus zu besseren Lösungen kommen kann, beweisen unsere Schweizer Nachbarn. Obwohl die bergige Schweiz für den Bahnverkehr nicht eben prädestiniert erscheint, nimmt die Schweizer Bundesbahn im europäischen Vergleich einen Spitzenrang ein. In keinem anderen Land Europas wird so häufig mit der Bahn gefahren wie dort. Durchschnittlich benutzt jeder Schweizer vierzig Mal pro Jahr die Bahn und legt dabei 1817 Kilometer zurück. Zum Vergleich: In Deutschland sind es gerade mal sechzehn Fahrten pro Jahr, in den USA sogar nur 0,5. Die Schweizer Bürger und das Parlament haben sich ohne Wenn und Aber für den Ausbau der Bahn entschieden und sind auch bereit, entsprechend hohe Investitionen für die Infrastruktur des öffentlichen Verkehrs mitzufinanzieren. Mit den Abgaben aus dem Straßen-Schwerlastverkehr werden beispielsweise neue Tunnelprojekte finanziert.

Auch im gesamteuropäischen Kontext lauten die entscheidenden Fragen:

- Wann wird unser Verkehrssystem so reformiert, dass man seine Zeit nicht im Stau, auf überfüllten Bahnhöfen und kollabierenden Flughäfen vertrödeln muss?
- Wer hat die besten Ideen und Konzepte für einen (Schienen-)Verkehr, mit dem das Verreisen Spaß macht und der bezahlbar und umweltfreundlich ist?

- Was muss geschehen, um die Infrastruktur der Schiene ausreichend leistungsfähig zu machen?
- Kann das Angebot der öffentlichen Verkehrsmittel so gut werden, dass es für viele den eigenen Pkw überflüssig macht?
- Welche Rolle spielt der öffentliche Nahverkehr im Wettbewerb der Regionen – wie groß ist seine Rolle als Standortfaktor?
- Wer bezahlt die Bahn – die Kunden oder die Steuerzahler?
- Wie sieht sozialverträgliche und ökologisch verantwortbare Verkehrspolitik künftig aus?

Neue attraktive Schienenwege, Verkehrsknoten zwischen Luftfahrt und Bahn, transalpine Magistralen und Verkehr mit möglichst wenig Lärm und Abgasen sind Konzepte, die gemeinsames europäisches Handeln erfordern. Wie sieht aber die Realität aus? Die täglichen Staus in den Metropolen Europas verschlingen Unsummen volkswirtschaftlicher Ressourcen und ruinieren die Nerven der Verkehrsteilnehmer. Noch bewegt der durchschnittliche Arbeitnehmer 1,5 t Automobil Tag für Tag dreißig Minuten, um zum Arbeitsplatz und wieder nach Hause zu kommen. Auf einem Zehntel der deutschen Autobahnen bricht mindestens einmal täglich der Verkehr völlig zusammen. Auf den viel befahrenen Transitrouten ist dies bereits Dauerzustand. Spätestens mit der Osterweiterung steht ein unerträglicher Verkehrskollaps ins europäische Haus. Während der Straßengütertransport immer unerträglichere Ausmaße annimmt, befindet sich der Bahngütertransport in einem scheinbar unaufhaltsamen Niedergang. Im Durchschnitt der letzten dreißig Jahre verschwanden in Europa 600 Kilometer Bahnstrecken pro Jahr.

Wir erinnern an eine Begegnung in den achtziger Jahren zwischen dem französischen Präsidenten François Mitterrand, dem deutschen Bundeskanzler Helmut Kohl und dem Schweizer Bundesratspräsidenten in Basel anlässlich einer Verkehrskonferenz. Ihre Züge fuhren auf verschiedenen

Gleisen ein und hätten nicht weiterfahren können, weil sie technisch nicht kompatibel waren. Daran hat sich bis heute nicht viel geändert: Eine Harmonisierung der europäischen Bahnen ist schlichtweg überfällig und darf nicht länger an der Kleinkrämerei staatlicher Bahnverwalter scheitern. Das überraschende Comeback der Güterbahnen in den USA (40 Prozent Marktanteil!) ist nicht nur auf die strukturellen Vorteile eines weiten und relativ dünn besiedelten Kontinents zurückzuführen. Der wirtschaftliche Erfolg beruht auch auf einem in Europa nicht ansatzweise realisierten Grad der »Interoperabilität«. Die Fahrzeuge sind mühelos über die Grenzen von Bundesstaaten und (Privat-)Unternehmen einsetzbar.

Ein weiteres tragisches Kapitel ist die Geschichte des deutschen Transrapid, der vor zwanzig Jahren als Massenverkehrsmittel für große Reichweiten technisch perfekt entwickelt wurde und dann wegen der Widerstände beim notwendigen Bau der aufgestelzten Fahrwege als Modelleisenbahn im Emsland, wo ganz wenige Menschen wohnen, hängen blieb. 2,3 Milliarden Mark Steuergelder sind für die Entwicklung investiert worden, große Industriekonsortien haben sich für den Bau vorbereitet und mangelnder politischer Mut hat die Durchsetzung des Projekts in Deutschland verhindert.

Wenn wir die 400 Milliarden Mark, die in den nächsten fünf Jahren als Landwirtschaftssubventionen innerhalb der EU verteilt werden sollen, in den Bau eines Transrapidnetzes investieren würden, könnten wir fast 10 000 Kilometer Fahrstrecke bekommen und mühelos auf einer Nord-Süd-Achse Berlin, Prag, Wien, Ljubljana und Rom und von Westen nach Osten Lissabon, Madrid, Paris, Brüssel, Warschau und Moskau verbinden. Stattdessen ist es uns endlich gelungen, den Transrapid in China für eine Strecke von dreißig Kilometern zwischen dem Flughafen Pudong und Shanghai ins Spiel zu bringen, dafür bekommen wir aber nicht – wie das üblich wäre – von den Chinesen für die Nutzung unserer modernen Technik Lizenzgebühren, sondern wir müssen noch einmal 200 Millionen Mark aus deutschen Steuermitteln bereitstellen, damit das Projekt zustande kommt und wir wenigstens in China zeigen, was wir eigentlich in Deutschland könnten.

Die Chinesen haben die Strecke Shanghai–Peking ins Auge gefasst, obwohl sie sich derzeit nicht darüber im Klaren sind, wie sie diese Strecke angesichts ihres gegenwärtigen Sozialprodukts überhaupt bezahlen sollen. Dennoch trauen sie sich an das Megaprojekt heran. Sie wollen den Massenverkehr bewältigen, indem sie einen Teil des Luftverkehrs durch die Schiene ersetzen. Eines Tages werden die Europäer und vor allem die Deutschen nach China reisen, um dort als besondere Attraktion das unvergessliche Erlebnis einer Transrapid-Fahrt Shanghai-Peking zu genießen.

Warum machen wir das nicht selbst? Was läge in Europa näher, als zunächst einmal die deutsche, französische und schweizerische Bahnreform zu bewerten und die beste gemeinsame Grundlage festzulegen? Vielleicht ließe sich ein Transrapid-Hochgeschwindigkeitsnetz mit dem französischen TGV verknüpfen, um eine Infrastruktur aufzubauen, die es vergleichsweise nirgendwo auf der Welt gibt. Dies könnte Flüge innerhalb Europas überflüssig machen – schon heute schlägt der TGV zwischen Paris und Marseille das Flugzeug: sowohl in der Gesamtfahrzeit als auch im Preis und erst recht im Komfort.

Insgesamt ist das Schienen- und Bahnwesen in Europa jedoch eine Katastrophe, an der national in jedem Land herumgebastelt wird. Ein Netz von schnellen Schienenverbindungen mit entsprechenden Fahrzeugen aber, das die europäischen Metropolen, die unter einer Flugstunde auseinander liegen, zusammenbindet, wäre zum nationalen Flugverkehr eine echte Alternative. Das wiederum könnte zu völlig neuen Konzepten auch für den internationalen Export – etwa nach Asien oder Südamerika – führen. Allein die Entwicklung der neuen Verkehrswege und die technischen Konzepte, der Bau der modernen rollenden Systeme würden Europas Wirtschaft einen Schub versetzen.

Was haben die Deutschen stattdessen gemacht? In den neuen Bundesländern sind großzügige Flughäfen in Leipzig, in Dresden und in Erfurt gebaut worden, die im internationalen Netz miserabel angeschlossen sind, weil schlichtweg der Bedarf fehlt. In Berlin balgt man sich seit zehn Jahren um ein neues Konzept. Alternativen kommen offenbar niemandem in den Sinn. Dabei würde ein einziger ostdeutscher Flughafen mit der Kapazität von München ausreichen. Man müsste ihn nur mit einer Transrapid-Strecke mit Berlin und den anderen großen Städten im Osten verbinden. Die Abfertigung der Passagiere könnte im Zug erfolgen, die anfallenden Wartezeiten wären insgesamt nicht länger als heute in Berlin oder Leipzig.

Die besten Fachleute Europas sollten mit den Politikern die Entwürfe für ein europäisches Verkehrssystem entwickeln, bei dem im Wettbewerb, ähnlich wie im Luftverkehr, private Carrier Angebote machen können. Jeder weiß inzwischen, dass das Internet modernste Lösungen für alle nicht mit körperlichem Transport verbundenen Transaktionen ermöglicht, dass aber mehr und mehr der Transport der über das Internet gehandelten Güter das große Problem der Logistik sein wird. Unsere Verkehrsfrachtsysteme werden in Europa zusammenbrechen, wenn nicht in neuen Dimensionen gedacht wird.

2. *Europäische Sterne am Himmel*

Moderne Netzwerke sind ohne die Infrastruktur im Weltraum nicht mehr denkbar. Hinter der rasanten Entwicklung bei der Telekommunikation und Datenübertragung oder der Navigation, die Lösungen für verkehrstechnische Probleme verspricht, stecken moderne Schlüsseltechnologien, die auf eine entsprechende weltraumbasierte Infrastruktur zurückgreifen müssen.

Weltraumsysteme können für Wettervorhersagen oder Datenübertragungen genutzt werden – Internet, Radio oder TV kommen dann per Satellit ins Haus. Die Anwendungsfelder dieser Technologie sind nahezu unbegrenzt: Sie könnten Oberflächenbewegungen in Bergbauregionen beobachten, Bewohner von Küstenregionen rechtzeitig vor Flutwellen warnen und Hochseefischer vor Eisbergtreiben und Perfect Storms. In immer stärkerem Maße nutzen wir GPS (Global Positioning System), um unsere Autos, Bahnen und Flugzeuge von einem Ziel zum anderen zu leiten, jeden Gegenstand und seinen Standort zu identifizieren. GPS wird das Transportwesen in Verbindung mit intelligenten Steuerungssystemen (»Telematik«) revolutionieren und das örtliche Vermessungswesen überflüssig machen.

Gegenwärtig wird das GPS-System, das wir alle benutzen, von der amerikanischen Navy gesteuert, die aber entscheiden kann, wie präzise sie uns die Satellitendaten zur Verfügung stellt. Sie leistet dies allerdings kostenlos. Die Amerikaner besitzen ein Monopol und können den Zugang zu GPS beschränken, beispielsweise wenn dies aufgrund militärischer Umstände notwendig erscheint. Dies war beispielsweise während des Golfkriegs der Fall. Die israelische Luftwaffe blieb am Boden, weil man ihr notwendige Informationen für die GPS-Nutzung nicht anvertrauen wollte. Auch steht zu erwarten, dass die Amerikaner früher oder später Gebühren für ihre Dienstleistung verlangen werden. Deren Höhe könnten sie beim Fehlen einer Konkurrenz nach Gutdünken festsetzen.

So ist es kein Wunder, dass die europäische Raumfahrtbehörde ESA zu stärkerer Zusammenarbeit der Mitgliedsstaaten drängt. Die von der ESA einberufene Expertenkommission kam Ende des Jahres 2000 zu dem Schluss: »Wir sind überzeugt, dass die Weltraumpolitik in Europa in eine neue Phase treten muss, die den Weltraum nicht länger als exklusive und separate Angelegenheit betrachtet, sondern in der der Weltraum und die Weltraumpolitik ein gemeinsamer Aspekt der Länder und der Institutionen der Europäischen Gemeinschaft sind.« In der Tat ist die Weltraumpolitik ein Bereich, in dem die Länder der Union gemeinsam viel mehr erreichen können als im Alleingang. Der Weltraum ist nicht mehr Prestige- oder Machtobjekt wie zu Zeiten des Kalten Krieges. Heute geht es darum, globale (Umwelt-) Probleme zu lösen, Konfliktprävention und Krisenmanagement auch bei zivilen Notfällen zu leisten, die technischen

Voraussetzungen für die Informationsgesellschaft zu verbessern und internationale Kooperationen zu fördern, auch durch Projekte wie die internationale Weltraumstation. Die Bemühungen um eine unabhängige europäische Weltraumpolitik ergänzen sinnvolle strategische Ziele der Union: die Erweiterung der EU nach Osteuropa, die Unterstützung des Wandels zur Wissensgesellschaft und die Schaffung einer einheitlichen Sicherheits- und Verteidigungspolitik.

Europa strebt eine eigene souveräne Lösung an, das »Galileo-System«. Es soll als Satellitensystem mit einem Aufwand von etwa 2,9 Milliarden Euro als europäisches nichtmilitärisches Netzwerk gebaut und installiert werden – mit einer Menge Vorteile für die europäische Wirtschaft und die Bedürfnisse der Bürger. Dreißig Satelliten wollen EU und ESA zusammen mit der Privatwirtschaft in den Orbit schießen. Die europäischen Satelliten fliegen in rund 10 000 Kilometer Höhe und spinnen ein Netz um die Welt, das bis zum Nordkap reicht. Die Flugkörper senden ständig ein hochgenaues Zeitsignal mit ihrer Position zur Erde. Aus der Kombination dieser Daten errechnet der Computer Ortsbestimmungen bis auf fünf Meter genau.

Wir werden in diesem Punkt nicht nur von den USA unabhängig, sondern könnten auch den asiatischen Ländern eine Alternative zum amerikanischen Angebot unterbreiten. Das ist nicht Misstrauen in Abhängigkeit, sondern Wettbewerb der Lösungen und Konzepte. Ein zweites System erhöht darüber hinaus die Zuverlässigkeit der Weltraumortung insgesamt. Daneben lockt ein Milliardenmarkt von Telematik-, Navigations- und so genannten »zeitkritischen« Anwendungen. Die Zeitgeberfunktion der Satelliten liefert nahezu weltumspannend denselben Service, den Atomuhren heute nur für ein begrenztes Gebiet anbieten.

Der Markt für all diese Anwendungen wird weltweit in den nächsten fünf Jahren auf 100 Milliarden Dollar geschätzt. Dies sollte 2,9 Milliarden Euro Einmalinvestitionen für Galileo rechtfertigen, der Betrieb ist Kosten deckend, ein Teil der 2,9 Milliarden könnte durch spätere Nutzungslizenzen der Privatwirtschaft zurückbezahlt werden. Im Vergleich zu den jährlichen europäischen Aufwendungen für eine unsägliche Subventionitis ist das Galileo-Investment sogar äußerst gering.

3. *Nase vorn auf dem Mobilfunksektor*

Das Mobiltelefon und die damit verbundene Freiheit, überall in Europa unter ein und derselben Nummer erreichbar zu sein, stehen für technologischen Fortschritt, bei dem Europa eine wichtige Rolle einnimmt. Europäische Unternehmen sind führend bei der Herstellung von Mobiltelefonen, und in Westeuropa telefonieren heute rund 60 bis 80 Prozent der Bevölkerung mobil, in Österreich und Italien sogar 80 bis 90 Prozent. Zum Vergleich: Die PC-Penetration liegt in Westeuropa heute lediglich bei 42 Prozent. Die Zahl der weltweiten Mobilfunkkunden übersteigt bereits heute die Zahl der PCs um das Doppelte und wird in wenigen Jahren die Verbreitung sowohl von TV-Geräten als auch von Festnetzanschlüssen übersteigen. Damit verfügt Europa über eine Infrastruktur, die sich für weitere innovative Anwendungen nutzen lässt, beispielsweise für »mobile payment«, das Bezahlen über Handy: Die Durchdringung mit Mobiltelefonen ist etwa 2,5-mal so groß wie mit Kreditkarten. Beim Mobilfunk sind die USA mit einem Verbreitungsgrad von 43 Prozent eher Nachzügler, mit erwarteten 12 Prozent für das Jahr 2001 liegt der asiatisch-pazifische Raum weit zurück. Japan bildet hier allerdings eine Ausnahme: Bereits die Hälfte aller Japaner besitzt ein Handy.

Ihren Vorsprung haben die Europäer während der neunziger Jahre geschaffen. Europa profitiert heute vom einheitlichen Standard GSM, der es den Handynutzern erlaubt, mit ihren Mobiltelefonen in allen europäischen Ländern zu telefonieren. Weltweit nutzen zwei Drittel der Mobiltelefonierer das in Europa gängige GSM. In den USA hingegen konkurrieren drei verschiedene Kommunikationsstandards, nämlich GSM (Voicestream), CDMA (Sprint) und TDMA (AT&T). Will ein Kunde in den USA den Anbieter wechseln, muss er sich zumeist ein neues Handy kaufen, da das alte sehr wahrscheinlich mit dem Netzwerk des Konkurrenten nicht kompatibel ist. Zudem leiden die Mobilkunden in den USA noch unter den Folgen eines zersplitterten Lizenzvergabesystems. Über 500 Lizenzen wurden an meist kleine Regionen ausgegeben, nur wenige Anbieter verfügen über ein nationales Netz. Die diversen kleineren Anbieter handelten untereinander Gebühren aus, die die Nutzer bezahlen mussten, wenn sie in einer Region eines anderen Anbieters telefonieren wollten. Mit der Handyrechnung kam dann die böse Überraschung. Vor allem amerikanische Mobiltelefonierer, die viel unterwegs sind, freuen sich über die aktuellen Konsolidierungstendenzen. Obwohl die OECD die amerikanischen Mobilfunkgebühren bereits im Jahre 2000 als die niedrigsten der Welt bezeichnete, sind die Amerikaner nach wie vor vorsichtige Mobilfunknutzer. Das mag auch an der wenig kundenfreundlichen Art der Abrechnung liegen: Bei vielen Anbietern zahlt nicht nur der, der jemanden anruft, sondern auch der, der angerufen wird. Viele lassen ihr Handy deswegen lieber gleich ausgeschaltet. In Europa hingegen wurde nicht zuletzt dank innovativer Tarifstrukturen, wie beispielsweise der Prepaid Card, eine schnelle, flächendeckende Versorgung erreicht – das Handy wurde zum Massen- und Lifestyleprodukt.

Wird dieser Vorsprung von den Europäern konsequent genutzt? Hier sind Zweifel angebracht. Zwar haben vier der fünf größten Mobilfunk-Konsortien starke europäische Wurzeln: Vodafone, T-Mobil, FT-Orange, Telefónica Móviles – Ausnahme ist das japanische Unternehmen NTT Docomo. Die Innovationen der mobilen Datenwelt kommen jedoch nicht aus Europa: Das Übertragungsprotokoll WAP, das das mobile Internet schneller und attraktiver machen soll, reicht an I-Mode, das japanische Pendant, nicht heran. I-Mode ist komfortabler und bietet mit mehr als 10 000 Diensten größeren Nutzwert und Spaß als WAP. NTT Docomo versucht denn auch, sich mit einem entsprechenden Angebot in Europa und den USA zu positionieren.

Die Anwendungen wiederum, die das mobile Internet bringen soll, wie etwa das »mobile office« oder die Steuerung des Außendienstes für Unternehmen, werden eher von IT- und Software-Unternehmen vorangetrieben. Hier können die USA sehr schnell wieder zu den Gewinnern zählen.

Der europäische Mobilfunk der dritten Generation stützt sich auf UMTS, eine Übertragungstechnologie, die den bisherigen Standard GMS an Leistungsfähigkeit weit übertreffen soll. Während die Telekommunikationsunternehmen, die für die UMTS-Lizenzen in Deutschland umgerechnet rund 50 Milliarden Euro bezahlt haben, noch über Angebote für ihre Kunden nachdenken, damit sich diese Investitionen auch wirklich rechnen, wird in den Labors von Siemens, Ericsson und Alcatel SEL bereits am Nachfolger von UMTS gearbeitet. Auch Japan investiert kräftig in die Forschung, um seine Führungsrolle beim Mobilfunk der kommenden vierten Generation zu behaupten.

4. *Vorsprung durch Umweltfortschritt*

Der für 2001 geplante Start des europäischen Umweltsatelliten »Envisat« könnte sich als Sternstunde europäischer Raumfahrttechnik erweisen. Das 25 Meter hohe und acht Tonnen schwere Weltraumauge soll bei der Erforschung der hochkomplexen Vorgänge in der Erdatmosphäre helfen und wird den Klimawissenschaftlern dabei neue Möglichkeiten eröffnen. Außerdem wird er bei der Fahndung nach Umweltverschmutzern eingesetzt, beispielsweise wenn Tanker auf See widerrechtlich Ölrückstände verklappen. Man kann sich nur wünschen, dass sich daraus weitere Impulse für gemeinsame europäische Umwelttechnikprojekte entwickeln. Denn in Sachen Umweltschutz haben wir Europäer einen wertvollen Weltmarktvorteil: unser Image. Eigentlich nicht ganz zu Recht, denn Natur- und Umweltschutz wurden in Amerika viel früher von der Politik aufgegriffen als in der Alten Welt. 1872 erklärte der Kongress das Yellowstone-Gebiet zum ersten Nationalpark der Welt.

1908 rief Theodore Roosevelt im Weißen Haus zur ersten nationalen Naturschutzkonferenz. Die Liebe zur Natur und eine hohe Wertschätzung der Umwelt gehören zur Weltanschauung der meisten US-Bürger genauso wie Nationalstolz und Freiheitsliebe.

Doch der verschwenderische Umgang mit Ressourcen prägt das Image Amerikas in der Welt. Wegwerfmentalität und Energieverschwendung gelten als typisch amerikanisch. Teilweise stimmt das auch: Die Amerikaner haben zwar eine ungleich höhere Kapitalproduktivität, hinsichtlich der Ressourcenproduktivität sehen sie aber ausgesprochen alt aus. Keine Volkswirtschaft verbraucht so viel Energie und natürliche Ressourcen wie die USA, pro Kopf doppelt so viel wie Europa. Obwohl die Amerikaner nur 5 Prozent der Weltbevölkerung stellen, verbrauchen sie 25 Prozent der Weltenergie. Die über tausend stark veralteten US-Kohlekraftwerke erzeugen 50 Prozent des US-amerikanischen Stroms, damit ist der Anteil der Kohlekraftwerke an der Stromerzeugung in den USA höher als in jedem anderen Land. In den USA hat gut die Hälfte dieser Anlagen im Jahr 1999 rund 2,3 Milliarden Tonnen Kohlendioxid ausgestoßen – so viel wird in einem Jahr in ganz Europa produziert. Wie selbst das US-Energieministerium einräumt, ist der Wirkungsgrad der amerikanischen Kraftwerke so schlecht, dass sie ganz Japan nebenher mit Strom versorgen könnten, wenn sie auf dem neuesten Stand der Technik wären. Da ist es nicht mehr verwunderlich, dass europäische Fabriken 25 Prozent weniger Energie brauchen, um eine Tonne Stahl zu erzeugen. Wenn sich der Energieverbrauch der USA weiterhin so rasant entwickelt, wird er im Jahr 2008 um mehr als 20 Prozent über den Werten von 1990 liegen. All das hindert Präsident George W. Bush aber nicht daran, den American Way of Life mit dem Boykott des Kyoto-Protokolls zum Klimaschutz auch künftig zu zementieren.

Wir Europäer gelten dagegen in den Schwellenländern Asiens und Lateinamerikas als die Saubermänner vom Dienst: energiesparsam und ressourcenbewusst. Europäische Länder, allen voran Deutschland, setzen weltweit die Standards in Sachen Recycling, Müllverbrennung, Kläranlagen, Luftreinhaltung, Wärmedämmung, bei sparsamen Motoren und energieeffizienten Maschinen. DaimlerChrysler beispielsweise forscht bereits seit 1990 an Fahrzeugen, die mit Brennstoffzellen betrieben werden. Die Testfahrzeuge der »Necar-Serie« erreichen heute bis zu 150 km/h und haben eine ähnliche Reichweite wie konventionelle Automobile. Das zu Siemens gehörende Werk Ceramics produziert einen speziellen Katalysator, der die besonders umweltschädlichen Stickoxide, die bei der Verbrennung in Dieselmotoren entstehen, um mehr als zwei Drittel reduziert. Über siebzig Motoren in mehr als zwanzig Schiffen wurden bereits mit SINOx-Systemen ausgestattet, Lkws testen den Katalysator im praktischen Fahrbetrieb und an der Übertragung auf Pkws wird gearbeitet.

Der technische Vorsprung, der Marktvorteil und der Imagebonus sind auf unserer Seite. Der europäische Markt für Solarwärmeanlagen wuchs in der zweiten Hälfte der neunziger Jahre jährlich um durchschnittlich 18 Prozent. Fast die Hälfte aller Kollektoren, die im Jahr 2000 in Europa installiert wurden, wurden auf deutschen Dächern montiert. Mit rund drei Millionen installierten Quadratmetern Kollektoren war Deutschland damit europäischer Nachfrager Nr. 1, mit jeweils ungefähr einem Drittel Marktanteil folgten Griechenland und Österreich auf Platz 2 und 3. Sollen die hohen Ziele der EU-Klimapolitik bis 2010 erreicht werden, so berichtet das *Solarmagazin*, müssten in den kommenden neun Jahren über achtzig Millionen Quadratmeter Sonnenkollektoren in Europa produziert und installiert werden. Dabei genießen die in Deutschland hergestellten Solaranlagen international einen guten Ruf. Shell eröffnete 1999 eine Solarzellenfabrik in Gelsenkirchen, und BP plant, noch 2001 mit dem Bau einer Fabrik in Hameln zu beginnen. Neben den führenden Solarnationen USA und Japan wenden sich nun auch europäische Konzerne verstärkt den Märkten in Schwellen- und Entwicklungsländern zu. Auch die mittelständische Solarindustrie formiert sich: Seit September 2000 koordiniert das Fraunhofer Institut Solare Energiesysteme die Exportstrategien mittelständischer Betriebe in Deutschland.

Bereits heute exportieren deutsche Unternehmen Umweltschutzgüter im Wert von über 20 Milliarden Euro pro Jahr. Nirgendwo sonst auf der Welt arbeiten so viele Windkraftwerke wie in Deutschland. In dieser Zukunftstechnologie ist Deutschland mit am besten. Wir sollten nicht warten, bis uns andere darin überholen – wie bei der Informationstechnologie und Biotechnologie geschehen. Stellen wir uns vor, wir Europäer würden ein Netz von Großforschungseinrichtungen schaffen, für die Suche nach neuen Energien und umweltfreundlichen Techniken (inklusive der Gentechnik). Wir würden die Ergebnisse austauschen und die Informations-, Wissenschafts- und Bildungssysteme Europas näher zusammenführen und damit den Wettbewerb weltweit antreten. Das wäre eine Chance zu neuen Quantensprüngen in Umweltschutz und Gesundheitswesen. Dann hätten wir endlich wieder spannende Themen für europäische Gipfel. Themen, die die Menschen ganz anders bewegen würden als die nebulöse Abarbeitung der Beschlüsse von Maastricht und Nizza. Und wir könnten unseren Kindern an den Schulen etwas über den Geist und die Zukunftsvisionen Europas erzählen.

Romano Prodi, der derzeitige Präsident der Europäischen Kommission, hat den Umweltvorsprung Europas erkannt und klugerweise eine europäische Nachhaltigkeitsinitiative ins Leben gerufen. »Mit ihrer ehrgeizigen Strategie für eine nachhaltige Entwicklung«, schreibt Prodi, »stellt sich die EU an die Spitze bei der Suche nach Lösungen für weltumspannende Probleme und verschafft sich somit einen Wettbewerbsvorteil. Ich möchte, dass die EU bei der nachhaltigen Entwicklung eine Führungsrolle in der Welt einnimmt, Vorreiter für technologische Entwicklungen wird und unseren Partnern ein politisches Beispiel gibt.« Prodi weiß aber auch, dass dies ohne tief greifende Reformen nicht möglich sein wird: »Es liegt auf der Hand, dass die europäische Landwirtschaft grundlegend reformiert werden muss. Es geht darum, unsinnige Fördermaßnahmen zu beenden und die Marktkräfte und Preismechanismen konstruktiv einzusetzen, um die Akzeptanz umweltfreundlicher Produkte zu fördern und Innovationen zu belohnen.«

Dabei gibt es jenseits von Brüssel zahlreiche vorbildliche Aktivitäten und unternehmerische Initiativen, zum Beispiel in Dänemark. Dort lässt sich etwa hundert Kilometer westlich von Kopenhagen, in dem Städtchen Kalundborg, ein bemerkenswertes Projekt besichtigen.

Es begann 1973, als das dortige Kohlekraftwerk zum größten des Landes ausgebaut wurde und entsprechend mehr Kühlwasser benötigte. Dazu wurde sparsam die bereits bestehende Pipeline einer nahe gelegenen Raffinerie angezapft. Im Gegenzug revanchiert sich das Kraftwerk, indem es seine überschüssige Prozesswärme als Dampf an die Raffinerie liefert. Dies war der Startschuss für ein Geflecht aus Tauschgeschäften und Symbiosen zwischen vier Betrieben und der Stadt. Insgesamt unterhalten die fünf Partner heute dreizehn Beziehungen untereinander, nützen überschüssige Energie des Nachbarn oder dessen Abfall als Rohstoff. Gips, der als Abfall in der Entschwefelungsanlage des Kohlekraftwerks entsteht, landet bei einem benachbarten Kalkbrenner. Das Raffineriegas, das normalerweise abgefackelt wird, findet seinen Weg jetzt ebenfalls über eine Leitung dorthin. Aus den nachbarlichen Abfallprodukten Gips und Gas wird so der Wertstoff Kalk.

Mittlerweile führt eine weitere Dampfleitung vom Kraftwerk zur Fabrik eines Biotechnologiekonzerns, der mit dem heißen Wasser Bioreaktoren sterilisiert. Über ein Fernwärmenetz beheizt die Abwärme zudem rund 5 000 Haushalte des Städtchens. Eine Fischzucht nutzt das warme Abwasser. Diese Symbiose kommunaler und industrieller Aktivitäten genießt heute den Ruf eines wegweisenden Zukunftsprojekts, ergab sich aber eher zufällig. Jörgen Christensen, einer der Initiatoren, erinnert sich: »Das Netzwerk wuchs ganz von selbst, niemand dachte an ein besonderes System.« Erfreuliches Ergebnis: Ökonomie wie Ökologie sind gleichermaßen die Gewinner. Das eigens gegründete Kalundborger Symbiose-Institut, das eine ebenso gezielte wie vorsichtige Weiterentwicklung des Netzwerks betreibt, schätzt, dass Investitionen von rund 13,8 Millionen Euro ersparte Kosten von etwa 138 Millionen gegenüber stehen.«

Zugleich reduzierte sich der Ressourcenverbrauch mächtig: 19 000 Tonnen Öl und 30 000 Tonnen Kohle werden pro Jahr gespart. Das ergibt einen Minderausstoß von 130 000 Tonnen Kohlendioxid. Die ursprünglich geplante Wasserersparnis potenzierte sich inzwischen auf 1,2 Millionen Tonnen pro Jahr. Kreislaufwirtschaft und Recycling heißt die Zukunftsformel nicht nur für Wasser. So hat Kalundborg sicherlich auch Pate gestanden für die von der Deutschen Bundesstiftung Umwelt geförderte energieökologische Modellregion Ostritz im Braunkohlerevier der Lausitzer Neiße. Was heute im kleinen Maßstab erprobt wird, kann eines Tages ganze Nationen in ökologische Symbiosen verwandeln.

Der Markt für umweltschonende Techniken aller Art gehört zu den großen internationalen Wachstumsmärkten, denn überall, wo die Menschen ein bisschen Wohlstand erwirtschaftet haben, werden sie grün. »Armut ist der größte Feind der Umwelt«, sagt WTO-Generaldirektor Mike Moore ganz zu Recht. Viele Menschen sind aus nackter Not dazu gezwungen, Wälder zu roden, Wasser zu verschmutzen, ineffizient mit Energieträgern umzugehen und mit veralteter Verbrennungstechnik die Luft zu verpesten. Doch sobald sie die schmutzige Phase der Frühindustrialisierung überwunden haben, wollen auch die Menschen in Asien, Afrika und Südamerika in einer sauberen Umwelt leben. Ein Minimum an Wohlstand macht Umweltschutz vielfach erst möglich.

Dieses aufkeimende Umweltbewusstsein in den Schwellenländern ist eine große ökonomische Chance Europas. Untersuchungen der Weltbank zeigen: Während die Luftverschmutzung mit wachsender Entwicklung eines Landes zunächst zunimmt, sinkt sie wieder, sobald ein Pro-Kopf-Einkommen von 1 000 Dollar erreicht wird. Auch der Zugang der Menschen zu sauberem Wasser wächst mit steigendem Einkommen: Klärtechnik ist einer der großen globalen Zukunftsmärkte.

Es ist keinesfalls so, dass die Globalisierung zu einem Rattenrennen um die niedrigsten Umweltstandards führt. Im Gegenteil: Der Ansturm des internationalen Kapitals kommt der Umwelt zugute. Ein Weltbank-Report weist nach: In den neunziger Jahren wurde in den Schwellenländern mit dem größten Kapitalzustrom – darunter Mexiko und Brasilien – die Luft deutlich sauberer. Nachdem etwa in Brasilien die Luftverschmutzung im Industriezentrum rund um São Paulo Anfang der achtziger Jahre einen Gipfelpunkt erreicht hatte, sank sie bis 1998 um mehr als die Hälfte. Die Entwicklung verläuft ganz analog zur früheren Umweltgeschichte Europas und stellt ein gewaltiges Marktpotenzial für europäische Umwelttechnik dar. Der globale Markt für Umwelttechnologie soll auf rund 600 Milliarden Euro im Jahr 2005 anwachsen.

Zwischen 1985 und 2000 summierte sich die deutsche Umwelthilfe für China auf 6,2 Milliarden Mark. Deutsche Experten sind dort in der Energieversorgung, in der Wasseraufbereitung und vielen anderen Umweltbereichen zugange. Mit deutscher Hilfe wird derzeit eine Fläche doppelt so groß wie das Saarland aufgeforstet. Über hundert chinesische Umweltprojekte wurden im Jahr 2000 mit deutscher Hilfe durchgeführt oder vorbereitet. »Auch die deutsche Industrie soll besser ins Spiel kommen«, schrieb das *Handelsblatt*. »Sie glänzt derzeit in China eher als Importeur, weniger als ortsansässiger Produzent.« Chinas Umwelt verdient höchste Aufmerksamkeit. Neben Bahntrassen und in den Straßen türmt sich oft meterhoch der Müll. Höchstens ein Drittel des Hausmülls wird regelmäßig entsorgt. Luft, Wasser und Böden werden im Zuge der wirtschaftlichen Aufholjagd extrem belastet. Die Abgasglocke über den Städten überschreitet alles Erträgliche, und das Wasser in Ballungsgebieten ist gefährlich verschmutzt. Pekings Kohlekraftwerke stoßen 55-mal so viel Staub und tausendmal so viel Schwefeldioxid aus wie deutsche Modelle. Die Weltbank schätzt die Kosten der Umweltverschmutzung in dem riesigen, bevölkerungsreichen Land auf 8 Prozent des Bruttoinlandsprodukts. Selbstverständlich wollen auch die Chinesen zunächst einmal satt werden. Aber Asiens rasant anwachsende Mittelschichten möchten genauso wenig wie wir Europäer durch Straßenmüll waten, Schmutzwasser trinken oder beim Atmen Hustenanfälle bekommen.

Das Beste, was Europa für die Umwelt – und die eigene Wirtschaft – tun kann, ist die Entwicklung von bezahlbarer und robuster Umwelttechnik für die nachholenden Entwicklungsländer. Dazu gehört auch die grüne Gentechnik im Agrarbereich. Führende Ökologen und internationale Naturschutzexperten stehen ihr mittlerweile sehr aufgeschlossen gegenüber. Denn wenig effiziente Anbaumethoden in armen Entwicklungsländern führen dazu, dass Tropenwälder und Savannen in landwirtschaftliche Flächen umgewandelt werden. Neue gentechnisch optimierte Sorten, die auf kargen Böden mehr Ertrag bringen, könnten dies verhindern. Sie benötigen weniger Dünger und weniger Pestizide. Je schneller die Landwirtschaft in den armen Ländern effizienter wird, desto besser ist dies für die Natur. Wer die grüne Gentechnik kategorisch ablehnt, erzielt vielleicht kurzfristig einen Imagegewinn, schadet aber langfristig der Umwelt. Das vermeintlich Künstliche kann sehr wohl die Rettung des Natürlichen sein.

Auf dem Feld der Energiegewinnung sollten wir in Europa Offenheit bewahren und nicht bestimmte Techniken mit einem »Unumkehrbarkeitsgebot« ausgrenzen, wie es zurzeit in Deutschland getan wird. Niemand kann heute sagen, ob Solarenergie, Fusionsenergie, inhärente Hochtemperaturreaktoren, supereffiziente Gaskraftwerke oder alle zusammen die Energiefragen der Zukunft lösen. Gesellschaftliches Leitbild für die Lösung kann nur der Erfinder sein, nicht der Verhinderer.

Schließlich wird es Zeit, dass die Europäer in einem wichtigen Feld des Umweltschutzes, dem Naturschutz, von den Amerikanern lernen. Auch in Europa gibt es atemberaubende Naturlandschaften und imposante wilde Tiere. Die

Nationalparks in Ostdeutschland, in denen Kraniche und Seeadler zu Hause sind, geben einen Vorgeschmack auf den Naturgewinn, der Europa mit der Osterweiterung zufällt. Dann sind die Karpaten und der Böhmerwald, die ungarische Puszta und der Urwald von Bialowieca in Ostpolen plötzlich ganz nah. In einer Welt, in der Tourismus den global größten Wirtschaftsbereich darstellt, sind dies auch ökonomische Potenziale, die man nicht unterschätzen sollte. Amerika zeigt uns in seinen Nationalparks, wie man Massentourismus und Naturschutz unter einen Hut bringen kann. Die US-Bürger sind stolz auf ihre Natur und geben in ihrer Freizeit eine Menge Geld aus, um Wildtiere und Landschaften zu bewundern. 101 Milliarden Dollar ließen sie sich 1996 ihr Vergnügen an naturgebundenen Hobbys wie Vogelbeobachtung, Wandern, Angeln, Kanufahren und Jagen kosten. »Das zeigt«, so der Leiter des zuständigen US Fish and Wildlife Service, »dass man die Belange von Wildtieren und ihren Lebensräumen nicht von Jobs und Wirtschaftswachstum trennen kann.« Die Zeitschrift *Natur* stellte im Jahr 2001 einen »Anstieg des Wildnisbedarfs« fest, der mit der Technisierung einhergeht. Der Fachjournalist Till Meyer regte an, das »Profitcenter Wildnis« endlich wahrzunehmen. Doch in Europa schlummert das touristische Naturpotenzial weitgehend ungenutzt. Naturtourismus blieb bisher eine Nische für kleine Spezialanbieter. Europäer, die Bären oder Büffel sehen wollen, fliegen nach Nordamerika. Bären gibt es aber auch in Europa, sogar im dicht besiedelten Italien und in Österreich. Wisente, die europäischen Vettern der Bisons, leben in Polen. Seit der Öffnung der Grenzen wandern sogar wieder Wölfe zwischen Polen und Deutschland. Wenn wir Europäer endlich dieses Potenzial entdecken, wird Naturschutz plötzlich vom Kostenfaktor zum Wirtschaftsmotor für abgelegene Regionen. Auch auf diesem Feld kann Europa von Amerika viel lernen.

5. *Die moderne europäische Bildungsoffensive*

Europa ist arm an Rohstoffen und reich an Geist. Die europäische Geschichte ist vor allem auch Geistesgeschichte. Was wäre die Welt ohne das europäische Universitätswesen, ohne die Humboldt-Universität, Cambridge, Oxford oder die »Grandes Ecoles« in Frankreich? Aber die heutigen Strukturen des europäischen Universitätswesens lassen eine europäische Dimension kaum zu. Warum macht es Europa der jungen Bildungselite so schwer? Das Zulassungswesen, die Studiendauer, die Studienstrukturen und die Finanzierung des Studiums sind in jedem Land verschieden. Europäische Studentenaustauschprogramme wie »Erasmus« öffnen für ihre Teilnehmer zwar manche Tür, können aber nicht darüber hinwegtäuschen, dass Europa universitätspolitische Kleinstaaterei betreibt.

Wie sollen Menschen mit europäischem Geist, europäischer Mobilität, einer gemeinsamen Sprache (die wohl nur Englisch sein kann) die Zukunft Europas gestalten, wenn das Lernen und Erwerben von Wissen und Kenntnissen kein europäisches Erlebnis ist? Die europäischen Staaten müssen ihre Universitäten für alle europäischen Studenten öffnen und die Voraussetzungen für ein wahrhaft europäisches Studium schaffen. Wie weit sind wir von dem Ziel entfernt, dass jeder junge Mensch, der aus den EU-Staaten kommt, an den europäischen Universitäten studieren kann, wenn er die Leistungsvoraussetzungen erbringt. Das darf nicht zentralen Zulassungsstellen wie in Deutschland überlassen werden. Universitäten sollen ihre Studenten aussuchen können und die Studenten ihre Universität.

Der französische Philosoph Michel Serres appelliert an alle europäischen Universitäten, ein gemeinsames Wissensprogramm zu entwerfen. Jeweils im ersten Studienjahr sollten sich alle Studenten in allen Disziplinen einem gemeinsamen Grundprogramm widmen, »mit dem Ziel eines verbindenden Wissens- und Kulturhorizonts«. Dazu sollten nach seiner Meinung Grundlagen in Fächern wie Physik, Astrophysik, Geophysik, Chemie, Biologie und Anthropologie gehören. Aber auch »ein Diskurs über kulturelle Vielfalt« sollte stattfinden: Er könnte bestehen aus Beiträgen zur allgemeinen Linguistik, aus Geographie und Sprachgeschichte, aus Beiträgen zur Kommunikation und ihrer Entwicklung und aus religionsgeschichtlichen Einführungen. Ferner aus Politik- und Wirtschaftswissenschaften sowie der Vorstellung bedeutender Werke der Philosophie und Kunst, der Literatur, Musik, Malerei, Bildhauerei und Architektur. »Weder auf die eine noch auf die andere Seite können wir verzichten«, sagt Serres, »weder auf die homogene Universalität der Wissenschaft noch auf die buntscheckige der Kulturen.«

Es wäre nur konsequent, wenn für alle Studenten ein einjähriger Studienaufenthalt in einem fremdsprachigen europäischen Land Pflicht werden würde. Auch in die Berufsausbildung könnte die internationale Erfahrung fest integriert werden. So könnte beispielsweise jeder Auszubildende ein sechsmonatiges Praktikum in einem fremdsprachigen Betrieb im (europäischen) Ausland machen.

Darauf aufbauend gehört zu einem europäischen Studiensystem natürlich eine europäische Einrichtung, die etwa die Grundlagenforschung – vergleichbar der Max-Planck-Gesellschaft – oder auch ein Netz von anwendungsbezogenen Forschungsinstitutionen – wie das Fraunhofer-Institut – zusammenfasst. Dazu gehört vor allem auch eine europäische Einrichtung, die diese Infrastrukturen evaluiert und die Besten zum Maßstab erhebt (Benchmarking). Es muss transparent werden, welches die besten Universitäten in den verschiedensten Bereichen sind, wo das intensivste Studium möglich ist und die besten Forscher zu finden sind.

Es steht doch außer Zweifel, dass sich um die besten Universitäten herum weitere Forschungseinrichtungen gruppieren, Fachhochschulen das Qualifizierungssystem ergänzen und ganze Cluster entstehen, die vor allem auch den Aufbau von neuen selbstständigen Unternehmen fördern. Intensive Entwicklungen neuer Technologien und Produkte und die Verknüpfung von Wissen, Information und Dienstleistung machen die Bildungs-, Wissens- und Forschungsinfrastruktur zum entscheidenden Standortfaktor einer Region.

Private und öffentliche Initiativen können nebeneinander bestehen, miteinander verknüpft werden, Fernuniversitäten mit Auslandsaufenthalten können über das Internet agieren. Nie war das Netzwerk der Möglichkeiten zur Informationsverknüpfung so groß wie heute. Wo sind die Entwürfe und Konzepte für die europäische Wissenschaft? Was die deutsche Kultusministerkonferenz mit ihrem Einstimmigkeitsprinzip im Kleinen praktiziert, nämlich das Zerreden und Sabotieren großer Entwürfe, das findet leider auch im Großen in Europa statt. Es geht nicht voran! Welche Vision aber wollen wir jungen Menschen von Europa vermitteln, wenn nicht das Europa der Chancen für die junge Generation?

»Es müssen unterschiedliche Grenzen für Unterschiedliches möglich sein.«
WOLFRAM ENGELS

Europa à la carte

Der Europabegriff stellt sich zu Beginn des dritten Jahrtausends umfassender und facettenreicher dar, als dies im vergangenen Jahrhundert jemals möglich gewesen wäre. Niemand hätte bis Ende der achtziger Jahre vorhergesehen, dass wir uns heute mit der Osterweiterung der Europäischen Union, den neuen Problemen auf dem Balkan und der Zukunft eines chaotischen Russland beschäftigen. Und dies alles geschieht vor dem Hintergrund eines Globalisierungsprozesses, der die Wirtschaft weltweit beherrscht und dem sich auch Europa nicht entziehen kann.

Unter diesen gewandelten Bedingungen erscheinen der Maastrichter Vertrag und die Wirtschafts- und Währungsunion längst nicht mehr als Krönung eines historischen Prozesses, sondern allenfalls als eine Etappe auf dem Weg in eine offene, gestaltungsbedürftige Zukunft. Die Währungsunion ist zweifellos ein Meilenstein auf dem Weg zu einer wirtschaftlich stabilen und international wettbewerbsfähigen EU. Sie reicht aber, wie die Verträge von Amsterdam und Nizza gezeigt haben, bei weitem nicht aus, um die EU als Modell für Gesamteuropa tauglich zu machen. Die EU ist auf die Herausforderungen, die das Reformpaket der Agenda 2000 an sie selbst stellt, bislang weder wirtschaftlich noch institutionell vorbereitet. Die Vereinbarungen von Maastricht, Amsterdam und Nizza überschneiden sich, sind unübersichtlich und in vielfacher Hinsicht interpretierbar. Nach Nizza kann es das Europarecht schon fast mit dem deutschen Steuerrecht aufnehmen. Wer sich da durchfinden will, braucht einen Lotsendienst oder zwanzig Jahre Berufspraxis in der Brüsseler Bürokratie. »Es wäre aber etwas gewonnen«, meint Helmut Schmidt, »wenn der gegenwärtige Diskurs dazu führen würde, dass diejenigen geltenden Rechtsvorschriften in einem systematisch gegliederten, übersichtlichen Kodex zusammengeführt werden, die im Laufe eines halben Jahrhunderts durch eine Vielzahl von Verträgen bunt gewürfelt und aufeinander gehäuft worden sind.« Er wirft den europäischen Regierungen zu Recht vor, eine oberflächliche Verfassungsdiskussion führen zu wollen, ohne ihre fundamentalen Hausaufgaben erledigt zu haben. Vielleicht hat die EU durchaus schon eine sinnvolle Grundform gefunden, die es in erster Linie zu ergänzen, praktisch funktionaler und rechtlich klarer zu fassen gilt.

In der zurückliegenden Phase des europäischen Integrationsprozesses ging es darum, den gemeinsamen Binnenmarkt durch den Abbau der Grenzen für Waren, Kapital, Dienstleistungen und Personen zu erschließen. Die gute Konjunktur, die wir in der zweiten Hälfte der achtziger Jahre hatten, war nicht zuletzt auf die Vorwegnahme der Integrationsgewinne durch den Gemeinsamen Markt zurückzuführen. Doch auch nachhaltige, strukturelle Veränderungen wurden dadurch ausgelöst. Ein Ergebnis ist beispielsweise, dass in Europa multinationale Unternehmen entstanden sind, die im internationalen Maßstab eine wettbewerbsfähige Größenordnung erreichen.

Die Währungsunion kann als Fortsetzung der Binnenmarktpolitik interpretiert werden. Es geht dabei darum, die Effizienz des Binnenmarkts durch den Wegfall währungsbedingter Transaktionskosten weiter zu steigern. Die Währungsunion macht deutlich, dass die EU mehr als eine Europäische Wirtschaftsgemeinschaft oder gar eine Freihandelszone ist. Die EU hat damit den Weg genommen, der in den Römischen Verträgen angelegt ist. Die EU ist zwar kein Staat und wird vielleicht nie einer sein; sie ist aber heute schon mehr, als eine NAFTA (Nordamerika/

Kanada/Mexiko) oder eine APEC (Asien/Pazifik-Region) je sein werden. Wir Europäer müssen nun den Beweis antreten, dass sich unser Anspruch einer Wirtschafts-, Staaten- und Kulturgemeinschaft auch im Zeitalter der Globalisierung realisieren lässt. Dabei stehen wir in Konkurrenz zu reinen Wirtschaftsgemeinschaften, die mit weitaus weniger institutionellem Overhead auskommen. Die Konkurrenz durch solche Freihandelszonen wächst zudem, denn die Globalisierung begünstigt solche Zusammenschlüsse. Der Europäische Binnenmarkt ist also prinzipiell nichts Einmaliges mehr. Einmalig ist lediglich seine institutionelle Einbettung in eine politische Union.

Gerade Letzteres zeichnet auch im internationalen Rahmen eine weitaus größere wirtschafts- und handelspolitische Rolle der EU vor, als sie die genannten Freihandelszonen je haben werden. Die EU ist zunehmend in der Lage, ihr Gewicht als Einheit in die Waagschale internationaler Verhandlungen zu werfen und damit strategische Vorteile für ihre Mitglieder zu realisieren. Unterstrichen wird dies durch den Anspruch einer zweiten Weltwährung, die dem Euro in einigen Jahren zufallen könnte. Europa hat das Zeug zum Global Player, der seine Interessen auf den Feldern der Finanz-, Währungs-, Stabilitäts-, Außen- und Sicherheitspolitik gemeinsam vertreten muss. Das wird aber nur funktionieren, wenn Europa seine Ambitionen nach außen auf klare Fortschritte im Inneren stützen kann. Dafür bedarf es einer Klärung der Kompetenzen. Also: Wer macht was? Und wer macht was am besten? Wo soll die EU die Prioritäten für ihre weitere Entwicklung setzen? Integration versus Expansion, Vertiefung versus Erweiterung – das sind die Alternativen. Wie sind sie anhand der zentralen Aufgabenfelder, nämlich Osterweiterung, Währungsunion und Globalisierung zu bewerten?

Schauen wir uns stellvertretend einmal die Agrar-, Sozial- und Strukturpolitik an. Klar ist zunächst, dass sich eine weitere Integration nach dem Maastricht-Modell mit dem Ziel der Erweiterung nach Osteuropa nicht vereinbaren lässt. Entweder würde die Ausweitung gemeinsamer Regelungen, des so genannten »acquis«, die Latte für den Beitritt neuer Mitglieder immer höher hängen und ihn damit effektiv auf unbestimmte Zeit verzögern. (Denn im Unterschied zur zurückliegenden Norderweiterung, bei der man es durchweg mit überdurchschnittlich leistungsfähigen Kandidaten zu tun hatte, müssen die östlichen Länder die Chance haben, wirtschaftlich und institutionell erst einmal den Anschluss zu finden.) Oder der Beitritt müsste mit Übergangsfristen, Ausnahmeregelungen und Transferzahlungen unerträglichen Ausmaßes erkauft werden. Allein die Agrarsubventionen, auf die die osteuropäischen Landwirte Anspruch hätten, würden den EU-Haushalt bei weitem übersteigen. Ähnlich verhielte es sich bei den Struktur- und Kohäsionsfonds, wenn die Osteuropäer genauso behandelt würden wie etwa Spanien und Portugal. Nicht weitere Regulierung, sondern Deregulierung ist daher von der EU gefordert, nicht die Politik der Umverteilung, sondern Wettbewerb und Subsidiarität gilt es zu stärken. In der Konsequenz heißt das, dass die EU Teile ihres »acquis« sogar abschmelzen muss, um ihrerseits für neue Mitglieder aufnahmefähig zu werden. Die andauernden Verhandlungen über genau diese Fragen zeigen, mit welch zähen Widerständen hierbei zu rechnen ist.

Ein weiteres zentrales Feld der Integration ist die Währungsunion. Hier könnte man beispielsweise auf die Idee kommen, dass nach Realisierung des gemeinsamen Markts und der gemeinsamen Währung nun auch eine gemeinsame Arbeitsmarkt-, Lohn- und Sozialpolitik folgen müsse. Schließlich muss damit gerechnet werden, dass die Menschen von diesen Freiheiten plötzlich Gebrauch machen, indem portugiesische Bauarbeiter nun nach Deutschland kommen und hier zu portugiesischen Konditionen arbeiten. So war das natürlich nicht gemeint mit den Freiheiten des Binnenmarkts! Deshalb haben wir in Deutschland ein Entsendegesetz gemacht, das vorschreibt, dass ausländische Bauarbeiter den für Deutsche geltenden Tariflohn bekommen müssen. Wären sie nicht von unseren wahnsinnig hohen Sozialabgaben befreit, wäre das de facto ein Konkurrenzverbot auf dem deutschen Arbeitsmarkt. Die Schutzwälle gegen tschechische Friseure und polnische Automechaniker in Vorbereitung der Osterweiterung werden gerade hochgezogen.

Stellen wir uns nun vor, nicht die billigen Bauarbeiter kämen nach Deutschland, sondern fertige Billighäuser aus Portugal oder fertige Billigautos aus Tschechien. Dann müssten wir ein Entsendegesetz gegen billige Häuser und Autos aus dem Ausland erlassen, das dafür sorgt, dass diese so teuer wie deutsche angeboten werden. Wir sprechen also über Schutzzölle. Weil die aber im Binnenmarkt verboten sind, versucht man, sich auf gemeinsame Lohn- und Sozialstandards zu einigen. Für die Stabilität der gemeinsamen Währung wäre das fatal. Denn durch die Währungsunion haben die Staaten bereits die Möglichkeit verloren, ihre Wechselkurse anzupassen, sie haben sich bei der Finanz- und Haushaltspolitik enge Grenzen auferlegt und sie befinden sich in einem Steuerwettbewerb, der zum Sinken der direkten Steuern in Europa führen wird. Woher sollen die schwächeren Länder mit noch hohem Anpassungsbedarf also ihre Wettbewerbsvorteile beziehen, wenn nicht aus der größeren Mobilität ihrer Arbeitskräfte, den niedrigeren Löhnen und Sozialabgaben und einer geringeren staatlichen Umverteilung? Nimmt man ihnen diese Freiheiten, werden sie zwangsläufig instabil und zu Kostgängern der wohlhabenden EU-Länder. Die fiskalische Disziplin in der EU wäre schnell dahin und die Stabilität des Euro in der Folge ebenso. Da die osteuropäischen Länder mit ihren Standards zu einer noch größeren Spreizung der Einkommensskala in Europa führen werden, muss hier ein klares Bekenntnis zu Wettbewerb und Subsidiarität erfolgen.

Wie sieht es schließlich mit den Anforderungen der Globalisierung aus? Wie wirken sich Integration oder Expansion auf die internationale Wettbewerbsfähigkeit der EU aus? Hier muss man ganz klar feststellen: Was wir an Wettbewerb innerhalb der EU nicht verkraften oder uns nicht zumuten wollen, das werden wir im internationalen Maßstab erst recht nicht durchhalten. Südostasien ist ein weitaus potenterer Wettbewerber als es Osteuropa auf absehbare Zeit sein wird. Wenn man nach den Ursachen dafür sucht, stößt man auf das Phänomen der regionalen Arbeitsteilung und den rollierenden Wechsel von Billiglohnländern. Erst haben die Tigerstaaten diese Rolle für Japan gespielt, inzwischen sind sie selbst zu teuer und machen den Tigerstaaten der zweiten Generation Platz, die sie wiederum als billige Produktionsstandorte nutzen. Genau das müssen wir in Europa auch tun, um bei unseren Produkten durch eine Mischpreiskalkulation zwischen teuren Komponenten aus Deutschland oder Frankreich und billigen Komponenten aus Tschechien oder Ungarn auf ein weltmarktfähiges Kosten- und Preisniveau zu kommen. Auch die Anforderungen der Globalisierung sprechen ganz klar für eine baldige Erweiterung auf einem im Zweifel niedrigeren Integrationsniveau in den genannten Bereichen Agrar-, Sozial- und Strukturpolitik.

Eine eindeutige Entscheidung über die künftige Richtung wird natürlich dadurch kompliziert, dass die EU bei weitem kein homogenes Gebilde ist. Die Interessen der südlichen und nördlichen Mitglieder differieren zum Teil erheblich. Es ist darum sehr schwierig, Besitzstände abzuschmelzen, man denke nur an die Regionalfonds oder die Agrarzuschüsse, die weder mit der Erweiterung noch mit dem Weltmarkt oder einer stabilen Währung kompatibel sind. Die Frage von Integration und Expansion wird also überlagert von der Frage Föderalismus oder Zentralismus oder – mit anderen Worten – zentrale Umverteilung versus regionaler Wettbewerb.

Wir können den ausufernden Wohlfahrtsstaat, von dem wir uns in allen europäischen Staaten auf nationaler Ebene verabschieden müssen, nicht über die Hintertür der EU wieder einführen, indem wir Arbeitsmarkt-, Sozial- und Regionalpolitik im großen Stil von Brüssel aus betreiben. Alle Staaten der EU müssen sich der neuen Wettbewerbslage stellen und begreifen, dass sie selbst es sind, die als Konkurrenten im Ring stehen. Kooperation und Arbeitsteilung in einem großen gemeinsamen Markt sind dabei der große Aktivposten, nicht aber Regulierung und ängstliche Abschottung im eigenen Schneckenhaus.

Die Unternehmen hatten bislang am wenigsten Schwierigkeiten mit der Öffnung der Märkte innerhalb und außerhalb der EU. Die Versicherungsbranche ist ein Beispiel, um die Anpassung an die neuen Bedingungen des Binnenmarkts und der gemeinsamen Währung deutlich zu machen. Die großen Häuser haben ihre Aktivitäten europäisiert und viele kleinere Versicherer sind in solche Verbünde integriert worden. Im Ergebnis haben wir dennoch mehr Wettbewerb in der europäischen Versicherungswirtschaft, einen effizienteren Markt mit einer größeren Vielfalt preisgünstiger Produkte und leistungsstärkere Anbieter mit einem globalen Muskel. Ähnlich verläuft derzeit die Entwicklung in der Automobilindustrie, in der Telekommunikation und zumindest ansatzweise in der Energiewirtschaft.

Für die globalen Unternehmen ist der Nationalstaat längst nicht mehr das maßgebliche Bezugssystem, sondern Gegenstand eines Vergleichs der Besten (Benchmarking) hinsichtlich der Flexibilität des Arbeitsmarktes, der Höhe der Löhne, Steuern und Sozialabgaben oder der staatlichen Regulierungsdichte. Wir Europäer, allen voran die Deutschen, meinen aber immer noch, dass die wirtschaftlichen Beziehungen zur Außenwelt primär durch Importe und Exporte »unserer« Unternehmen geprägt seien, für die wir die Rahmenbedingungen mehr oder minder autonom festlegen können. Tatsache ist dagegen, dass die internationalen Direktinvestitionen etwa doppelt so schnell wie die Außenhandelsumsätze wachsen, also globale Präsenz wichtiger ist als Warenexport. Zum zweiten vernachlässigen wir systematisch die Bedeutung von Märkten gegenüber Produkten und Technologien. Das ist ein unmittelbares Resultat unserer Exportmentalität. Erfolg in der globalen Wirtschaft hat aber derjenige, der auf vielen Märkten weltweit präsent ist. Die Daimler-Chrysler-Fusion ist nichts anderes als eine im Sinne des laufenden Globalisierungsprozesses getroffene Strategieentscheidung. Anders verhält es sich bei Dienstleistungen. Mehr und mehr gilt das Prinzip: »All business is local.« So paradox es klingt: Dies ist einer der entscheidenden Leitsätze der Globalisierung.

Wie wird Europa sich angesichts der vielfältigen Herausforderungen verhalten, welche Strategie soll es wählen? Nur ein offensives Herangehen ist sinnvoll und zukunftsträchtig. Selbst einer EU wird es nicht gelingen, die globalen Unternehmen in ihr regionales Regulierungssystem einzufangen; sie kann nur noch mehr Unternehmen davon abschrecken, in Europa zu investieren. Die EU muss sich weiter öffnen, sie muss von wohlfahrtsstaatlichen Auswüchsen Abstand nehmen und attraktivere Bedingungen für eine prosperierende Wirtschaft schaffen.

Der Traum der Vereinigten Staaten von Europa ist ausgeträumt. Im Europa nach dem Fall der Berliner Mauer, in der Welt des 21. Jahrhunderts interessiert es nicht, ob die EU ein wohl geordnetes Staatswesen darstellt. Was zählt, ist die Fähigkeit dieses Gebildes, die Anpassung an die veränderten Bedingungen zu organisieren, neue Mitglieder zu integrieren und im weltweiten Wettbewerb gemeinsam als starker Spieler aufzutreten. Die globale Informations- und Wissensgesellschaft darf nicht ohne europäischen Einfluss letztlich im Alleingang von den USA definiert werden. Die Schaffung eines echten europaweiten Binnenmarkts auch nach der Osterweiterung als Basis für global agierende europäische Unternehmen wird daher viel wichtiger sein als etwa die Frage einer europäischen Verfassung.

Die Europäer müssen selbst tief greifende Reformen durchführen, für die es erst vereinzelt Vorbilder gibt. Im Zentrum dieser Reformen müssen die überkommenen Gesellschaftsstrukturen stehen, die Relikte der homogen organisierten Industriegesellschaft oder noch älterer Gesellschaftsformen sind. Man denke nur an die dinosaurierartigen Großorganisationen wie Gewerkschaften und Arbeitgeberverbände und ihr antiquiertes Tarifverhandlungsritual. Oder an die vielen ständisch geformten Institutionen wie die Kammern und Verbände. Ebenso gehören dazu die gesamten kollektiven sozialen Sicherungssysteme, die dem

Einzelnen keine Wahlfreiheit für seine individuelle Daseinsvorsorge lassen. In einer Zeit, in der die industrielle Standardbiografie mit vierzigjähriger Betriebszugehörigkeit der Vergangenheit angehört, müssen auch die darauf basierenden Versorgungssysteme überholt werden. Der moderne Mensch, der im Laufe seines Lebens fünfmal den Job wechselt, dabei in verschiedenen Ländern arbeitet und dies noch teils freiberuflich, teils als Angestellter, ist doch bei unserer staatlichen Rentenversicherung von vornherein zum Draufzahlen verurteilt.

Der Staat muss sich ferner aus einer Vielzahl von Dienstleistungen zurückziehen, die seiner Einmischung nicht bedürfen. Dazu gehören beispielsweise weite Teile der Gesundheitsfürsorge, die wesentlich effizienter privatwirtschaftlich organisiert werden könnte. Warum muss die Krankenversorgung über eine Einheitsversicherung nach staatlicher Vorgabe erfolgen? Besser wäre eine verpflichtende Mindestversicherung mit einer Vielzahl freiwilliger Zusatzoptionen und ein privates Krankenhauswesen, das in der Lage ist, die ausgefallensten Behandlungs- und Betreuungswünsche seiner Patienten individuell zu erfüllen. Wäre es nicht gut, wenn als Folge davon Leute aus aller Welt deutsche Krankenhäuser aufsuchten, weil sie sicher sein könnten, den besten medizinischen Stand vorzufinden? Das ergäbe eine Menge neuer Beschäftigungsmöglichkeiten, und wir gewännen den Ruf, technischen beziehungsweise medizinischen Fortschritt zu produzieren und ein Musterland der Krankenversorgung zu sein.

Alle Gesundheitssysteme der industrialisierten Welt waren und sind weiterhin Wachstumsmärkte. Die Ausgaben zeigen in allen Ländern beträchtliche Zuwachsraten. Je besser und ausgereifter die medizinische Versorgung wird, umso mehr Behandlungsbedürftige wird es geben. Weil man vor siebzig Jahren die Wirkung von Insulin entdeckt hat, können Diabetiker heute ein relativ normales Leben führen. Das Gesundheitssystem kann die ansteigenden Kosten nur decken, indem es auf Effizienz, Konkurrenz und Kontrolle setzt. Dafür müssen die blockierenden Institutionen und Interessengruppen entmachtet werden. Andererseits funktioniert ein völlig freier Markt im Gesundheitswesen nicht – er wäre unethisch. Deshalb müssen durch die Gesundheitspolitik Rahmenbedingungen definiert werden, innerhalb derer Versorgungsangebote mit mehr Service und Transparenz ausprobiert werden können.

Zu denken wäre auch an Krankenversicherungen, die mit einem umfassenden Versorgungs- und Vorsorgekonzept verbunden sind. Oder an Rentenpolicen, die betreutes Wohnen, Pflege und aktive Freizeit im dritten Lebensabschnitt mit einbeziehen. Es ist nicht Aufgabe des Staates, sich um solche Dienstleistungen selbst zu kümmern, er muss sie lediglich ermöglichen und gesetzlich absichern. Der Staat muss sich verstärkt um eine moderne Wettbewerbs- und Ordnungspolitik kümmern.

Auch die Bereitstellung der Infrastruktur für eine hoch entwickelte Wirtschaftsregion im 21. Jahrhundert ist eine lohnende Aufgabe, die im europäischen Verbund angegangen werden sollte. Es muss eine neue Balance zwischen Wirtschaft, Gesellschaft und Staat gefunden werden. Ein neues produktives Gleichgewicht bedeutet in jedem Fall einen Rückzug des Wohlfahrts- und Regulierungsstaats, eine deutliche Entlastung der Wirtschaft und die Stärkung der Eigenverantwortlichkeit des Individuums in der Gesellschaft.

Solche Forderungen klingen für viele Menschen zunächst beängstigend. Sie wecken ihre latente Angst vor der Globalisierung. Der deutsche Buchmarkt ist voll von Werken mit Titeln wie »Die Globalisierungsfalle« oder »Endstation Globalisierung« oder »Der entfesselte Markt«, die die Apokalypse der Globalisierung in den schillerndsten Farben schildern. Der Protest nimmt immer gewalttätigere Formen an. »Davos soll brennen«, so hatten es sich die Globalisierungsgegner beim Treffen der internationalen Wirtschaftselite 2001 auf die Fahnen geschrieben. Wer nach Davos hinein wollte, hatte das Gefühl, eine Festung zu betreten. Leider verstellen diese irrationale Gewaltbereitschaft und Angstmache den Blick auf die Chancen. Bislang dominiert in Europa die Haltung: »Uns geht es schlecht, und schuld daran ist die Globalisierung.« Wir könnten auch sagen: »Wir sind am Beginn eines neuen Zeitalters mit einer Fülle neuer Möglichkeiten. Wir selbst sind schuld, wenn wir uns nicht umstellen und sie nicht für uns nutzen.«

In einem solchen Einstellungswandel liegt die Voraussetzung, um das Kardinalproblem der EU zu überwinden: die vielerorts auf hohem Niveau verfestigte Arbeitslosigkeit. Die Zahlen sprechen für sich: Die USA haben seit 1970 etwa sechsmal so viele neue Arbeitsplätze geschaffen wie die EU, insgesamt über sechzig Millionen Jobs. Die Arbeitslosenquote ist in der EU mit fast 11 Prozent doppelt so hoch wie in den USA. Dennoch behaupten die Kritiker, die Globalisierung vernichte Arbeitsplätze. Fakt ist dagegen, dass hohe Arbeitslosigkeit auf das Konto der Staaten geht, die sich den Veränderungen der Weltwirtschaft durch Regulierung und Umverteilung entgegenzustemmen versuchen. Nicht der Strukturwandel kostet Arbeitsplätze, sondern Arbeitslosigkeit ist größtenteils die Folge unterlassenen Strukturwandels. Auch die europäische Wirtschaft wäre in der Lage, zusätzliche Arbeitsplätze zu schaffen.

Das Ergebnis daraus könnte durchaus eine europäische Institutionenkritik sein, die sich an den europäischen Antworten auf die Globalisierung entzündet. Es wird ja gerne von einem Demokratiedefizit bei dem Fortschreiten der europäischen Integration gesprochen. Man wird aber erkennen müssen, dass es nicht um eine Entscheidung zwischen »Priorität der Wirtschaft« und »Priorität der Politik« geht, sondern um die Frage, wie unter Bewahrung von Marktwirtschaft und Sozialstaat ein dynamisches Europa im Wandel von der Industrie- zur Dienstleistungsgesellschaft geschaffen werden kann. Was für Europa gilt, müssen wir auch anderen Ländern zugestehen. Wir müssen Kapital und Know-how zu den Menschen in Schwellen- und Entwicklungsländern bringen. Es liegt in unserem eigenen Interesse, auch dort vorausschauende, langfristige Investitionen zu fördern, die nachhaltige Entwicklung vor kurzfristigen Nutzen setzen.

Globalisierung darf nicht heißen, dass nun alle Nationen dem Vorbild der USA nacheifern und sich die Cowboystiefel anziehen. Die USA erwirtschaften eine um 50 Prozent höhere Kapitalproduktivität als die Europäer. Jeder zweite Amerikaner besitzt bereits Aktien. Man kann davon ausgehen, dass die Marktkapitalisierung in den USA auf lange Sicht deutlich über der kontinentaleuropäischen liegen wird. Eine gewisse Ausnahme bildet hier Großbritannien, das sich in einer Weise dem amerikanischen Modell angenähert hat, die den Bürgern im übrigen Europa nicht erstrebenswert scheint. »Wachstum um jeden Preis« taugt nicht als Leitbild für Europa. Daraus folgt aber auch, dass wir für die nächsten zehn bis dreißig Jahre schwerlich vom »europäischen Zeitalter« oder dem »Golden European Age« sprechen werden. Es gilt hier einfach realistisch zu sein.

Selbst wenn Europa infolge seiner Vergrößerung in den nächsten Jahren einen Wachstumsschub erlebt, wird es keinesfalls in der Lage sein, die USA als Wachstumslokomotive der Weltwirtschaft abzulösen. Während Europas Bevölkerung immer schneller altert, verläuft das »Greying of America« sehr viel moderater (ganz zu schweigen von den rasant wachsenden extrem »jungen« Aufsteigernationen in Asien). Während Europa den Staatseinfluss zurückführen und Verteilungsprobleme lösen muss, ist dieser Staatseinfluss in den USA wesentlich geringer. Während Europa in der Forschung verzettelt ist und aufholen muss, können die USA aus dem Vollen schöpfen. Der EU droht indes eine ernsthafte Nachwuchskrise: Nach dem jüngsten Bericht des Forschungskommissars Philippe Busquin fehlen jährlich 50 000 Nachwuchswissenschaftler, bis 2010 eine halbe Million. Als wichtiger Zukunftsindikator gilt die Zahl der Wissenschaftler, die auf tausend Erwerbstätige kommt. In den USA liegt sie bei acht, in Japan bei neun, in Europa bei nur 5,3. Die in den USA höhere Forschungsintensität, die höhere Risikofreude und die ausgeprägte Wettbewerbsintensität führen nun mal zu einem insgesamt höheren volkswirtschaftlichen Wohlstand.

Das ist freilich kein Grund für Europa, den Mut zu verlieren. Einerseits fügt sich die Entwicklung hin zur Dienstleistungsgesellschaft durchaus gut in Europas Strukturen: »Service Economies« haben eine natürliche Tendenz zu einer kleinteiligeren Wirtschaft, zu weniger starken Produktivitätsunterschieden und zu geringerer Anfälligkeit gegenüber Konjunkturzyklen. Darüber hinaus hat Europa ein anderes Verständnis von Lebensqualität, dem ein anderes Menschenbild zugrunde liegt. Bei uns zählen neben der Freiheit auch die Brüderlichkeit und die Solidarität.

Das ideengeschichtliche, das kulturelle Europa wird auch in den nächsten Jahren nicht um seinen Bestand fürchten müssen. So sehr deutsches Engineering, italienisches Design, französischer Geschmack, britische Beständigkeit und holländische Weltoffenheit eine optimale wirtschaftliche Kombination ergeben können, so wenig werden die Deutschen, die Italiener, die Franzosen, die Briten und die Holländer ihre kulturelle Eigenständigkeit verlieren. Man könnte sich durchaus vorstellen, dass die europäische »Einheit in Vielfalt« aus Regionen besteht, die in fairem Wettbewerb miteinander stehen, die Investitionen anziehen oder Infrastrukturangebote abgeben, die um die besten Studenten und Forscher konkurrieren und die auf drängende gesellschaftliche Fragen neue Antworten suchen und eigene Lösungswege ausprobieren.

Dem Shareholder-Value-Konzept könnte von Kontinentaleuropa ein »Sustainable Value« zur Seite gestellt werden, eine nachhaltige Wertschöpfung, die unserem Wesen eher entspricht. Manches, was in Amerika ganz schnell geht, verschwindet auch ganz schnell wieder. Wir wollen auch in Zukunft den europäisch geprägten Wohlfahrtskapitalismus vom amerikanischen Konkurrenzkapitalismus und vom asiatischen Konkordanzkapitalismus unterscheiden können. Die Herausforderung für die EU wird deshalb darin bestehen, die strukturellen Voraussetzungen für die wirtschaftliche Wettbewerbsfähigkeit der europäischen Wirtschaft zu schaffen, ohne dabei die kulturelle Identität Europas im Globalisierungsprozess aufzugeben.

Insgesamt kann eine Stärkung des Wettbewerbsgedankens neue Impulse für Europa auslösen. Die unterschiedlichen Entwicklungen und Strukturen der europäischen Nationen fordern eine Konzeption heraus, die den Grad der Integration der wirtschaftlichen und sozialen Lage des jeweiligen Landes anpasst – ein Europa à la carte. Die einzelnen Mitglieder der Europäischen Union können sich in einzelnen Bereichen enger zusammenschließen und in Teilbereichen – etwa in der Umweltpolitik, in der Sozialpolitik, in der Arbeitsmarktpolitik, in der Wissenschaftspolitik – gemeinsame Modelle und Ziele entwickeln, die später auch mit anderen geteilt werden. Der Ökonom Wolfram Engels formulierte es einmal so: »Es müssen unterschiedliche Grenzen für Unterschiedliches möglich sein.«

Die Zukunft Europas im Zeitalter der Globalisierung ist eine Zukunft der kleinen Einheiten und der großen Netzwerke. Man muss sich Europa als großes Netzwerk vorstellen, das Regeln hat, die alle anerkennen, und das gleichzeitig Spielräume für immer neue Vernetzungen bietet. Netzstrukturen sind zugleich anpassungs- und entwicklungsfähig. Sie können leichter erweitert werden und erweisen sich in der Praxis als besonders unverwüstlich. Da auch Netzwerke nur funktionieren, wenn sie sich auf vertrauensvolle Institutionen stützen können, muss der Zutritt nach objektiven Kriterien möglich sein. In Europa könnte das ein nach vorne gerichtetes Verbundsystem von Staaten oder Regionen ergeben, das auch bei den anderen eine neue Europabegeisterung auslöst nach dem Prinzip: Da wollen wir auch mitmachen.

»Könnte die EU wirklich ohne die legitimatorische Kraft der Nationalstaaten den Druck aushalten, etwa wenn in ferner Zukunft der Kontinent von einer gravierenden Wirtschaftsrezession betroffen wäre?«, fragt Udo DiFabio, Richter am Bundesverfassungsgericht, und ist sich sicher: »In ihrer nichtstaatlichen Form ist die EU elastischer.« Automobilkonstrukteure haben bei der Entwicklung sicherer Windschutzscheiben eine Lösung gefunden, die durchaus symbolischen Charakter für das Gewebe der EU haben könnte. Beim Aufprall eines Fremdkörpers zerbricht das Glas nicht, sondern es bildet einen elastischen Film aus kleinsten Glasbausteinen mit einer durchsichtigen Netzstruktur. Je dichter dieses Mosaik aus Teilchen und Linien ist, desto geringer ist die Gefahr, dass etwas herausbricht und zu ernsthaften Verletzungen führt – eine Metapher, die auch für ein weniger starres, weniger fest gezurrtes Europa Mut macht.

Die europäischen Gründerväter konnten sich auf Triebfedern der Zustimmung verlassen, die heute nicht mehr gelten: Alternativen wie Freiheit und transatlantische Partnerschaft oder Kommunismus und Diktatur bewegen die junge Generation kaum mehr. So wichtig Organisations- und Verwaltungskonzepte sind: Das Alltags-Europa mit seinem Wust von bürokratischen Normen und Aktivitäten langweilt die Menschen und macht sie miesepetrig und resignativ und führt bei vielen zu einer sicher ungerechten Anti-Europa-Haltung. Auch Romano Prodi, Präsident der Europäischen Kommission, erkennt die Problematik: »Wenn wir ›Brüssel‹ auch weiterhin als ein entferntes Gebilde darstellen, das den Regierungen und Völkern Europas unpopuläre Entscheidungen aufzwingt, dann brauchen wir uns über das Desinteresse, das Misstrauen oder gar die offene Ablehnung unserer Bürgerinnen und Bürger nicht zu wundern.«

Gewiss, wir brauchen den Pragmatismus von Brüssel, doch der große Wurf ist noch nie am Verhandlungstisch beim Interessenausgleich entstanden und er entsteht auch in Zukunft nicht durch Kommissionsvorlagen oder in Gipfelbeschlüssen, die nach Kompromissen heischen. Wir müssen nach Staatslenkern und Vertretern der europäischen Idee suchen, die nicht frustriert an Abschlusspapieren gescheiterter europäischer Konferenzen feilen, um daheim ein vorzeigbares Ergebnis zu vermitteln, sondern die versuchen, die Herzen der Menschen für die europäische Idee neu zu gewinnen.

Wir haben in diesem Buch oft darauf hingewiesen, dass die Faszination Europa die Menschen in vielen Phasen der europäischen Geschichte bewegt hat. Trotz aller ökonomischen Entwicklungen und trotz aller Chancen für die Individualität von Lebenszielen – die Zukunft Europas wird von Menschen gemacht, die in einer Wertegemeinschaft leben und aus einer reichen europäischen Kulturgeschichte schöpfen. Für diese Menschen braucht Europa aufs Neue eine Vision, die die junge Generation fasziniert, ihre Neugier anstachelt, ihre Begeisterungsfähigkeit in Anspruch nimmt und ihren Idealismus befriedigt. Es muss eine Vision sein, die die Versöhnung von Ökologie und Ökonomie und die Verwirklichung traditioneller Werte in einer Wettbewerbs- und Solidargemeinschaft ermöglicht, die Raum schafft für neue Lebensentwürfe und in der die Menschen Mobilität mit Heimat und Flexibilität mit Tradition verbinden können. Dafür brauchen wir eine Europapolitik, die sich stark macht für ein Europa jenseits von Brüssel.

»Ich war und bleibe engagierter Anhänger der europäischen Integration aus strategischem, patriotischem Interesse.«

Europa steht vor gewaltigen Herausforderungen – so die Diagnose von Altbundeskanzler Helmut Schmidt. Die weltweiten Rahmenbedingungen verändern sich dramatisch. Frieden, Freiheit und Wohlstand in Europa sind keineswegs auf Dauer gesichert. Nur wenn Europa gemeinsam auftritt, hat es eine Chance, sich in der Weltpolitik des 21. Jahrhunderts zu behaupten. Aber noch ist die Europäische Union dieser Aufgabe nicht gewachsen. Vor der Aufnahme neuer Teilnehmerstaaten muß daher eine weitreichende Reform der EU stehen. Andernfalls ist ihr Scheitern nicht ausgeschlossen ...

»Wie eh und je argumentiert Schmidt nüchtern, sachlich und überzeugt durch Kompetenz«
Berliner Morgenpost

Helmut Schmidt

Die Selbstbehauptung Europas

Perspektiven für das 21. Jahrhundert

Aktualisierte Taschenbuchausgabe

ULLSTEIN TASCHENBUCH

US17

»Auf originelle Art zeigt Goeudevert Auswege aus der Bildungskrise«
Focus

Um die Bildung ist es in Deutschland mittlerweile schlecht bestellt. Internationale Vergleichsstudien wie die PISA-Studie stellen der Jugend ein mäßiges Zeugnis aus. Nahezu im gesamten, für die Gestaltung unserer Zukunft so essentiell wichtigen Bildungs- und Ausbildungsbereich herrscht der Notstand. Der ehemalige Topmanager und Bestsellerautor Daniel Goeudevert zeigt konkrete Auswege aus der Bildungskrise. Für Schule, Universität, Berufsausbildung und Weiterbildung schlägt er Maßnahmen vor, die das Bildungswesen erneuern und dadurch gewährleisten können, dass wir und nachfolgende Generationen den Herausforderungen des 21. Jahrhunderts gewachsen sind.

Daniel Goeudevert

Der Horizont hat Flügel

Die Zukunft der Bildung

Erweiterte Taschenbuchausgabe

ULLSTEIN TASCHENBUCH

US18